HEIKE ABIDI

SCHEISSEGAL, ICH MACH DAS JETZT!

Über die Autorin

Heike Abidi (*1965) lebt in der Pfalz bei Kaiserslautern, wo die studierte Sprachwissenschaftlerin als freiberufliche Werbetexterin und Autorin arbeitet. Die mehrfache SPIEGEL-Bestsellerautorin schreibt Unterhaltungsromane und erzählende Sachbücher für Erwachsene sowie Geschichten für Jugendliche und Kinder.

HEIKE ABIDI

SCHEISSEGAL, ICH MACH DAS JETZT!

Mitten im Leben neu durchstarten

Alle in diesem Buch veröffentlichten Aussagen und Ratschläge wurden von der Autorin und vom Verlag sorgfältig erwogen und geprüft. Eine Garantie kann jedoch nicht übernommen werden, ebenso ist die Haftung der Autorin bzw. des Verlags und seiner Beauftragten für Personen-, Sach- und Vermögensschäden ausgeschlossen.

Für die Inhalte der in dieser Publikation enthaltenen Links auf die Webseiten Dritter übernehmen wir keine Haftung, da wir uns diese nicht zu eigen machen, sondern lediglich auf deren Stand zum Zeitpunkt der Erstveröffentlichung verweisen.

Wir haben uns bemüht, alle Rechteinhaber ausfindig zu machen, verlagsüblich zu nennen und zu honorieren. Sollte uns dies im Einzelfall aufgrund der schlechten Quellenlage leider nicht möglich gewesen sein, werden wir begründete Ansprüche selbstverständlich erfüllen.

Die Ereignisse in diesem Buch sind größtenteils so geschehen, wie hier wiedergegeben. Für den dramatischen Effekt und aus Gründen des Personenschutzes sind jedoch einige Namen und Ereignisse so verfremdet worden, dass die darin handelnden Personen nicht erkennbar sind.

Bei der Verwendung im Unterricht ist auf dieses Buch hinzuweisen.

MIX
Papier aus verantwor-
tungsvollen Quellen
FSC
www.fsc.org
FSC® C145070

echtEMF ist eine Marke der Edition Michael Fischer

2. Auflage
Originalausgabe
© 2022 Edition Michael Fischer GmbH, Donnersbergstr. 7, 86859 Igling
Covergestaltung: Michaela Zander, unter Verwendung eines Motivs von © StudioLondon /
über Shutterstock.com
Dieses Werk wurde vermittelt durch Agentur Scriptzzz.
Redaktion: Marijke Leege-Topp
Bildnachweis: Alle Illustrationen über Shutterstock.com / © Aleksandra Kirichenko,
© Alena Do, © AriffAmin Illustration, © ddok, © dimpank, © drawww.studio,
© Eichiku, © Elena Zlatomrezova, © Fafarumba, © Gigonthebeach, © halimqd,
© HJ Project, © JMCM, © Kamila Bay, © Ksu Ganz, © lesyauna, © Lexi Claus, © LHF
Graphics, © Marish, © merion_merion, © msr meloooi, © muuraa, © nadiia_oborska,
© Shorena Tedliashvili, © Speranskaia Daria, © Sunny Whale, © Svetsol, © tankataka,
© Tatiana Goncharuk, © WinWinFolly, © Yuan_Mei
Layout/Satz: Michaela Zander
Gedruckt bei GGP Media GmbH, Karl-Marx-Str. 24, 07381 Pößneck

ISBN 978-3-7459-1269-2

www.emf-verlag.de

INHALT

TEIL 2: DA GEHT NOCH WAS: NEUER JOB, NEUES BUSINESS

BIST DU SCHON DAS, WAS DU IMMER WERDEN WOLLTEST?

TEIL 3: ARABISCH, BOXEN, COSPLAY? NEUE LEIDENSCHAFTEN

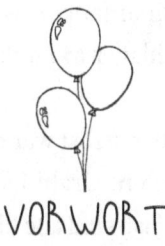

VORWORT

Meine Großeltern, Udo Jürgens und ich

Erinnerst du dich an das Jahr 1977? Nicht so genau? Okay, dann helfe ich dir mal auf die Sprünge:

Damals wurde Jimmy Carter zum 39. Präsidenten der USA vereidigt, die „Landshut" nach Mogadishu entführt und die letzte Dampflokomotive von der Deutschen Bundesbahn ausgemustert. ARD und ZDF präsentierten auf der Berliner Funkausstellung eine Innovation namens Videotext, die deutsche Erstausgabe von Stephen Kings *Carrie* erschien und Sylvester Stallone bekam einen Oscar für seine Hauptrolle in *Rocky*. Elvis Presley starb, Kronprinzessin Victoria von Schweden kam zur Welt ... und ich wurde zwölf.

Zwölf!

Kein Kind mehr, aber noch weit davon entfernt, mich halbwegs erwachsen zu fühlen. Hätte man mich seinerzeit gefragt, wann das Leben richtig losgeht, hätte ich vermutlich geantwortet: Vielleicht so mit sechzehn – allerspätestens aber mit achtzehn. Ja, ich war mir sicher: Dann endlich würden ganz aufregende Dinge passieren, die Welt stünde mir offen und ich hätte eine furchtbar spannende Zukunft vor mir.

Was ich dagegen nicht glaubte, war, dass das Leben erst im Rentenalter so richtig anfangen würde. Und doch landete Udo Jürgens mit dem Schlager *Mit sechsundsechzig Jahren* einen Riesenhit.

(Fun Fact: Der Künstler selbst war damals gerade mal Mitte vierzig. Mit anderen Worten: Uralt! Jedenfalls aus meiner Perspektive. Wenn man zwölf ist, sind alle über zwanzig halbe Greise. Und mit sechsundsechzig? Jenseits von Gut und Böse ...)

Als großer Fan der Hitparade mit Dieter Thomas Heck („Und hier wieder aus dem Studio eins der Berliner Union ...") kannte ich den Song natürlich – war jedoch mit der Botschaft keineswegs einverstanden.

Nein, also was der gute Udo da singenderweise behauptete, konnte nicht so ganz stimmen. Zumindest die Zeile „Mit sechsundsechzig Jahren, da fängt das Leben an" war definitiv Unsinn.

Andererseits kamen in seinem Hit ein paar Textpassagen vor, die vielleicht doch nicht so verkehrt waren. Zum Beispiel: „Mit sechsundsechzig Jahren, da hat man Spaß daran" – ja, das konnte ich an meinen Großeltern durchaus beobachten.

Seit mein Opa in Rente war, reisten die beiden permanent durch die Weltgeschichte und waren gefühlt öfter unterwegs als zu Hause. Und wenn sie das dann doch mal waren, feierten sie. Anlässe gab es genug zwischen Neujahr und Silvester. An ihren Büttenreden feilte meine Oma meist schon Wochen vor Fastnacht und auf den Winterball fieberten die beiden ab Sommer hin. Dazwischen fanden Sommerfeste statt, außerdem Spieleabende, Ausflüge und natürlich (bei einem großen Freundeskreis ständig) Geburtstage.

Ja, wenn Udo Jürgens also sang „mit sechsundsechzig ist noch lange nicht Schluss", dann musste er wohl meine Großeltern gemeint haben.

Auch dass man im Grunde nie zu alt ist, um noch etwas Neues auszuprobieren, haben die beiden mir vorgelebt. Mein Opa war schon über siebzig, als er das Haus mit einer Zentralheizung ausstattete – ganz allein und ohne jemals eine entsprechende Ausbildung gemacht zu haben. Okay, er war Elektriker und handwerklich insgesamt sehr begabt, aber eben kein Fachmann. Doch das hat ihn nicht davon abgehalten, es auszuprobieren – und hinzubekommen! (Die Heizung funktioniert übrigens nach wie vor bestens, wie ich dir bestätigen kann, denn sonst würde ich jetzt ganz schön schnattern. Es ist Januar, draußen herrschen Minusgrade, aber in meinem Arbeitszimmer ist es mollig warm. Danke, Opa!)

Und meine Oma besuchte mit über fünfzig einen Schwimmkurs, was ich schon damals sehr beeindruckend fand. Zuvor hatte sie sich, während mein Opa seine Bahnen zog, ausschließlich im Nichtschwimmerbereich aufgehalten, wo sie den fürs Brustschwimmen typischen Armschlag andeutete und ein Bein nach hinten streckte, während sie auf dem anderen herumhüpfte, sodass es – wenn man nicht so genau hinsah – wirkte, als könnte sie es tatsächlich.

Mit diesem Trick war sie jahrzehntelang durchgekommen, doch damit sollte jetzt Schluss sein. Also besuchte sie einen Kurs, und auch wenn aus ihr keine zweite Franzi van Almsick wurde, schaffte sie es doch tatsächlich, aus eigener Kraft von einem Beckenrand zum anderen zu gelangen, ohne im tiefen Wasser unterzugehen. (Okay, nur quer durchs Becken, nicht längs, da wäre es vielleicht doch knapp geworden.)

Und das war doch ein Riesenerfolg, oder?

Es muss ja nicht immer ein Weltrekord sein. Wenn man das anstrebt, ist es nämlich auch mit zwölf schon viel zu spät, um anzufangen. (Doch das Leben als Wunderkind ist ja ohnehin nicht sonderlich erstrebenswert, ich bin heilfroh, dass mir das erspart geblieben ist.)

Will man dagegen einfach Spaß, dann ist es niemals für irgendetwas zu spät. Ist das nicht genial?

Du könntest also mit vierzig noch Medizin studieren, mit fünfzig auswandern und mit sechzig anfangen, Schach zu spielen. Na, wie wär's?

Zugegeben – ich selbst gebe in Sachen lebensverändernde Entscheidungen eher ein langweiliges Beispiel ab. Ich bin seit dreiunddreißig Jahren mit demselben Mann verheiratet, pflege noch immer die Hobbys, die ich schon in meiner Kindheit toll fand, und bin seit drei Jahrzehnten nicht mehr umgezogen.

Okay, vor rund zehn Jahren – also mit Mitte vierzig – habe ich angefangen, Bücher zu schreiben. Für mich persönlich ein wahr gewordener Traum und damit durchaus eine große Sache, doch von außen betrachtet hat sich an meinem Alltag wenig geändert. Denn meine Bücher entstehen an demselben Schreibtisch, an dem ich seit 1996 sitze und Werbetexte verfasse.

Okay, meinen späten Durchbruch als Autorin findest du jetzt nur so mittelspannend? Da muss ich dir recht geben. Aber das Thema „Mitten im Leben neu durchstarten" ist superspannend!

Deshalb habe ich mit allerhand Menschen gesprochen, deren Geschichte viel aufregender ist als meine – und das vor allem deshalb, weil sie sich in dem, was man gemeinhin „mittleres Alter" nennt, dazu entschlossen haben, ihr Leben umzukrempeln.

Es hat mir riesengroßen Spaß gemacht, mit ihnen zu reden und ihre Geschichten zu Papier zu bringen – und ich hoffe, es macht dir ebenso großen Spaß, sie zu lesen und dich davon inspirieren zu lassen.

Hey, versteh mich nicht falsch: Niemand erwartet von dir, dass du deinen Wohnsitz ans andere Ende der Welt verlegst oder in deiner Freizeit wilde Tiere streichelst – aber ist es nicht großartig zu wissen, dass es möglich wäre?

Du könntest jederzeit alles verändern und ganz neu anfangen. Und sei es nur, indem du dir eine Blockflöte kaufst. (Gut, das würde dann vermutlich vor allem das Leben deiner Mitbewohner und Nachbarn nachhaltig verändern, aber du weißt, was ich meine, oder?)

Im Grunde ist es ganz so, wie ich als Zwölfjährige dachte: Die Welt steht uns offen. Allerdings nicht nur mit achtzehn, fünfundzwanzig oder dreißig, sondern solange wir leben.

Es ist unsere Entscheidung, ob wir offen für neue Dinge bleiben und noch etwas erleben wollen.

Und eins kannst du mir glauben: Solange wir das tun, sind wir nicht alt. Jedenfalls nicht so richtig.

In diesem Sinne: Bleib neugierig! Und viel Spaß beim Lesen! ☺

TEIL 1

NEUE
LEBENSSITUATIONEN

WOHNST DU NOCH DORT ODER
LEBST DU SCHON ANDERS?

Das Haus, in dem wir wohnen, ist das Geburtshaus meiner Oma. Sie hat hier bis zu ihrem Tod gelebt. Gibt es so etwas heute überhaupt noch? Ich vermute, eher nein. (Wäre das anders, könnte ich dieses Kapitel beenden, bevor ich es angefangen habe. Und glaub mir, es wäre schade drum.)

Aber viel mehr Abwechslung kann ich zum Thema Wohnsituation auch nicht bieten: In meinem Leben habe ich nur sechs Mal die Adresse geändert, davon zwei Mal als Kind und drei Mal im Studium. Und ausgewandert bin ich – im Gegensatz zu meinem Mann – schon gar nicht.

Das Aufregendste, was ich in dieser Hinsicht zu bieten habe, sind hausinterne Umzüge. Ja, wir tauschen gerne mal das Arbeitszimmer mit dem Schlafzimmer oder das Gästezimmer mit dem Büro oder ... Im Grunde gibt es in unserem Haus keinen Raum, der nicht mindestens schon fünf unterschiedliche Funktionen hatte. Nein, mich zieht es nicht in die Ferne. Ich mag die Gegend und die Menschen hier. Aber ich mag auch Menschen, die ihr Leben gerne mal vollkommen auf den Kopf stellen – und mir davon erzählen. Übrigens: Wenn du deinen Wohnort (oder sogar dein Heimatland) wechseln müsstest, wohin würde es dich ziehen? Und warum? Und wenn du das so genau weißt, warum bist du noch nicht dort?

LENA UND TOM

„Wir sind nicht zu alt für Abenteuer – und verschieben nichts auf irgendwann."

Lena und Tom lernten sich Ende der Achtzigerjahre bei einem A-ha-Konzert in Hannover kennen. Dazu waren beide von weit her angereist – Lena kam per Zug aus dem Südwesten der Republik und Tom per Anhalter aus dem Nordosten, der damals noch sogenanntes Zonenrandgebiet war. Hätten sie sich beim wilden Tanzen zu *You Are The One* nicht gegenseitig angerempelt, hätten sie sich vermutlich nie kennengelernt.

„Es war Liebe auf den ersten Blick", sagt Tom.

„Oder zumindest auf den zweiten", ergänzt Lena. „Ich wäre verdurstet, hättest du mir nicht deine Apfelschorle geschenkt."

„Und die Prinzessin verliebt sich schließlich immer in ihren Retter!"

Beide lachen. Sie sind ein gut eingespieltes Team. Tom gießt Kaffee nach, Lena geht zum Schrank und zieht ein Fotoalbum hervor, um es mir zu zeigen.

„Hier, diese Bilder entstanden an dem Tag des Konzerts. Selfies gab's ja damals noch nicht, wir gingen in eine dieser Fotoboxen am Bahnhof, die eigentlich für Passbilder gedacht waren."

Der Streifen besteht aus vier kleinen Schwarz-Weiß-Fotos, auf denen sich ein junges Paar in eine enge Kabine drängt. Zuerst lachend, dann feixend. Auf dem dritten Bild halten sie die Konzerttickets vor die Kamera und auf dem letzten küssen sie sich.

Seither sind gut fünfunddreißig Jahre vergangen, doch es handelt sich eindeutig um das Paar, das mir jetzt gegenübersitzt. Die lange Mähne ist bei Tom zwar einem Ultrakurzhaarschnitt gewichen und Lenas Dreadlocks einem Pagenkopf, aber die Ähnlichkeit ist unübersehbar. Und, was besonders schön ist, sie wirken noch genauso verliebt wie damals.

Ihre Lovestory hört sich wunderbar unspektakulär an: Sie blieben nach dem Konzert erst in Briefkontakt und besuchten sich hin und wieder, dann zogen sie zusammen. In Marburg, weil das – mit dem Lineal gemessen – ungefähr auf halber Strecke lag. Zwei Jahre später heirateten sie und der erste Tanz als Brautpaar war kein Walzer, sondern ein ausgelassenes Gehopse zu *You Are The One*. Ihrem Lied.

Die Hochzeitsreise führte sie nach Norwegen, dem Heimatland der Band A-ha, der sie ihre Begegnung zu verdanken haben.

Tom, ein gelernter Schreiner und Restaurator, eröffnete einen Antiquitätenladen und Lena fand einen Job als Kindergärtnerin. Sie bekamen drei Söhne und eine Tochter. Sie bauten ein Haus in einem netten Vorort, in dem die Kinder unbeschwert aufwachsen konnten.

Barrierefreie Wohnung? Nein, danke!

Inzwischen haben alle vier das Nest verlassen. „Das Haus erschien mir in der ersten Zeit geradezu unheimlich still", erzählt Lena.

Die ehemaligen Kinderzimmer haben sie unverändert gelassen – inklusive der Poster an der Wand. Sie standen meistens leer, außer an Weihnachten und bei anderen Gelegenheiten.

„Unsere Kinder wohnen alle im näheren Umkreis von Marburg, daher bleiben sie selten über Nacht", sagt Tom. „Wir hätten die Räume umwidmen können, aber es gab bereits ein Gästezimmer und wir wollten schließlich kein Bed and Breakfast eröffnen. Uns wurde klar: Wir brauchten gar nicht so viel Platz."

Daher kamen die beiden irgendwann auf die Idee, das Haus zu verkaufen und – schon im Hinblick aufs Alter – eine praktische Eigentumswohnung zu kaufen. Barrierefrei, mit Balkon, aber ohne Garten.

„Wir haben wirklich ernsthaft darüber nachgedacht und sogar schon einige Objekte besichtigt", sagt Lena. „Einerseits kamen wir uns wahnsinnig vorausschauend und vernünftig vor, doch ganz geheuer war es mir dann doch nicht, schon jetzt für den letzten Lebensabschnitt zu planen. Wir dachten: Okay, immerhin sind wir beide Mitte fünfzig, fitter und gesünder wird man da nicht mehr. Aber andererseits sind das doch jetzt unsere besten Jahre!"

Das Haus war abbezahlt, die Kinder standen auf eigenen Beinen, Lena und Tom liebten ihre Jobs und genossen es, mehr Zeit füreinander zu haben.

Doch je konkreter die Pläne wurden, desto unwohler fühlten sich die beiden dabei.

„Es kam mir fast so vor, als würde ich meine eigene Beerdigung vorbereiten", erklärt Tom. „Ich trainierte zu der Zeit gerade für meinen ersten Halbmarathon, Lena hatte mit einer

Weiterbildung begonnen – wir standen ja noch mitten im Leben! Warum also in eine barrierefreie Seniorenwohnung umziehen?"

Allerdings war das große Haus auch nicht mehr das Richtige für sie. Sollten sie trotzdem darin wohnen bleiben?

„Die Idee kam uns bei einer Wanderung. Wir entdeckten ein wunderschön restauriertes altes Bauernhaus", erinnert sich Lena, „und wussten beide: Genau das ist es! Wir mussten es gar nicht aussprechen, sondern schauten uns nur an. Und damit war die Entscheidung getroffen."

Statt einer praktischen Eigentumswohnung suchten die beiden nun nach völlig anderen Objekten. Eine alte Mühle war in engerer Auswahl, sanierungsbedürftige Höfe und Fachwerkhäuser. Es wurde schließlich eine Bauernkate aus dem späten Mittelalter.

„Das Häuschen war in einem schlimmen Zustand, als wir es entdeckten", sagt Lena und zeigt mir ein anderes Fotoalbum. „Aber wir hatten genug Fantasie, um uns auszumalen, in was für ein Schmuckstück wir es verwandeln würden."

Und man brauchte wirklich jede Menge Vorstellungskraft, das wird mir klar, als ich die Fotos betrachte. Das Wort Bruchbude ist keineswegs übertrieben.

Einen Großteil der Sanierungs- und Umbauarbeiten konnten die beiden selbst erledigen. Fast zwei Jahre lang verbrachten sie jede freie Minute entweder auf der Baustelle oder im Baumarkt. Und sie liebten es!

„Es ist einfach toll, ein gemeinsames Projekt zu haben und für die Zukunft Pläne zu schmieden. Wir fühlten uns um Jahrzehnte jünger", sagt Lena und lacht.

Dass sich der Umbau länger hinzog als gedacht, finden beide nicht schlimm. „Umso länger die Vorfreude", sagt Tom. „Nur dass wir dann Hals über Kopf unser altes Haus verlassen mussten, weil wir einen Käufer fanden, der sofort einziehen wollte, brachte uns ein bisschen ins Schleudern."

Sie ließen sich darauf ein, denn der Preis war mehr als fair und das Altbau-Projekt hatte sie gelehrt, auf Unvorhergesehenes flexibel zu reagieren. Bisher hatten sie für jedes Problem eine Lösung gefunden, so auch für dieses.

„Wir hatten ohnehin schon ganz viel ausgemistet, weil die Kate deutlich kleiner ist als unser Neunzigerjahre-Einfamilienhaus. Von dem, was wir behalten wollten, haben wir einiges eingelagert, der Rest steht jetzt hier in der Mietwohnung."

Auf ins neue Zuhause

Darin sitzen wir nun, zwischen gepackten Umzugskisten, Fotoalben, Kaffee und Kuchen. Es ist ganz schön chaotisch und eine Frau Kondo bekäme mit Sicherheit keinen Happen herunter (und würde ganz schön was verpassen – Toms Apfelstreusel ist sensationell!), aber die beiden stört es kein bisschen und mich erst recht nicht.

In zwei Wochen steht der Umzug an. Bis auf wenige Feinarbeiten ist alles erledigt. Die beiden zeigen mir Fotos, die mich schier umhauen. Die heruntergekommene Kate ist kaum wiederzuerkennen. Alles wirkt hell, freundlich und modern, dabei dank des Holzbodens und der sichtbaren Balken unglaublich gemütlich.

„Ein Gästezimmer gibt es zwar nicht, aber um die Ecke liegt eine süße kleine Pension, in der unser Besuch jederzeit übernachten kann", sagt Lena. „Wir haben bei der Raumaufteilung einfach nur an uns gedacht."

Und zwar an die Menschen Tom und Lena, die ich gerade vor mir habe. Nicht an die eventuell kranke und pflegebedürftige Version, die sie vielleicht einmal sein werden.

„Wenn es so weit ist, ziehen wir eben wieder um. Aber jetzt wollen wir erst mal so leben, wie es uns gefällt", sagt Tom. „Wer weiß denn schon, was die Zukunft bringt? Vielleicht fällt mir ein Ziegel auf den Kopf. Es kann jederzeit etwas passieren, was alles ändert. Aber wir haben einfach keine Lust mehr auf Kompromisse und darauf, alle Eventualitäten vorherzuplanen."

Ich bin ganz schön beeindruckt. Im Moment leben – das ist ja ein Schlagwort, das voll im Trend liegt. Aber ich kenne niemanden, der es so konsequent umsetzt wie die beiden.

„Noch nie waren wir so wenig fremdbestimmt wie in dieser Lebensphase", sagt Lena. „Erst waren es die Eltern, nach denen wir uns richten mussten, dann unsere Kinder – und die Umstände sowieso. Jetzt genießen wir die Freiheit, zu tun, was wir wollen!"

Auf den Umzug freuen sich die beiden wie Schneekönige. Auch wenn so etwas immer mit Stress und Arbeit verbunden ist. Aber das gehört eben dazu. Und die Kinder helfen beim Schleppen.

„Ich plane schon eine schöne Einweihungsfeier für die Großfamilie und liebe Freunde", sagt Lena.

„Und danach geht's erst mal auf in Richtung Nordkap", ergänzt Tom. „Dahin wollten wir schon immer mal reisen. Und jetzt ist der richtige Moment dafür. Wir sind noch nicht zu alt für Abenteuer – aber alt genug, um zu wissen, dass man Träume nicht auf irgendwann verschieben sollte, sonst ist es vielleicht zu spät."

Was für ein tolles Schlusswort! Ich glaube, ich mache gleich eine Liste der Dinge, die ich unbedingt mal erleben will ...

UND WOVON TRÄUMST DU?

Was ich unbedingt mal gesehen haben will:

....

....

....

....

Dinge, die ich irgendwann (sehr bald!) ausprobieren möchte:

....

....

....

....

Wo ich wohnen würde, wenn ich frei wählen dürfte:

....

....

....

NADJA

„Wenn der Ort cool ist, sind es die Menschen auch."

Nadja lebt in Italien. Genauer gesagt nördlich von Mailand, unweit des Lago Maggiore.

Ein Traum, denkst du?

Ein Albtraum, findet Nadja! Deshalb will sie dringend da weg. Aber wie ist sie überhaupt dorthin geraten? Und warum gefällt es ihr in einer Region, wo viele begeistert Urlaub machen, so gar nicht? Ich meine – was spricht gegen charmante Bars und Cafés, mondäne Läden, enge Gässchen, Dolce Vita und einen herrlichen See vor Alpenpanorama?

„Die Leute haben einen Stock im Hintern", bringt es Nadja auf den Punkt. „Es ist schwer bis unmöglich, Kontakte zu knüpfen oder gar Freundschaften zu schließen. Die Einheimischen interessieren sich nicht für Zugezogene, und Ausländern gegenüber sind sie schon gar nicht aufgeschlossen."

Dabei kann man ihr wirklich nicht vorwerfen, es nicht versucht zu haben. Denn eigentlich hatte Nadja noch nie Probleme, Leute kennenzulernen. Ob in Hamburg oder Rom, im Engadin oder im Spreewald, überall, wo sie gewohnt hat, fand sie schnell Freunde, aber hier will es einfach nicht funktionieren.

„Die Leute sind sehr in ihren Großfamilien eingebunden und ihre Freunde kennen sie zumeist schon seit dem Kindergarten – sie brauchen einfach nicht noch mehr Kontakte."

Du fragst dich, warum in aller Welt Nadja dann überhaupt dorthin gezogen ist?

Nun, die Antwort ist ein Klassiker: der Liebe wegen. Zusammen mit ihrem Partner war Nadja viel gereist, doch irgendwann beschlossen sie, sesshaft zu werden und eine Familie zu gründen. Prompt fand er einen Job in Mailand und die beiden zogen in die Kleinstadt nördlich davon, wo auch seine Familie lebte.

„Als freiberufliche Grafikerin war es mir völlig egal, wo wir wohnten, Hauptsache, wir waren zusammen", erzählt Nadja. „Ich war da wohl ziemlich blauäugig. Obwohl ich fließend Italienisch spreche und das Land gut zu kennen glaubte, tat ich mich mit der Mentalität sehr schwer. Norditalien ist nun mal nicht Sizilien. Und das konservative Kleinstadtmilieu macht das Ganze noch schlimmer."

Doch bevor ihr das so richtig klar war, wurde sie auch schon schwanger und bekam einen Sohn. Als er sieben wurde, trennten sich Nadja und ihr Mann. Von da an hielt sie eigentlich nichts mehr dort – außer einer Sache.

„Ich wollte nicht, dass mein Sohn den Kontakt zu seinem Vater verliert. Er sollte auch nicht das Schulsystem wechseln müssen. Deshalb bin ich geblieben – und warte auf den wunderbaren Tag, an dem ich den Absprung machen kann."

Hello again, Deutschland!

Das klingt jetzt so, als würde Nadja fürchterlich leiden. Na ja, ganz so schlimm ist es nun doch nicht. „Ich habe mich hier arrangiert", gibt sie zu. „Das Lebensgefühl ist durchaus sehr italienisch und die Landschaft wunderschön, aber ich fühle mich einfach nicht zu Hause."

Zwischendurch war sie kurz davor aufzugeben und den Sohn beim Vater zu lassen, aber dann hat sie es doch nicht durchgezogen. „Ich habe gemerkt, dass ich ihm das nicht antun konnte – er brauchte mich einfach noch. Mein Kind war mir doch wichtiger", sagt Nadja.

Nun, sehr lange muss sie nicht mehr durchhalten – bald legt ihr Sohn seine Maturaprüfung ab, zu Deutsch: Er macht sein Abitur. Danach verlässt er sein Zuhause, um voraussichtlich in der Schweiz zu studieren, und auch Nadja hält dann nichts mehr in der norditalienischen Provinz.

Ihr Plan: „Ich will zurück nach Deutschland ziehen", sagt sie. „Das ist ein lang gehegter Plan, der mich seit meiner Scheidung aufrechterhält." Und nun kann sie ihn endlich verwirklichen.

Wohin genau sie will? Tja, diese Entscheidung kann sie sehr autonom treffen. Sie ist ungebunden und arbeitet freiberuflich – theoretisch könnte sie das von überall auf der Welt aus tun, wo es Strom und Internet gibt.

Aber Nadja will ja nicht irgendwohin – sie verbindet den Umzug mit der Hoffnung auf ein besseres Dasein. Ein Leben nach ihren Interessen, Werten und Vorstellungen. Deshalb hat sie sich genau überlegt, was sie will – und was auf keinen Fall.

Beginnen wir mit dem Ausschlussverfahren:

Zurück in die fränkische Provinz? No way!

Tja, ihre Eltern hätten sich vermutlich sehr gefreut, wenn sie sich dafür entschieden hätte, dorthin zurückzukehren, wo sie aufgewachsen ist. Aber das kommt für Nadja nicht infrage. „Ich

will da nicht leben. In dieser winzigen, katholischen Spießer-
stadt habe ich schon die ersten achtundzwanzig Jahre meines
Lebens verbracht, das genügt."

Stattdessen will sie lieber etwas Neues kennenlernen. Es
gibt doch so viele interessantere Städte!

Apropos interessante Städte: Wie wär's mit Berlin?

An sich keine schlechte Idee. Nadja hat sehr viele Bekannte
in der Hauptstadt, einsam würde sie sich dort garantiert nicht
fühlen. Aber sie winkt ab. „Berlin ist mir zu groß, zu kaputt, zu
anstrengend. Man wird ja auch nicht jünger. Für einen Besuch
ist Berlin großartig, aber dort leben möchte ich nicht."

Okay, es soll eine lebendige, moderne Stadt sein – aber nicht
gerade die größte des Landes. Dann vielleicht die zweitgrößte?

Hamburg wäre ein Traum – aber ein unbezahlbarer

Nadja kennt Hamburg sehr gut, sie hat vor Italien ein paar Jahre
lang dort gewohnt, hat noch viele Freunde da und liebt diese
Stadt. Also das perfekte Ziel für sie?

„Leider sind die Mietpreise in den letzten Jahren regelrecht
explodiert. In den attraktiven Vierteln ist es mir einfach zu teuer.
Und die Stadtteile, in denen ich mir die Miete leisten könnte,
sind so weit außerhalb, dass die Vorteile der Großstadt kaum
noch zu spüren sind."

Nachdem Nadja die naheliegendsten Ziele ausgeschlossen hatte,
überlegte sie, wie ihre Traumstadt eigentlich aussehen müsste.
Nicht zu provinziell, nicht zu großstädtisch, nicht zu teuer –
so viel stand schon mal fest. Und es kamen noch weitere Kriterien hinzu:

Ein Muss: Kultur

Nadja ist sehr kunstaffin, Kultur ist ihr enorm wichtig, vor allem ein gewisses Maß an alternativer Kultur. Sie wünscht sich die Möglichkeit, auch selbst aktiv zu werden, etwas auf die Beine zu stellen, etwa Kurse zu geben.

Auf meine Frage, ob sie es sich nicht schwierig vorstellt, in einer Stadt neu anzufangen, in der sie keine Menschenseele kennt, erwidert sie: „Wenn die kulturelle Szene meinen Vorstellungen entspricht, werde ich ganz automatisch Leute treffen, mit denen ich mich gut verstehe und die ebenfalls im kreativen Bereich arbeiten. Daraus werden dann von selbst gemeinsame Projekte und auch Freundschaften entstehen."

Normalerweise zieht man ja eher dahin, wo man Leute kennt. Nadja dagegen ist sicher, in einer coolen Stadt wird sie garantiert nicht einsam sein. Eine interessante Perspektive – und eine schöne, mutige, wie ich finde.

Ebenfalls ganz wichtig: die Infrastruktur

Nadja kann sich nicht vorstellen, irgendwo zu leben, wo es keine Geschäfte oder schönen Bars und Cafés gibt. „Ich bin ein absoluter Stadtmensch", sagt sie. „Am liebsten möchte ich mitten im Zentrum zu Hause sein und, wenn ich aus der Tür trete, mindestens fünf gute Cafés in fünf Minuten Laufweite haben."

Okay, in dieser Hinsicht kann sie sich an ihrem derzeitigen Wohnort nicht beklagen. Aber Cafés alleine genügen eben nicht, um sie glücklich zu machen ...

„Ich langweile mich schnell", sagt Nadja. „Eine Stadt sollte vor allem interessant und vielfältig sein. Ich brauche immer Input und neue Erlebnisse."

Ich frage mich, ob es so eine Stadt, von der sie träumt, tatsächlich gibt. Zumal das ja noch gar nicht alle Anforderungen waren ...

Wenn's perfekt sein soll: Wasser, bitte!

Ihre Traumstadt soll am Wasser liegen, das ist Nadja ganz wichtig. „Ich kann mir gar nicht mehr vorstellen, irgendwo zu leben, wo es kein Wasser gibt. Und damit meine ich nicht irgendeinen Fluss, sondern richtig viel Wasser – zumindest einen größeren See, am besten das Meer!"

Die Nähe zum Lago Maggiore gehört zu den wenigen Dingen, die ihr an ihrem jetzigen Wohnort gefallen.

„Ich liebe es, am Ufer entlangzulaufen. Das entspannt ungemein. Meistens ist es dort, wo Wasser ist, auch landschaftlich schön. Ich finde auch, dass Städte am Wasser eine andere Atmosphäre haben. Sie sind entspannter, weltoffener."

Oh, das kann ich sehr gut verstehen. Gibt es etwas Schöneres, als einfach nur aufs Meer zu gucken?

Grau ist alle Theorie?

Ich kann Nadjas Gedankengänge absolut nachvollziehen – dennoch erscheint es mir zumindest sehr ungewöhnlich, den Ort, an dem man künftig leben will, nach rein theoretischen Erwägungen auszuwählen. Kann so etwas überhaupt funktionieren?

Nadja ist sich da ganz sicher – sie ist bei Entscheidungsfindungen schon öfter so vorgegangen. Neulich zum Beispiel war sie auf der Suche nach einem neuen Parfum. Statt sich durch zig Duftproben zu schnüffeln, hat sie alles darüber gelesen, was sie im Internet fand. Anhand der Online-Parfüm-Beschreibung entschied sie sich am Ende für Jil Sander Style – einen Duft, der ihr nicht nur theoretisch, sondern auch praktisch ausgesprochen gut gefällt.

Fragt sich nur: Wie heißt das Jil Sander Style unter den deutschen Städten?

And the winner is ... Lübeck!

Nachdem Nadja gründlich über ihre Kriterien nachgedacht und die Städte, die größenmäßig ins Profil passten, darauf überprüft hatte, kristallisierte sich ein unangefochtener Favorit heraus: Lübeck zeichnet sich durch bezahlbare Mieten, die Nähe zum Meer (und zu Hamburg) sowie eine interessante Kulturszene aus. Und schön ist die Hansestadt mit der jahrhundertelangen Geschichte und den 217.000 Einwohnern sowieso.

„Ich bin sicher, dort werde ich mich wohlfühlen", erklärt Nadja, „zumal ich die Mentalität der Nordlichter sehr mag. Oft heißt es ja, sie seien abweisend oder verschlossen, aber das finde ich gar nicht. Nirgendwo schnackt man so viel wie in Norddeutschland. Da geht man nur zum Bäcker zum Brötchenholen, und dann redet man eine halbe Stunde mit der Verkäuferin, die man noch nie im Leben gesehen hat, aber total nett findet."

Obwohl sie ein richtig gutes Gefühl hat, wird sie natürlich nicht umziehen, ohne die Stadt wenigstens einmal besucht zu haben. „Sobald ich mal wieder in Deutschland bin, werde ich eine Woche in Lübeck verbringen. Wenn sich mein Eindruck, den ich online gewonnen habe, bestätigt, ist der Umzug beschlossene Sache."

Oh, ich zweifele nicht daran, dass es Nadja gefallen wird – sie ist nicht die Erste in meinem Bekanntenkreis, die ihren Wohnsitz ans Holstentor verlegt hat, und niemand von ihnen hat diese Entscheidung bereut ...

Auch Nadja schätzt ihr persönliches Risiko sehr gering ein. Was soll schon passieren? „Wenn es mir in Lübeck nicht gefällt, ziehe ich eben weiter. Es ist ja nicht in Stein gemeißelt, dass ich da auf ewig bleiben muss."

Davor, eventuell keinen Anschluss zu finden und einsam zu sein, hat sie keine Angst. „Das wird schon nicht passieren. Und selbst wenn mir in Lübeck mal die Decke auf den Kopf fällt, dann fahre ich eben nach Hamburg und besuche meine Freunde, die dort leben."

Das Leben nach eigenen Kriterien leben

Während die meisten Menschen ihren Wohnort entweder nach den Menschen auswählen, die sie dort kennen, oder wegen einer Arbeitsstelle, geht Nadja also genau umgekehrt vor.

„Ich könnte das gar nicht anders entscheiden", sagt sie. „Was hätte ich davon, wenn ich irgendwo einen Job und Freunde hätte, aber die Stadt total blöd fände?"

Nun hat sie als Freiberuflerin natürlich den Vorteil, bei der Arbeit ortsungebunden zu sein. Aber auch wenn sie das nicht wäre, würde sie eher in ihrer Wunschstadt gezielt nach einem Job suchen als andersrum. „Das habe ich einmal gemacht, und das ist schiefgegangen. Ich bin meinem Mann dorthin gefolgt, wo er Arbeit fand, um dort für immer glücklich und zufrieden zu leben. Doch dann ist die Ehe zerbrochen, unser Kleinfamiliending hat nicht funktioniert. Ich saß an einem Ort fest, an dem ich eigentlich gar nicht sein wollte, und guckte dumm aus der Wäsche."

Aber natürlich ist ihr klar, dass das nur ihre persönlichen Erfahrungen sind – und jeder hat andere Prioritäten. Während für Nadja die Mietpreise, die Kultur und die Nähe zum Meer wichtig waren, sind es für dich vielleicht die Anzahl der Buchhandlungen, das Fahrradwegenetz und die Qualität der Schulen? Oder sind es womöglich die Karrierechancen in einer bestimmten Branche, die medizinische Versorgung und die Nähe zu einem Flughafen?

Wo würdest du leben wollen, wenn du ganz nach deinen persönlichen Vorlieben entscheiden könntest? Spannendes Gedankenspiel, oder?

ZUR INSPIRATION:
DIE ZEHN LEBENSWERTESTEN STÄDTE
DER WELT ...

Kennst du das internationale Städte-Ranking der Economist Intelligence Unit? Dieses Unternehmen, das sich auf Prognose und Beratung spezialisiert hat und dazu alle möglichen Wirtschaftsdaten analysiert, veröffentlicht alljährlich eine Liste der lebenswertesten Städte der Welt – den *Global Liveability Index*. Dabei spielen Aspekte wie Infrastruktur, Gesundheitsversorgung, Bildung, Stabilität sowie Kultur und Umwelt eine Rolle. Hier sind die Top Ten des Jahres 2021:

Platz 1: Auckland
Die neuseeländische Metropole punktet vor allem in Sachen Bildung und mit ihrer schnellen Eindämmung der Pandemie. Überhaupt hat Corona das Ranking stark beeinflusst – so hat es Wien, der Spitzenreiter von 2018 und 2019, gar nicht mehr unter die zehn lebenswertesten Städte geschafft.

Platz 2: Osaka
Noch vor der Hauptstadt liegt die drittgrößte Stadt Japans, und das in erster Linie wegen ihrer Bestnoten in den Kategorien Gesundheitsversorgung und Stabilität. Leider liegt auch Osaka nicht gerade um die Ecke ...

Platz 3: Adelaide
... und das gilt ebenso für die südaustralische Küstenstadt. Sie verdankt ihr gutes Abschneiden übrigens der hohen Punktzahl für Gesundheit und Bildung.

Platz 4: Wellington und Tokio

Die Hauptstädte von Neuseeland und Japan teilen sich diesen Rang. Während Wellington besonders mit Bildung glänzen konnte, waren es bei Tokio die Stabilität und das Gesundheitswesen. Bei Kultur schnitten beide eher schlecht ab – was aber auch für fast alle anderen Städte gilt, Corona sei Dank.

Platz 6: Perth

Und wieder Australien! Die Stadt an der Mündung des Swan River in den Indischen Ozean gilt als eine der isoliertesten Städte der Welt – denn die nächstgelegene größere Stadt (Adelaide) liegt über 2000 Kilometer entfernt! Das nenn ich mal Einsamkeit. Dennoch ergatterte Perth im Ranking gleich drei Bestnoten – jeweils für Gesundheitsversorgung, Bildung und Infrastruktur.

Platz 7: Zürich

Endlich eine europäische Metropole in den Top Ten, und immerhin sogar eine deutschsprachige! Das hat die 400.000-Einwohner-Stadt am Zürichsee vor allem ihrem Gesundheitssystem zu verdanken. Wäre es in erster Linie nach dem Bildungswesen gegangen, hätte das Ergebnis deutlich schlechter ausgesehen.

Platz 8: Genf und Melbourne

Wieder die Schweiz – und wieder Australien. Während Genf, ebenso wie Zürich, mit seinem Gesundheitssystem auftrumpfen konnte, wurde Melbourne vor allem für Infrastruktur und Bildungswesen belohnt.

Platz 10: Brisbane

Mit gleich vier Top-Ten-Platzierungen ist Australien uneinholbar der Kontinent mit den meisten Städten auf dieser Liste. Brisbane zählt erstmals zu den zehn lebenswertesten Städten, und das dank Maximalpunktzahl in den Kategorien Gesundheitsversorgung und Bildung.

Okay, meine persönlichen Kriterien sähen anders aus. Als bekennende Angsthäsin würde ich mich auf keinem Kontinent wohlfühlen, auf dem es dermaßen viele giftige Schlangen und Spinnen gibt. Die aggressiven Krokodile und die weißen Haie nicht zu vergessen! In meiner Rangliste lägen vermutlich Stockholm, Amsterdam und Graz vorn. Ja, okay, ich bin eine Langweilerin. Aber eine, die noch nie von einer Schlange gebissen wurde!

... und die zehn lebenswertesten Städte Deutschlands
Das jährliche Ranking für die 81 deutschen Städte, die zurzeit in Deutschland als Großstädte gelten, wird von dem Unternehmen CW Consult herausgegeben. Auf Basis zahlreicher Kriterien errechnen sie nicht nur ein Niveau-Ranking (2021 an der Spitze: München, Erlangen, Ingolstadt), sondern auch ein Dynamik-Ranking (Berlin, Heilbronn, Leipzig) und ein Nachhaltigkeits-Ranking (Wolfsburg, Erlangen, Ingolstadt).

Insgesamt konnten kleinere Städte im Vergleich zu den großen Metropolen ordentlich punkten, denn wenn Kultureinrichtungen und Einkaufsmöglichkeiten pandemiebedingt geschlossen sind, verpuffen die Vorteile der Millionenstädte ganz schnell ...

Schaut man sich das Nachhaltigkeits-Ranking genauer an, wurden hier vor allem die Indikatoren Elektrotankstellen, ADFC-Fahrrad-Klima und Luftqualität zugrunde gelegt. Hocherfreut stelle ich fest, dass meine Heimatstadt Kaiserslautern in Sachen Luftqualität auf Rang drei liegt! Und das ist doch etwas, worum uns die Einwohner vieler Millionenstädte der Welt sehr, sehr beneiden würden.

Okay, die Entscheidung ist gefallen. Ich für meinen Teil bleibe einfach hier wohnen. Und wenn mich das Fernweh packt, fahre ich einfach für ein paar Tage ans Meer.

Zurück zu Nadja und ihren Umzugsplänen. Ich frage sie nach ihrer Zukunftsvision: Wie wird es ihr in fünf Jahren in Lübeck ergehen?

„Ich werde sehr aufblühen, weil ich wieder mehr Leute um mich haben werde, mit denen ich auf einer Wellenlänge bin", da ist sie sich sicher.

Wie genau sie leben wird, ist noch offen. Es gibt einige Wohnformen, die sie sehr spannend findet. „Besonders cool wäre es auf einem Hausboot. Oder in einem Tiny House. Vielleicht ziehe ich auch in ein Wohnprojekt."

Es gibt so vieles, was sie noch ausprobieren möchte! Auch hobbymäßig freut sie sich darauf, in Lübeck allerhand Neues und Spannendes anzufangen. Sie hat zum Beispiel Lust, in einem Heavy-Metal-Chor mitzumachen, Bogenschießen zu lernen, ehrenamtlich in einem Tierheim zu helfen oder einer Urban-Sketching-Gruppe beizutreten. „Das ist eine globale Kunstbewegung, bei der man sich mit anderen trifft und Stadtszenen zeichnet, um sie dann mit der Community zu teilen", erklärt Nadja. Dabei geht es um die bewusste Wahrnehmung von Details und den Moment des Zeichnens – quasi das Gegenteil eines schnellen Schnappschusses mit dem Handy. „Und wenn es in Lübeck noch keine entsprechende Gruppe gibt, dann gründe ich eben eine", fügt sie hinzu.

Einfach mal dem Leben vertrauen

Nadja klingt unglaublich motiviert – offenbar ist es höchste Zeit für diesen Schritt in ein neues, selbstbestimmtes Leben. „Ich habe ja freiwillig gewartet, bis mein Sohn alt genug ist, und jetzt muss ich mich beeilen, denn ich will ja noch was erleben." Sie ist inzwischen Anfang fünfzig – die Veränderung kommt für Nadja in genau der richtigen Lebensphase. Sie ist jung genug, alles umzukrempeln, und erfahren genug, um genau zu wissen, was sie will.

„Freiheit ist mir wichtiger als alles andere", sagt sie. „Auch die Freiheit, das zu ändern, was mir nicht gefällt." Die Vorstellung, passiv zu bleiben, findet Nadja grauenhaft. „Ich will aktiv leben und alles selbst entscheiden. Und vor allem will ich Spaß haben und Abwechslung – Vergnügen im besten Sinne."

Sollten wir das nicht alle anstreben?

ANGELIKA

„Die wichtigste aller Fragen: Was bedeutet es, ein gutes Leben zu führen?"

Was die Bereitschaft zu Veränderungen angeht, sind wir alle höchst unterschiedlich gestrickt. Zwischen der Position „Am besten bleibt alles so, wie es ist" und dem Lebensmotto „Sobald ich eine innere Unruhe spüre, muss ich ihr nachgeben" gibt es unzählige Mischtypen. Ich selbst liege irgendwo in der Mitte – du auch?

Und dann gibt es da noch die Veränderung im Laufe der Zeit. Wer heute alles gern so lassen möchte, wie es gerade ist, sieht das in zehn Jahren vielleicht anders. So war es auch bei Angelika und ihrem Mann. Sie hatten sich im Laufe ihrer Beziehung in entgegengesetzte Richtungen entwickelt: sie unternehmenslustig und die Veränderung suchend, er die Ruhe und Stabilität liebend. Sie schafften es nicht, ihre beiden Positionen zusammenzubringen, und trennten sich schließlich nach mehr als zwanzig Jahren Ehe.

Häufig ist das bei Vertreter:innen des Typs „Her mit der Veränderung" nur der erste von vielen weiteren Schritten. Denn

Menschen wie Angelika stellen ihr Leben meist nicht nur einmal auf den Kopf, sondern immer wieder. Warum ist das so? Und wie hat das Ganze angefangen?

Nun, vermutlich waren Angelika und ihr Partner schon immer unterschiedlicher, als ihnen bewusst war. Bereits als Kind ist Angelika häufig umgezogen und hat sogar zwei Jahre im Ausland verbracht. Sich auf neue Dinge einzustellen, fällt ihr leicht.

So fügte sie sich auch zunächst problemlos in ihr Leben als Ehefrau und Mutter ein. Mit Mitte dreißig hatte sie erreicht, was andere als perfekte Endstation ihrer Entwicklung betrachten: Sie war verheiratet, hatte zwei prächtige Kinder, außerdem ein charmantes Reihenendhaus mit Garten in einer familienfreundlichen Stadt in Mittelhessen. Klingt wunderbar, oder?

Auch ihr Partner mochte das hübsche Zuhause. Und überhaupt war alles gut so. Als Angelika nicht mehr länger in die nächste Großstadt pendeln, sondern sich im Homeoffice selbstständig machen wollte, bereitete ihm das ein gewisses Unbehagen. Sie hatte doch einen tollen Job, gut bezahlt noch dazu. Warum also dieses unnötige Risiko eingehen? Das passte nicht zu seinem Denken. Er mochte die Sicherheit – passend dazu war er inzwischen auch verbeamtet worden.

Mit Mitte vierzig erkannte Angelika, dass ihre Ehe keine Zukunft mehr hatte. „Wir hatten uns zu weit voneinander entfernt", sagt sie heute, „obwohl wir uns als Menschen und als Eltern unserer Kinder nach wie vor gut verstehen. Nur als Paar passte es einfach nicht mehr."

Zunächst blieb sie mit den Kindern im besagten Reihenendhaus, zahlte ihren Ex-Mann aus und renovierte einige Räume, um einen Neuanfang zu markieren.

In dieser Phase lernte ich Angelika – eine Text-Kollegin mit Schwerpunkt Finanzkommunikation – kennen und besuchte sie einmal in ihrem Zuhause. Dort fühlte ich mich sofort pudelwohl! Ich konnte mir gut vorstellen, in dieser Umgebung glücklich zu sein. Angelika damals auch. Noch ...

Aufbruchstimmung

Als sie geschieden wurden, war Angelika neunundvierzig. Ihre erwachsene Tochter hatte das Nest bereits verlassen, und auch der Sohn würde bald zum Studium in eine andere Stadt ziehen. Da stellte sich für Angelika ebenfalls die Frage: Wie sollte es für sie weitergehen?

„Mir war schnell klar, dass ich auf keinen Fall alleine dort wohnen bleiben wollte. Es war ja unser Familienhaus! Für mich fühlte es sich an wie eine Haut, die nicht mehr passte."

Und so entschied sie, das Haus zu verkaufen und woanders einen neuen Anfang zu wagen. Nur vordergründig ging es dabei um die Wohnsituation – denn eigentlich fragte sich Angelika: Wie möchte ich leben? Und wo ist diese Art von Leben am ehesten möglich?

In ihrem Hinterkopf hatte sich schon lange ein Idealziel manifestiert: Hamburg! Angelika liebte diese Stadt, die so wunderschön, kreativ und weltoffen ist!

In den Jahren zuvor hatte sie viel Zeit dort verbracht – mal bei Freunden, mal in monatsweise gemieteten Wohnungen, sodass sie inzwischen ein gutes Gefühl hatte bei dem Gedanken, ihren Traum Wirklichkeit werden zu lassen.

„Zeitlich hat das prima gepasst – mein Sohn war ohnehin gerade auf dem Absprung in Richtung Studienort, also haben wir einfach gemeinsam Umzugskartons gepackt und sind gleichzeitig ausgezogen", erinnert sich Angelika.

Dank ihrer Selbstständigkeit ist sie nicht ortsgebunden. Arbeit und Kunden konnte sie einfach mitnehmen gen Norden.

Die Reaktionen auf ihren Schritt waren durchweg positiv. „Die meisten in meinem Umfeld fanden es spannend", erzählt sie, „und viele hielten mich für richtig cool. Dabei wollte ich überhaupt nicht cool sein. Es hat sich so ergeben und es war stimmig. Ich tat einfach nur das, was gerade für mein Leben passte."

Hamburg, meine Perle

Es ist jetzt gut sieben Jahre her, dass Angelika ihre neue Wohnung in Hamburg bezogen hat.

„Erst einmal musste ich mich von dem Umzug erholen", erinnert sie sich. „Es war ziemlich anstrengend, ein ganzes Haus aufzulösen, Kisten zu packen und hier alles wieder einzusortieren. Aber ich habe es auch genossen, jeden Tag für mich zu gestalten, ohne in irgendwelchen alten Strukturen festzuhängen." Allein schon, sich mit den Essenszeiten nicht mehr nach dem Schulschluss der Kinder richten zu müssen, sondern einfach nur dem eigenen Rhythmus zu folgen, schenkte ihr ein ganz neues Gefühl von Freiheit. Dazu kam das großartige Kulturangebot, die Weltoffenheit der Stadt, die Wassernähe – das alles vermittelte ihr ein wunderbares Gefühl von Freiheit, das sie sehr beflügelte. Zunächst jedenfalls.

„Letztendlich ist die Realität immer anders, als man es sich vorstellt. Hamburg ist eine tolle Stadt, aber eben doch eine Großstadt, und das bedeutet immer auch mehr Anonymität als woanders. Das hatte ich unterschätzt."

Mit der Zeit fand Angelika es schade, sich im Alltag auf niemanden mehr beziehen zu können. Das, was sie zunächst als Ungebundenheit und Selbstbestimmung erlebt hatte, empfand sie nun als Mangel.

„Ich lernte zwar schnell Leute kennen und hatte auch einige gute Kontakte in Hamburg, aber enge Freundschaften brauchen Zeit, um zu wachsen."

So beschloss Angelika, von sich aus auf andere zuzugehen. Sie nutzte verschiedene Kennenlern-Plattformen, schloss sich einer Würdekompass-Gruppe an und probierte allerhand Aktivitäten aus.

„Ich war irgendwie auf der Suche danach, wo ich eigentlich hingehöre. Sowohl in Bezug auf Menschen als auch beruflich." Und so fragte sie sich: Was kann ich eigentlich bewegen, außer Wirtschaftstexte schöner zu machen? Nur zwei Jahre nach ihrem begeisterten Aufbruch und ihrer Ankunft in Hamburg war Angelika nun in einer neuen Phase des Suchens angekommen. Bis ihr eine Idee, wie es weitergehen könnte, in den Schoß gelegt wurde, dauerte es aber nicht lange.

Näher am Menschen

Der Impuls zur nächsten großen Veränderung in Angelikas Leben kam völlig unerwartet. Sie traf sich mit einer lieben Kollegin auf einen Kaffee. Dabei berichtete diese von einer Coaching-Ausbildung, die sie gerade absolviert hatte, und sagte spontan: „Coaching, das wäre bestimmt total dein Ding! Du bist doch so gern nah an den Menschen dran und führst Gespräche."

Angelika hatte bisher nie in Erwägung gezogen, ihr Geschäftsfeld in Richtung Coaching zu erweitern. Der Vorschlag ihrer Kollegin erstaunte sie – und brachte sie zum Nachdenken. Denn eigentlich stimmte es, was sie sagte. Das könnte wirklich etwas für sie sein.

Angelika informierte sich über die Ausbildung und entschied sich relativ schnell für eine Coaching-Akademie.

„Obwohl mein Schwerpunkt das Business Coaching ist, merkte ich schnell, dass das auch immer eine private Komponente hat oder haben sollte. Denn oft geht es ja auch um Themen wie den eigenen Selbstwert, beispielsweise bei Gehaltsverhandlungen. Privates und Berufliches sind eng miteinander verknüpft. Diese Verbindungen zu erkennen und für meine Klientinnen sichtbar zu machen, ist superspannend."

Manchmal glaubt eine Klientin, mit ihrem Beruf unzufrieden zu sein, aber sie arbeitet bloß im falschen Unternehmen, im falschen Markt für die falschen Kunden – die Arbeit selbst ist aber genau die richtige für sie. Oder eine Klientin kommt mit einem klar umrissenen Problem, und am Ende stellt sich heraus, dass der eigentliche Konflikt ein ganz anderer ist.

Menschen zu begleiten, wenn es irgendwo hakt, passt perfekt zu Angelika. Sie geht darin auf, gemeinsam mit ihnen die Gedanken zu ordnen und zum Kern des Problems vorzudringen, um dann Lösungswege zu entwickeln. Zugleich erfüllte sich nun ihr eigenes Vorhaben wie von selbst, nämlich ihr Leben mit mehr zwischenmenschlichen Kontakten zu bereichern, statt immer nur allein am Schreibtisch zu sitzen.

„Letztendlich war es auch genau das, was mich am Kinderhaben so wahnsinnig fasziniert hat. Meine Hauptfunktion als Mutter war ja, diese beiden Menschen ins Leben zu begleiten, ihre Fragen zu beantworten, herauszufinden, wer sie sind und was ihnen guttut, ihre Stärken zu entdecken und sie in den verschiedenen Phasen ihrer Entwicklung und ihres Erwachsenwerdens zu unterstützen. Ich empfand diese Aufgabe als sehr spannend und bereichernd. Und im Grunde genommen ist Coaching ja genau das: Begleitung."

Den Alltag zurechtrücken

Als sie mit dem Coaching anfing, machte sich Angelika völlig unnötig selbst Druck. „Ich dachte, ich würde jetzt nur noch coachen und müsste mit dem Texten aufhören. Doch ich merkte bald, dass mir auch diese Aufgabe total am Herzen liegt. Ich will nicht darauf verzichten. Im Gegenteil, gerade die Kombination tut mir gut."

Die Coachinggespräche sind sehr intensiv und kosten Kraft. Tagtäglich mit Menschen über ihre Konflikte zu sprechen, an ihrer Positionierung zu arbeiten und sie bei ganz entscheidenden Wendepunkten ihres Lebens zu begleiten, das würde Angelika gar nicht schaffen. Danach tut es ihr richtig gut, wenn sie mal wieder einen Tag lang still im Büro sitzt und an Formulierungen feilt.

„Als ich das einmal begriffen hatte, war auch der Stress wie weggeblasen. Lange war ich dem Irrtum aufgesessen, man müsse sich auf eine Sache konzentrieren. Aber das stimmt nur, wenn man der Typ dafür ist. Ich bin eher ein Typ für Vielfalt. Mit einem, maximal drei Coachings pro Woche bin ich sehr gut ausgelastet. Darauf kann ich mich prima vorbereiten, und während der Gespräche bin ich ganz für meine Klientinnen da. Das genieße ich richtig. Und an den anderen Tagen widme ich mich meinen Textaufträgen und genieße auch das."

Angelika hat für sich ein gutes Gleichgewicht gefunden. Ruhe und Energie, Alleinsein und Austausch, Coaching und Texten. Und nicht zufällig hat sie inzwischen auch Yoga und Meditation für sich entdeckt. Für sie gehört das alles irgendwie zusammen. „Es geht doch darum, dass man zu sich findet und erkennt: Was macht mich eigentlich aus?", bringt sie ihr Herzensthema auf den Punkt.

Und genau das ist auch ihre Kernbotschaft bei der Positionierung: „Wenn man genau das tut, was zu einem passt, dann ist man einzigartig. Das macht einen nicht für alle Kunden interessant, aber für bestimmte einfach perfekt – und zwar für die richtigen", sagt Angelika. „Wir versuchen alle viel zu sehr, uns an einem fiktiven Ideal zu orientieren, statt an uns selbst."

Noch mehr Freiheit, noch mehr Begegnungen

Es ist Angelika immer wichtig, in sich hineinzuhorchen und nachzuspüren, was ihr guttut – und was nicht. Als sie Mitte fünfzig war, haben sich in ihr drei neue, große Ziele manifestiert.

Das erste Ziel: weniger arbeiten

Auch wenn sie mit ihrem neuen Businessmodell rundum happy ist, möchte sie einfach nicht mehr sechzig Stunden pro Woche im Büro verbringen.

„Das hatte ich mir schon länger vorgenommen, aber irgendwie nie die Kurve gekriegt", sagt sie. Wie genau sollte sie es schaffen, weniger zu arbeiten, wenn doch immer so spannende Aufträge an sie herangetragen wurden? Hätte sie die etwa ablehnen sollen? Um stattdessen – was zu tun? Noch ein neues Hobby anfangen?

Das zweite Ziel: Wohnsituation überdenken

Alleine zu leben hat sich doch nicht als das Richtige für Angelika erwiesen. „Das habe ich jetzt ein paar Jahre lang ausprobiert", resümiert sie, „und es funktioniert einfach nicht. Ich bin nicht der Typ fürs Alleinsein, auch wenn ich die Vorteile anfangs sehr genossen habe."

Sie fing an zu überlegen, welche Alternativen es gibt. Eine WG wie in Studentenzeiten? Eher nicht. Oder ein gemeinschaftliches Wohnprojekt? Eigentlich sehr spannend, aber schwer zu finden. Und im Moment vielleicht doch nicht das Ideale, denn da gibt es ja noch ein weiteres Thema, das sie umtreibt ...

Das dritte Ziel: mehr Begegnungen mit Menschen, die ihr wichtig sind

Seit 2019 ist Angelika Großmutter, und das empfindet sie als sehr erfüllend. Sie sehnt sich danach, ihre Tochter und das geliebte Enkelkind so oft wie möglich zu sehen. Doch die leben weit weg von Hamburg. Genau wie ihr Sohn, der erst vor Kurzem von einem längeren Auslandsaufenthalt zurückgekommen ist. Und viele andere Menschen, die ihr wichtig sind, leben ebenfalls über ganz Deutschland verstreut.

Dann kam die Corona-Pandemie dazu und beschränkte die Möglichkeiten der Begegnungen und des Reisens noch mehr. Jetzt allein zu leben, bedeutete soziale Isolation. „Da fragte ich mich: Wie stelle ich es an, dass ich Menschen treffen kann, die ich schrecklich lang nicht gesehen habe, ohne die Regeln zu missachten und uns alle in Gefahr zu bringen?"

Und sie fand eine Lösung: einen Campervan. Sechs Meter lang, gebraucht, fertig ausgebaut und das Ganze zu einem fairen Preis.

Die Idee kam nicht über Nacht. 2019 hatte Angelika das Campingleben bei einem Urlaub im gemieteten Wohnwagen kennengelernt. Und dann kam der Sommer des ersten Coronajahres. „Als mir zu Hause die Decke auf den Kopf fiel, wollte ich für ein paar Tage aus meiner einsamen Wohnung verschwinden", erinnert sie sich. „Ich fand einen netten Campingplatz in Niedersachsen, mietete dort eine kleine Ferienwohnung und war sofort begeistert." Während in Hamburg eher hanseatische Zurückhaltung angesagt ist, zeichnet sich das Camperleben durch Offenheit und Kommunikation aus. „Alle grüßen sich und bei jeder Gelegenheit – sei es auf dem Weg zum Duschen oder beim Müllwegbringen – ergeben sich nette, kleine Gespräche. Man hat immer Ansprache, der Umgang miteinander ist wunderbar unkompliziert. Das liegt mir total!"

Diese Atmosphäre wollte sie öfter erleben – da lag der Gedanke, sich um einen Dauercampingplatz zu bewerben, sehr nah. Vielleicht könnte sie einen Wohnwagen draufstellen? Oder noch besser: Einen Van! „Damit kann ich außerdem noch all meine Freunde und die Familie in ganz Deutschland besuchen, trotz Pandemie – wir können uns draußen treffen und ich schlafe in meinem Camper. Perfekt!"

Genau so hat Angelika es dann gemacht. Und mit einem Schlag waren ihre drei oben genannten Ziele ganz einfach zu erreichen ...

Alles in Balance

Im letzten Jahr verbrachte Angelika ungefähr ein Drittel bis die Hälfte ihrer Zeit im Van. „Ich schlafe traumhaft gut darin!", schwärmt sie. „Am meisten begeistert mich die Nähe zur Natur. Ebenso natürlich der Kontakt mit Menschen, die ich unterwegs treffe, und denen, die ich besuche. Genau darum ging es mir ja."

Und ganz nebenbei hat sich auch ihr Berufsleben verändert. Seit sie so viel im Van unterwegs ist, hat sich ihr Arbeitsrhythmus angepasst. „Das Leben außerhalb des Büros ist so spannend, manchmal arbeite ich nur zwanzig oder dreißig Stunden pro Woche, allerhöchstens halbtags", sagt Angelika. Endlich hat sie es wie von selbst geschafft, ihr Arbeitspensum herunterzuschrauben. Das Vanlife, ihr Enkel, die Natur ... all das hat die zuvor alles dominierende Arbeit ganz einfach verdrängt. „Da verzichte ich gern auf den Mehrumsatz, wenn ich stattdessen so lebe, wie es mir gefällt, und meine Lieblingsmenschen treffen kann."

Gleichzeitig hat sie sich auch in diesem Bereich an etwas ganz Neues herangewagt: Sie hat ein belletristisches Buch lektoriert – die Autobiografie eines Musikers. Im Vergleich zu den Wirtschaftstexten, die sonst ihr Schwerpunkt sind, ein echtes Kontrastprogramm.

„Man könnte glauben, das hätte nicht zu mir gepasst, aber das Gegenteil ist der Fall", erklärt sie. „Denn es ging ja um ein Menschenleben. Das Projekt war eine tolle Herausforderung und ich habe mit großartigen Menschen sehr konstruktiv zusammengearbeitet."

Dass der größte Teil dieser Arbeit im Van – genauer gesagt auf Sylt – erledigt werden konnte, machte die ganze Sache noch perfekter.

„Viele sprechen von der sogenannten Work-Life-Balance. Ich möchte das gar nicht trennen. Arbeit gehört ja auch zum Leben. Und darum geht es doch: ein gutes Leben zu führen. Leben und arbeiten in harmonischer Einheit, und das auch noch dem Rhythmus der Natur angepasst und mit vielen wunderbaren Menschen – das ist für mich ein gutes Leben."

Und dieses Leben und Arbeiten in harmonischer Einheit ist für Angelika ganz eng mit dem Vanlife gekoppelt. Da wird es dich wohl kaum wundern, welche Konsequenz sie daraus gezogen hat.

Bye-bye, Stadtwohnung – welcome, Camper!

Mit 58 Jahren hat Angelika vor wenigen Monaten ihre Wohnung gekündigt. Es bleiben ihr noch einige Wochen, um sie auszuräumen. Den Wohnraum von 130 Quadratmetern plus Garage und Keller auf einen Van zu reduzieren, ist eine echte Aufgabe – aber eine sehr erfüllende, wie sie sagt. „Besitz macht unfrei! Je weniger man hat, desto freier ist man für andere Dinge. Schon damals beim Hausverkauf empfand ich das als riesengroße Entlastung."

Natürlich wirft sie ihr Hab und Gut nicht einfach weg. Das Meiste verschenkt oder verkauft sie, einiges wird eingelagert. Sie behält nur Dinge, von denen sie weiß, dass sie sich darüber freuen wird, wenn sie sie in einem Jahr vielleicht wieder auspackt. Aber im Van braucht sie einfach nicht so viel – da ist Minimalismus angesagt.

„Letztendlich war meine Wohnung viel zu groß für eine Person, das ist echte Ressourcenverschwendung."

Angelika ist sich sicher: Dieses Immer-mehr-haben-Wollen ist in unserer Gesellschaft zum Automatismus geworden. Wenn man sich davon verabschiedet, dann muss man auch nicht mehr so viel arbeiten. Dann kann man sich überlegen: Was ist mir wirklich wichtig? Und was brauche ich wirklich? Und genau das hat sie getan.

„Wenn ich im Sommer vor dem Van unter der Markise sitze und den herrlichen Ausblick auf einen See, eine Blumenwiese oder die Berge genieße, dann bin ich die Königin der Welt. Dann fühle ich mich so reich wie noch nie zuvor im Leben. Das bedeutet für mich Erfüllung."

Dein gutes Leben – was fehlt dir dazu?

Niemand muss sich vom Großteil seines Besitzes trennen, um glücklich zu werden. Man muss auch nicht in einen Van ziehen. Auch eine Scheidung führt nicht automatisch zu mehr Zufriedenheit. Ich zum Beispiel möchte sowohl Ehemann als auch Haus samt Inventar behalten.

Aber darum geht es gar nicht. Sondern darum, dass das Leben, das man führt, zu einem passt.

Warum sollte jemand, der rundum zufrieden ist, sein Leben auf den Kopf stellen? Das wäre ja absurd.

Aber oftmals sind es mangelnde Perspektiven, die einen in alten Strukturen verharren lassen. Was uns daran hindert, etwas zu ändern, liegt in uns selbst. Sei es die Angst vor dem Alleinsein, vor dem Versagen oder vor wirtschaftlichen Einschränkungen.

Vergiss das alles mal für einen Moment und lass dich auf ein paar Fragen ein, die dir dabei helfen können, mehr Klarheit in deine Wünsche und Ziele zu bringen.

Bist du bereit? Los geht's!

Was gibt dir ein Gefühl von Freiheit?
Was gibt dir ein Gefühl von Sicherheit?
Was gibt dir ein Gefühl von Zufriedenheit?
Welches dieser Gefühle ist dir am wichtigsten?
Was bringt dich einfach immer zum Lächeln?
Und was zum Lachen?
Was macht dich wütend? Und was traurig?
Wofür kannst du dich spontan begeistern?
Wohin schweifen deine Gedanken, wenn du sie loslässt?
Was sind deine größten Sorgen und Ängste?
Was hast du schon oft bedauert?
Was raubt dir Energie?
Was gibt dir Kraft?
Wo ist dein Lieblingsort zu Hause?
Wo ist dein Lieblingsort überhaupt?
In welchen Momenten hast du dich glücklich gefühlt?
Was waren die wichtigsten Entscheidungen deines Lebens?
Fällt es dir leicht, Entscheidungen zu treffen?
Was macht dich unsicher?
Was fehlt dir manchmal?

Was verletzt oder kränkt dich?

Was motiviert und stärkt dich?

Worauf bist du stolz?

Wie sähe für dich ein perfekter Tag aus?

Wofür gibst du am meisten Geld aus?

Und wofür am liebsten?

Was würdest du tun, wenn Geld keine Rolle spielen würde?

Was würdest du ändern, wenn du mutiger wärst?

Was magst du an dir selbst am meisten?

Und was am wenigsten?

Mit wem möchtest du nächste Woche mehr Zeit verbringen?

Und mit wem in 10 oder 20 Jahren?

Welche Menschen sind dir am wichtigsten im Leben?

Hast du da eben nicht dich selbst vergessen?

Wenn du zu dem Resultat kommst, dass dein Leben, so wie du es jetzt führst, einfach perfekt ist, dann gratuliere ich dir von Herzen und freue mich für dich!

Wenn es das nicht ist, dann wünsche ich dir, dass du (vielleicht sogar mithilfe eines Coachings) herausfindest, an welchen Stellschrauben du drehen könntest, um es zu verbessern. Und dass du dich traust, genau das zu tun.

DANIELA UND WILFRIED, KAI UND KATJA

„Midlife-Crisis schön und gut, aber hätte es nicht auch ein Cabrio getan?"

Wo du hingehst, will auch ich hingehen – mit diesen Worten beginnt einer der beliebtesten Trausprüche. Er stammt aus dem Alten Testament, genauer gesagt aus dem Buch Ruth. Ungeachtet dessen, dass besagte Ruth ihn nicht gegenüber ihrem Gemahl äußert, sondern zu ihrer Schwiegermutter (!) sagt, steht er doch für die große Überzeugung, mit dem richtigen Partner lasse es sich einfach überall gut leben.

Ob Ein-bisschen-Frieden-Nicole oder Gaby Albrecht, Die Amigos oder Erich Schneidewind mit seinem Musette-Orchester – das Versprechen, mit einer geliebten Person bis ans Ende der Welt zu gehen (oder zu träumen oder auf Wolken zu schweben), trällern Schlagersänger:innen seit Jahren in jeder Tonart.

Nun ja, zum Glück wird die Erfüllung dieses Versprechens im wahren Leben nur selten eingefordert. Durchschnittliche Paare einigen sich darauf, gemeinsam ins nächstbeste

Neubaugebiet zu ziehen, um dort bis ans Ende ihrer Tage zu leben. Glücklich, idealerweise.

Oder auch nicht immer so glücklich. In diesem Fall dauert das Ganze nicht zwangsläufig bis zum letzten Atemzug, sondern nur bis zum nächsten freien Termin beim Scheidungsrichter.

Selbst wenn abtrünnige Partner das gemeinsame Heim verlassen, bleiben sie in den meisten Fällen in derselben Stadt wohnen. Allein schon der Kinder wegen.

Falls sie dann doch den richtig großen Absprung wagen und alles hinter sich lassen, ist oft eine neue Liebe dafür verantwortlich. Der viel gerühmte zweite Frühling lässt sein blaues Band ... na ja, du weißt schon. Jedenfalls sorgt er für allerhand Sinnesverwirrung und lockt schon mal in die Ferne.

Die Zurückgebliebenen reiben sich dann verwundert die Augen und fragen sich: „Midlife-Crisis schön und gut, aber hätte es nicht auch ein Cabrio getan?"

Dieses Zitat stammt übrigens nicht von mir, sondern von Daniela. Ihre Geschichte ist einerseits eine klassische Tragödie, andererseits absurdes Theater. Aber lies selbst.

Eine Geschichte, wie sie sich nur das Leben ausdenkt

Daniela und Wilfried waren seit siebenundzwanzig Jahren ein Paar, erst kürzlich hatten sie mit großem Brimborium ihre Silberhochzeit gefeiert. All ihre Freunde aus dem Golfclub und dem Theaterfreunde-Förderverein waren eingeladen sowie natürlich Wilfrieds Kunden, Lieferanten und Geschäftspartner. Ein Fünfhundert-Personen-Event, ganz familiär, man war unter sich.

„Damals war die Welt noch in Ordnung", erinnert sich Daniela mit Tränen in den Augen. „Wilfried war der perfekte Ehemann. Liebevoll, aufmerksam, großzügig. Er sparte nie mit Komplimenten und Geschenken. Und er war der beste Vater, den man sich nur vorstellen kann."

Dir ist aufgefallen, dass sie in der Vergangenheit von ihm spricht? Nun, keine Sorge, der gute Wilfried hat keineswegs das Zeitliche gesegnet – im Gegenteil, er blüht gerade so richtig auf.

Es war an einem kalten Dezemberabend, als ihre heile Welt in Stücke fiel. Zunächst allerdings, ohne dass sie es bemerkte. Daniela hatte eine fette Erkältung und verbrachte den Abend auf der Designercouch vor dem brandneuen 4K-Neo-QLED-Fernseher in 85Zoll, den Wilfried liebevoll „unser Heimkino" nannte, während ihr liebender Ehemann mit guten Kunden einen Absacker auf dem Weihnachtsmarkt nahm.

Was sie nicht ahnte: Er traf dort „die Liebe seines Lebens". Das war zwar bisher Daniela selbst gewesen, doch nachdem ihn Amors Pfeil wie ein Blitz getroffen hatte (sorry für das schiefe Bild, aber die ganze Story ist einfach zu schräg!), änderte sich das schlagartig. Ab sofort nahm in seinem Herzen eine gewisse Janina den Platz ein, der all die Jahre Daniela gehört hatte.

Janina, achtundzwanzig Jahre, Flugbegleiterin, Größe XS, volle Lippen, prächtige Oberweite, zu allem bereit. Vor allem dazu, einen Endvierziger erst anzuhimmeln, dann nach allen Regeln der Kunst zu verführen und schließlich willenlos zu machen.

Zunächst blieb Daniela nichtsahnend. Aber es gab durchaus Signale, die sie hätten warnen können. „Dass er plötzlich den Tag mit fünfzig Liegestützen anfing, wunderte mich nicht. Ich dachte einfach, er will in Form bleiben."

Es fiel ihr zwar auf, dass er zu seinen italienischen Anzügen auf einmal Chucks trug statt seiner geliebten handgenähten Slippers und darunter die Boxershorts seines Sohnes, doch auch das machte Daniela nicht stutzig. Erst als er sich ein Haarfärbemittel kaufte. Doch da war es schon zu spät.

„Ich wusste gar nicht, wie mir geschah, als Wilfried wenige Tage vor Ostern verkündete, seine Gefühle hätten sich verändert." Den Kindern zuliebe blieb er noch bis nach den Feiertagen zu Hause wohnen, dann zog er erst ins Hotel und schließlich in eine eigene Wohnung.

„In Frankfurt am Main!", betont Daniela. „Also dreihundert Kilometer von München entfernt. Und das bloß, weil dort der Heimatflughafen dieser Janina liegt."

Tatsächlich ist Wilfried – beziehungsweise Will, wie er sich neuerdings nennt – gar nicht mit seiner Geliebten zusammengezogen, denn die bewohnt eine WG mit „ihren Chicas". Es genügt ihm, in ihrer Nähe zu sein. „Er hat sich nach Frankfurt versetzen lassen und dabei sogar Gehaltseinbußen in Kauf genommen. Das sieht ihm gar nicht ähnlich."

Das weiß Daniela übrigens von den Kindern, die ihren „Daddy" neulich in seinem neuen Zuhause besuchen durften. „Die Wohnung ist so cool", schwärmte der zwölfjährige Luca. „Kriege ich auch eine Kletterwand in meinem Zimmer?"

„Ich glaube, Daddy – ich meine, Papa – ist jetzt Polizist", fügte die neunjährige Chiara hinzu. „Da waren Handschellen unter seinem Bett." (Daniela klärte das Missverständnis nicht auf.)

Die dreihundert Kilometer, die Wilfried von ihr entfernt lebt, fühlen sich für Daniela an wie drei Millionen Lichtjahre. Anfangs hat sie auf eine Versöhnung gehofft. Sie hätte ihm alles verziehen, wenn er zu ihr zurückgekehrt wäre. Inzwischen hat sie das aufgegeben. „Der Wilfried, den ich siebenundzwanzig Jahre lang geliebt habe, existiert nicht mehr. Ich hoffe, er wird glücklich. Denn ich habe auch vor, es zu werden – ohne ihn."

Typisch Männer in den mittleren Jahren, denkst du? Kaum nähern sie sich der Fünfzig, drehen sie völlig durch? Natürlich, dieses Beispiel entspricht dem gängigen Klischee. Deshalb liefere ich dir jetzt sofort ein Gegenbeispiel.

Katja war Ende dreißig, als es passierte, doch wer sie kannte, hätte gesagt, sie habe sich schon immer wie ihre eigene Großmutter verhalten. Kennst du auch solche Menschen, die bereits als Jugendliche irgendwie alt wirken? Weil sie die rebellische Phase überspringen und quasi schon während der Pubertät spießig werden?

Katja war ein lebendes Beispiel für diese Spezies. Nach dem Abitur studierte sie Verwaltungswirtschaft und fand anschließend einen Job im gehobenen nicht technischen Dienst bei der Bundesagentur für Arbeit. Schon mit fünfundzwanzig wurde sie verbeamtet. Mit sechsundzwanzig heiratete sie Kai, mit siebenundzwanzig brachte sie die Zwillinge Ben und Mia zur Welt, zweieinhalb Jahre später folgte die kleine Emma.

Katja trug jahrein, jahraus einen Pagenkopf im Playmobil-Style und Perlenohrringe. Jeden Samstag backte sie einen Hefekuchen, vor Feiertagen eine Buttercremetorte. Sie war im Elternbeirat engagiert, ebenso im Nachbarschaftsverein und in diversen Charity-Komitees.

Im Oktober ließ sie Winterreifen aufziehen und buchte eine Woche Skiurlaub in Osttirol, im April kamen die Sommerreifen drauf und sie mietete für zwei Wochen im Sommer eine Ferienwohnung an der Nordsee.

Als Kai einmal vorschlug, im Winter in den sonnigen Süden zu fliegen und den Sommerurlaub am Mittelmeer zu verbringen, hätte das fast zu einem Streit geführt. Aber nur fast. Katja war viel zu selbstbeherrscht, um die Nerven zu verlieren. Sie brachte ganz sachlich ihre Argumente vor und irgendwann winkte Kai ab. „Schon gut", meinte er. „Wir machen es wie immer."

„Wie immer" – das war Katjas Mantra. Es gab ihr Sicherheit. Warum etwas ändern, wenn es sich doch bewährt hatte?

Irgendwann bettelten die Zwillinge um einen Hund. „Wir kümmern uns auch um ihn und gehen mit ihm Gassi!", versprachen sie. Aber Katja blieb bei ihrem Nein. Hunde machten nur Dreck, das wusste doch jeder. Auch eine Katze kam nicht infrage. Allerhöchstens eine Schildkröte. Die sah zwar irgendwie gruselig aus mit ihrem runzeligen Aliengesicht, ihren Elefantenbeinen und ihrem starren Panzer, aber wenigstens blieb sie schön brav hinter Glas und verdreckte nicht die ganze Wohnung.

„So war sie nun mal, meine Katja", sagt Kai. „Manchmal hätte ich mir gewünscht, sie wäre etwas flexibler, wilder sogar. Aber eigentlich war alles gut so, wie es war."

Man soll vorsichtig sein mit seinen Wünschen, heißt es immer, denn sie könnten in Erfüllung gehen. Und genau das geschah.

Nur ein Sinneswandel oder doch Außerirdische?

Auf der Geburtstagsfeier einer Kollegin, an der Katja eigentlich nur höflichkeitshalber teilnahm, lernte sie Philip kennen. Einen unrasierten langhaarigen holzfällerhemdtragenden Samojedenzüchter aus Schottland. Bis dato hatte Katja nicht einmal gewusst, dass es sich bei Samojeden um Schlittenhunde handelt, die meist weiß sind und ein bisschen wie lächelnde, zu groß geratene Spitze aussehen. Inzwischen weiß sie alles über diese Rasse, denn sie ist gemeinsam mit Philip und seinen Hunden nach Alaska ausgewandert.

„Neulich las ich einen Bericht über sie im Internet. Die beiden nehmen recht erfolgreich an Schlittenhunderennen teil", sagt Kai. „Manchmal denke ich, meine Katja wurde von Außerirdischen entführt und gegen eine optisch identische, aber vom Wesen her völlig andere Frau vertauscht."

Es stellt sich nur die Frage: Ist Katja nicht mehr sie selbst? Oder war sie es vorher nicht? War es die Liebe zu Philip, die sie dazu gebracht hat, ihr komplettes Leben (und gleichzeitig das ihrer gesamten Familie) völlig auf den Kopf zu stellen? Oder war das nur der Auslöser? Schwelte da schon lange etwas unter dem Deckel?

Wir werden es vielleicht nie erfahren. Doch Tatsache ist: Liebe ist meist nur ein Katalysator. Selbst die rosaroteste Brille schafft es nicht, uns zu Handlungen zu bewegen, die unserem Innersten komplett zuwiderlaufen.

Spannend finde ich aber auch, was mit denjenigen passiert, die zurückbleiben und meist überhaupt nichts verändern wollten – es nun aber müssen.

Vielleicht wäre es keine schlechte Idee, Kai und Daniela einander vorzustellen. Wenn das Schicksal Humor hat, fädelt es eine zufällige Begegnung ein. Zum Beispiel bei einem Winterurlaub im sonnigen Süden. Wer weiß, vielleicht wird es Liebe auf den ersten Blick?

Die Midlife-Crisis – reine Männersache?

Als der Psychoanalytiker Elliott Jaques 1957 den Begriff der Midlife-Crisis prägte, bezeichnete er damit ein Phänomen, das seit Jahrhunderten bekannt und schon häufig in der Literatur beschrieben wurde. Eigentlich nichts Besonderes.
In den Siebzigerjahren wurde immer häufiger von der Midlife-Crisis gesprochen – sie wurde sozusagen modern. Aber nur im Zusammenhang mit Männern. Den tollen Hechten, die sich im mittleren Alter an den Grund ihres Daseins auf Erden

erinnern – nämlich großzügig ihre Gene zu verbreiten. Seither gilt die Midlife-Crisis überwiegend als typisch männlich.

Diese Denkweise hat sich in unseren Köpfen regelrecht verankert und wir halten sie für eine unumstößliche Tatsache. Deshalb stufen wir das Beispiel von Wilfried eher als typisch ein und das von Katja als ungewöhnlich.

Tatsache ist jedoch, dass die meisten Menschen völlig unabhängig vom Geschlecht (und sogar auch unabhängig von kultureller Prägung oder Bildungsstand) in der Mitte ihres Lebens eine Krise erleben – oder, um es weniger negativ auszudrücken, einen Wendepunkt. Für viele ist es eine Art der Neuorientierung oder Selbstfindung.

Dabei muss man nicht zwangsläufig die eigene Familie verlassen und den Wohnort wechseln. Manchmal genügt es auch, wenn man alte Gewohnheiten überdenkt und neue Dinge ausprobiert, um die eigene Lebenszufriedenheit zu verbessern.

Bereits in den Siebzigerjahren wies die amerikanische Journalistin Gail Sheehy darauf hin, dass Frauen und Männer gleichermaßen eine Midlife-Crisis erleben. Erst die neuere Forschung gibt ihr recht.

Wobei der Umgang mit diesem Phänomen jedoch geschlechtsspezifische Unterschiede aufweist: Männer neigen zu recht drastischen und impulsiven Entscheidungen, während Frauen eher psychotherapeutische Hilfe in Anspruch nehmen und das Thema bedächtiger angehen.

Insofern ist Katjas Geschichte vielleicht doch eine Ausnahme. Allerdings nur in ihrer Radikalität – nicht im Grundsatz.

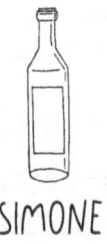

SIMONE

„Ich habe jahrelang eine Scheinwelt aufrechterhalten. Jetzt habe ich mich davon befreit!"

Simones Leben war nahezu perfekt. Sie hatte zwei wunderbare Kinder, einen erfolgreichen Ehemann und einen erfüllenden Nebenjob als Buchhalterin, der es ihr erlaubte, Beruf und Familie unter einen Hut zu bringen.

Sie genoss es, für alle ein schönes Heim zu schaffen, wo immer sie gerade lebten. Die Familie war schon häufig umgezogen, doch das war für die Tochter eines NATO-Offiziers nichts Neues. Sie ist eine Meisterin darin, sich überall anzupassen und zurechtzufinden. Zuletzt lebte die Familie in einem großen Haus mit Garten in der Nähe von Frankfurt, wo ihr Mann für eine große deutsche Bank im Wertpapiermanagement arbeitet.

Ja, Simone ging es eigentlich richtig gut. „Man könnte sagen, ich hatte ein goldenes Nest", sagt sie. „Ich liebte es, selbstständig zu arbeiten und mir die Zeit frei einzuteilen. Auch meine Aufgabe als Familienmanagerin gefiel mir. Außerdem konnte ich es mir leisten, viel zu reisen – ob mit der Familie, mit Freundinnen oder zu Fortbildungen."

Wie gesagt – Simones Leben war nahezu perfekt. Wäre ihr Mann kein Alkoholiker.

Die Grenze zwischen Genuss und Sucht

Simone ist keine Abstinenzlerin. „Im Gegenteil, ich würde mich als Genussmensch bezeichnen", sagt sie. „Ich trinke gerne abends ein Glas Wein, allerdings nie mehr." Früher hat sie das häufiger getan, doch je mehr ihr Mann trank, desto weniger Lust hatte sie darauf.

„Es ist nicht so, dass Roland gewalttätig geworden wäre oder Sachen zertrümmert hätte. Er ist ein sehr kontrollierter Trinker. Trotz seines Alkoholkonsums arbeitet er sehr intensiv und auf hohem Niveau. In diesen Banker-Kreisen ist das nichts Ungewöhnliches, und solange er funktioniert, stört es auch niemanden", erklärt Simone.

Niemanden außer ihr. Dennoch hat auch Simone selbst die Sucht ihres Partners lange mitgetragen. Schließlich hatte sie das ja einst am Altar versprochen. *In guten wie in schlechten Zeiten, in Krankheit und Gesundheit.*

„Er hat schon immer viel Alkohol getrunken, die Menge schwankte. Mir schien das normal. Es ist doch so: Alle trinken. Ein lustiger Abend ohne Alkohol, wer macht das schon? Das gehört doch dazu."

Simone hat seine Defizite ausgeglichen, ihn regelrecht beschützt. Und vor allem hat sie es vermieden, vor den Kindern eine Szene zu machen. Wenn er mal wieder am Esstisch gelallt hat oder abends früh irgendwo eingeschlafen ist, hat sie so getan, als wäre nichts. „Ich habe allen eine heile Welt vorgespielt. Die existierte allerdings nur noch in meinem Wunschdenken."

Was heißt hier Co-Abhängigkeit?

Nicht nur Alkoholiker selbst sind von der Sucht betroffen, sondern auch ihre Angehörigen, die meist alles versuchen, um zu helfen. Doch das ist sehr schwierig und kann leider manchmal sogar das Gegenteil bewirken und die Sucht fördern.

Typische Verhaltensweisen von Co-Abhängigen:
- Sie verheimlichen anderen gegenüber, dass überhaupt ein Problem besteht.
- Sie verharmlosen oder verleugnen die Sucht ihres Angehörigen. Das tun sie, um ihn zu schützen.
- Wenn es nicht mehr zu verleugnen ist, entschuldigen bzw. rechtfertigen sie die Sucht.

Auch Kinder, Bekannte, Freunde und Kollegen können zu Co-Abhängigen werden.

Typische Merkmale einer Co-Abhängigkeit:
- Man stellt eigene Bedürfnisse zurück.
- Man versucht, die Suchterkrankung zu vertuschen.
- Man übernimmt Aufgaben des Suchtkranken.
- Man beginnt, den Alkoholkonsum zu kontrollieren.
- Man empfindet Scham und fühlt sich schuldig.

Loyalität kann hier leicht zum Verhängnis werden. Echte Hilfe ist schwierig und beginnt mit unangenehmen Gesprächen. Nicht Suchtunterstützung, sondern Unterstützung beim Weg aus der Sucht ist jetzt gefragt. Und noch wichtiger: Auf die eigene Gesundheit achten, Grenzen setzen, sich nicht komplett für den Suchtkranken aufgeben.

„Es gab ja auch schöne Zeiten", sagt Simone. „Roland und ich hatten gleiche Interessen, einen ähnlichen Humor, gemeinsame Werte. Er ist auch ein guter, lieber Vater für seine Söhne. Wir waren ein tolles Team – aber das war irgendwann Vergangenheit. Der Mann, den ich einmal geheiratet hatte, war nur noch in Teilen vorhanden."

Die Situation spitzt sich zu

Natürlich unternahm Simone über die Jahre hinweg immer wieder Versuche, ihren Mann auf seine Sucht anzusprechen, legte ihm nahe, sich Hilfe zu suchen. Er tat dann so, als wäre er einsichtig, und versprach, mit dem Trinken aufzuhören. Manchmal hat er sogar geweint. Doch er hielt keins seiner Versprechen. Irgendwann gab Simone auf. Diese Gespräche führten zu nichts. Und seine Sucht wurde immer schlimmer statt besser.

„Ich fühlte mich schrecklich einsam. Mal war er gereizt, mal nett, mal unzugänglich, dann wieder rührselig. Und ich konnte das doch keinem erzählen", erklärt Simone. „Roland war irgendwie gar nicht mehr richtig da für uns."

Er wurde immer unzuverlässiger, konnte sich an Absprachen nicht erinnern, manchmal zweifelte Simone an ihrem eigenen Verstand. Sie begann, wichtige Absprachen zu dokumentieren.

„Alle Ehepaare kennen solche Das-hast-du-mir-aber-nicht-gesagt-Diskussionen. So war es bei uns auch, aber extrem verschärft, quasi als Dauerzustand."

Gleichzeitig blieben immer mehr Aufgaben an Simone hängen. Sie hatte sich schon immer um organisatorische Dinge gekümmert, aber inzwischen managte sie alles rund um die Familie. Allerdings ohne dass das wertgeschätzt worden wäre.

Und sie zeigte weitere Symptome einer Co-Abhängigkeit: Wenn jemand eine Bemerkung über Rolands Alkoholkonsum machte, wiegelte sie sofort ab: „Na ja, so ist das halt. Es gibt Schlimmeres."

Schließlich sendete ihr Körper eindeutige Signale. „Ich bekam Herpes, Magenschmerzen, andauernde Verspannungen. Und schlafen konnte ich sowieso nicht mehr gut."

Simone ging es umso schlechter, je mehr ihr Mann trank. „Whisky, Schnaps und mehrere Flaschen Wein pro Tag waren keine Seltenheit", sagt sie. „Ich wollte die Flaschen nicht zählen, aber ich tat es trotzdem. Ich wollte vor allem auch nicht das Geräusch des Schraubdeckels wahrnehmen, wenn er schon morgens im Homeoffice die Schnapsflasche aufdrehte – aber ich hörte es einfach." Irgendwann wusste sie: Es muss etwas geschehen. Dieses Leben war nicht mehr gesund – für niemanden. Weder für Roland noch für Simone, und auch nicht für die Söhne. So konnte es nicht weitergehen.

Das Ende des Schweigens

Bis dahin hatte Simone noch nie über das Problem gesprochen. Mit niemandem. „Ich hatte das alles mit mir herumgetragen, über Jahre hinweg. Irgendwann konnte ich nicht mehr."

Sie telefonierte mit ihrer Freundin Ulrike, einer Psychologin und Coachin, die besonders herzlich und sehr klug ist. Und mit Wiebke, die selbst eine Scheidung hinter sich hat und vom Typ her „wahnsinnig pragmatisch und dabei immer optimistisch" ist.

„Das war eine perfekte Kombination", findet Simone im Nachhinein. „Bei Ulrike konnte ich mich ausheulen. Sie war eine große emotionale Stütze. Wiebke hat mir auf eher praktische Weise zur Seite gestanden und mich immer wieder angerufen und gefragt, ob ich dieses oder jenes schon erledigt hätte."

Mithilfe ihrer Freundinnen bereitete sich Simone auf den großen, aber unvermeidlichen Schritt vor: die Trennung. Sie brachte ihre Papiere in Ordnung, sortierte die Finanzen, speicherte alles Wichtige auf ihrem Laptop.

In dieser Zeit suchte sich Simone auch Hilfe bei einer Therapeutin, der sie sich anvertrauen konnte. Sie erzählte ihrem Mann davon und schlug vor, er solle mal mitkommen, doch er zeigte kein Interesse. Zu einer Selbsthilfegruppe hatte sie sich nicht getraut, da hätte ja jemand sitzen können, der sie kannte.

„Ich habe immer viel allein unternommen. Auch berufliche Reisen oder Urlaube mit den Kindern. Wir waren ja längst kein Paar mehr, wollten uns das aber nicht eingestehen. Also habe ich mir ein Nebenleben geschaffen, in dem es mir gut ging."

Die Ehe zu beenden, war für Simone bisher nicht infrage gekommen. „Wenn man verantwortungsbewusst ist und das Konstrukt Familie für so wichtig hält, wie ich das tue, dann ist so eine Situation ein echtes Dilemma. Weitermachen funktioniert nicht. Aber bleiben auch nicht."

Man wird zusammen alt, man steht gemeinsam schwere Zeiten durch – das sind die Werte, mit denen Simone großgeworden ist und die sie verinnerlicht hat. Nur deshalb hat sie überhaupt so lange durchgehalten und den Schein gewahrt.

Eines Morgens, als sie mal wieder um halb acht das unverkennbare Klackern des Schnapsflaschenverschlusses aus seinem Büro hörte, brachte dieses Geräusch das sprichwörtliche Fass zum Überlaufen. Simone stellte ihren Mann zur Rede. Und anders als früher, wenn sie ihn auf seine Sucht angesprochen hatte, stritt er diesmal alles komplett ab. „Ach was, das bildest du dir ein!"

Das Ultimatum

Simone forderte Roland dazu auf, sich Hilfe zu suchen. Sie nannte ihm drei Adressen von Entzugskliniken und verlangte von ihm,

eine davon anzurufen und eine Therapie zu beginnen. „Ich er-
klärte ihm, dass ich nicht bleiben würde, wenn er das nicht täte."
Doch er nahm das Ultimatum nicht ernst. Also begann Simone,
die Konsequenzen zu ziehen. „Ich musste das tun, um mich zu
retten – und auch, um unsere Söhne da rauszuholen."

Simone fand eine Wohnung in Köln. Dort, wo sie selbst einen Großteil ihrer Schulzeit verbracht hatte, noch viele Leute
kannte und sich wohlfühlte.

Die Vorbereitungen traf sie – wie üblich – alleine. Nur ihre
zwei Freundinnen waren eingeweiht.

„Roland gegenüber hatte ich zwar angekündigt, dass ich nicht
bleiben würde, wenn er keinen Entzug machte, aber er nahm
das nicht ernst." Im Gegenteil, er drehte die Situation um und
tat so, als wäre Simone diejenige, die ein Problem hat, nicht er.
So riet er ihr zum Beispiel, ihre Gynäkologin aufzusuchen, um
„irgendwas gegen diese Wechseljahre" zu unternehmen. Er warf
ihr vor, egoistisch zu sein, und rechnete fest damit, dass sie sich
schon wieder einkriegen würde.

„Erst als ich sagte, dass ich schon eine Wohnung habe, nahm
er mich ernst", sagt Simone. Roland reagierte wie erwartet: un-
gläubig, verletzt und wütend. Und noch immer beharrte er auf
seinem Standpunkt, es gebe kein Problem. „Jetzt komm mal
runter! Das hat dir diese Psychologin doch bloß alles eingere-
det", argumentierte er.

Der Neuanfang

Simone gestand sich ein, dass ihre Ehe nicht zu retten war. Selbst
wenn sich Roland zu einem Entzug entscheiden würde, wollte
sie nicht zu ihm zurückkehren. „Ein Liebespaar sind wir schon
lange nicht mehr und wir werden auch keins mehr werden", sagt
Simone. „Aber ich hoffe, dass wir es schaffen, gute Eltern zu sein."

Die Trennung war für Simone unvermeidlich. Eine Weile hatte sie noch an ihrem schlechten Gewissen zu knabbern. „Ich musste mir immer wieder selbst sagen, dass ich nicht diejenige war, die unsere Familie zerstört hat. Es hat gedauert, das wirklich zu begreifen."

Doch eins ist sicher: Es geht ihr seit ihrem Auszug besser als zuvor. Die Schlaflosigkeit und all die anderen Symptome sind verschwunden. „Nur wenn ich mit Roland in Kontakt bin, verspannt sich sofort mein Rücken."

Insgesamt fühlt sie sich wie befreit. „Anfangs war es ungewohnt, nicht für ihn mitdenken zu müssen und bei allem, was ich tue, seine Reaktionen vorherzusehen und zu berücksichtigen. Irgendwann wurde mir aber klar, dass ich jetzt einfach machen kann, was ich will. Aber das Muster sitzt tief. Ich denke immer noch für alle mit, aber jetzt merke ich es wenigstens."

In ihrer neuen alten Heimat fühlt sie sich sehr wohl. „Die Mentalität, der Humor, die Sprache, das Klima ... das alles gefällt mir hier. Und natürlich habe ich Freundinnen und Freunde, die jetzt für mich etwas wie meine neue Familie sind.

Simone arbeitet weiterhin als freiberufliche Buchhalterin. Ihr neuer Teilzeitjob in einer Werbeagentur sorgt für ein fixes Grundgehalt und für neue Kontakte, was fast noch wichtiger ist.

„Ich hatte jahrzehntelang eine klar definierte Rolle – und nachdem ich die aufgegeben hatte, hing ich erst mal in der Luft. Und das mit neunundvierzig."

In ein paar Jahren werden ihre Kinder dieses Nest verlassen. Was danach kommt, weiß Simone noch nicht so genau. Aber vieles ist möglich!

„Ich könnte mir vorstellen, ein paar Jahre in der Toskana zu leben", verrät sie. „Neulich las ich den Spruch: ‚Notiz an mich: Du bist nicht zu alt.' Das hat mir sehr gut gefallen. Ich bin sehr neugierig auf das, was noch kommt." Und ich bin sicher, es werden noch viele aufregende, schöne Dinge sein!

Simones Tipps für einen gelungenen Neuanfang

Gespräche mit Freundinnen
Sie sind in jeder Lebensphase Gold wert und in Krisen erst recht. Sie hören zu, trösten, sind im richtigen Moment da und helfen auf vielfältige Weise.

Professionelle psychologische Hilfe
Co-Abhängigkeit ist auch eine Krankheit. Ein Symptom davon ist, die eigenen Bedürfnisse zu ignorieren. Doch auch selbst gesund zu werden hat Priorität!

Podcasts, Bücher, Hörbücher
Es gibt viele kluge Ratgeber oder Erfahrungsberichte. Du bist nicht allein – der Gedanke tröstet. Und du hast das Recht auf einen Neuanfang.

Tagesroutinen
Wenn sich alles im Alltag ändert, geben feste Strukturen einen wichtigen Halt. Schaffe dir neue Gewohnheiten, die deinem Leben einen Rahmen geben.

Tagebuch schreiben
Am besten morgens, gleich nach dem Wachwerden. Das hilft, die Gedanken zu sortieren und den Tag motiviert anzugehen.

Neue Hobbys

Inspiration dazu findest du in Teil drei dieses Buches. Simone hat das Laufen für sich entdeckt. Seitdem fühlt sie sich fitter und hat weniger Rückenschmerzen.

Schöne Pläne

Natürlich sind Trennung und Neuanfang sehr belastend. Aber du kannst gestärkt daraus hervorgehen. Hast du eine Vision von deinem zukünftigen Leben?

Der Glaube an Gott, der Gutes bereithält

Oder, übersetzt für alle, die nicht religiös bzw. spirituell sind: der Glaube daran, dass du das Recht auf eine glückliche Zukunft hast.

ULI

„Im Leben gibt es immer wieder offene Türen. Man muss sie nur erkennen und hindurchgehen."

Alles fing mit einem Entspannungskurs in Mannheim an. Ein Trip von gerade mal 65 Kilometern für Uli. Trotzdem wollte er zunächst nicht so recht. Was sollte er dort? Ein Meditations- und Atemlehrgang, das reizte den damals Zweiundvierzigjährigen nur so mittel. Aber die gute Freundin, die ihm die Veranstaltung empfohlen hatte, gab nicht auf. „Wie ich dich kenne, tut dir das gut." Was sie nicht sagte: „Und es wird dein Leben völlig umkrempeln." Wie hätte sie das auch ahnen können?

Tja, du kannst es dir sicher schon denken: Ulis Freundin hat recht behalten. Er fand den dreitägigen Kurs einfach großartig! Und wollte mehr davon ...

Als er erfuhr, dass der Veranstalter, eine indische Yoga-Meditations-Organisation, einen Ashram im Schwarzwald, betrieb, wurde er neugierig und fuhr zu einem Tag der offenen Tür dorthin. Es gefiel ihm. Sehr sogar. Und er hatte große Lust, die Einrichtung mit all ihren Angeboten besser kennenzulernen.

„Also schlug ich den Ashram-Betreibern einen Deal vor: Ich mache euch ein paar schöne Fotos für eure Website, dafür darf ich eine ganze Woche gratis hierbleiben", erzählt er.

Nun, hätte ich bei meinen Fotokünsten einen derartigen Vorschlag unterbreitet, hätte man vermutlich dankend abgewinkt.

Nicht so bei Uli. Der ist allerdings auch Vollprofi mit zwei eigenen Fotostudios. Zu seinen Hauptkunden gehörten Werbeagenturen, Unternehmen – und nun auch ein Ashram im Schwarzwald.

Was ist ein Ashram?

Wörtlich übersetzt bedeutet Ashram „Ort der religiösen Bemühung". So bezeichnete man ursprünglich die Einsiedelei, in der indische Asketen lebten – heute versteht man darunter meist ein klosterähnliches spirituelles Meditationszentrum.

„Die Woche dort war unglaublich faszinierend. Irgendwie fühlte ich mich wie ein ausgetrockneter Schwamm, der aufsaugte, was ihm geboten wurde: Meditation, Yoga, Atemtechnik, alles war neu für mich – und ich fand es toll!"

Begeistert war auch der Leiter der Öffentlichkeitsarbeit im Ashram – und zwar von Ulis Fotos. Die Qualität beeindruckte ihn sehr, denn die war um Lichtjahre besser als alles, was er gewohnt war.

Und so kam es, dass er erneut in den Ashram eingeladen wurde. Diesmal gleich für mehrere Wochen, und zwar im Januar. In dieser Zeit ist in der Werbefotografie wenig los. Statt daheim rumzusitzen, tauchte Uli ganz tief ein ins Ashram-Leben. Er stand um vier Uhr morgens auf, um Yoga zu machen, entdeckte die ayurvedische Ernährung, meditierte, besuchte unterschiedlichste Kurse – und zwischendurch fotografierte er die zahlreichen Produkte des Ashram-Shops, von Büchern und Ölen bis zu Yogamatten.

„Einmal arbeitete ich so intensiv an den Fotos, dass ich den Beginn eines Meditationsworkshops verpasste, den ich eigentlich besuchen wollte", erinnert sich Uli. „Weil ich zu spät kam und der Raum schon voll war, setzte ich mich einfach in den Vorraum und meditierte dort. Als ich danach meine Augen wieder öffnete, stand ein indischer Mönch vor mir. Nach ein paar Sekunden intensiven Augenkontakts stellte ich mich ihm vor und wir kamen ins Gespräch."

Urplötzlich sagte der Mönch: „Du solltest mehr Zeit in Indien verbringen." Einfach so – aus dem Nichts heraus.

Doch was hieß „mehr Zeit"? Uli war ja noch nie im Leben dort gewesen!

Mannheim, Schwarzwald, Dharamsala

Bisher kannte Uli Indien nur aus Büchern oder Filmen – aber das Land hatte ihn schon immer fasziniert, vor allem aufgrund der spirituellen Kultur. „Ich hatte ein extrem positives Gefühl, wann immer ich irgendwo einen Sadhu sah", erzählt er. „Ich fand das Land von jeher grundsätzlich interessant, hatte aber nie geplant, dort hinzugehen."

Was ist ein Sadhu?

Im Hinduismus bezeichnet man Mönche als Sadhu. Wörtlich bedeutet das Wort „guter" bzw. „heiliger Mann". Sadhus leben meist asketisch, manche von ihnen „himmel-gekleidet", also nackt, andere tragen orangefarbene Gewänder.

Doch als der Ashram-Verantwortliche für Öffentlichkeit ihn bat, für eines ihrer Bücher über Indien vor Ort zu fotografieren, zögerte er keine Sekunde.

Und so reiste er gemeinsam mit dem Gründer der Organisation durch das ganze Land, besuchte alte Tempel und lebte in einem indischen Ashram.

Ein Highlight der Reise war das persönliche Treffen des Gurus mit dem Dalai Lama in dessen Exil im nordindischen Dharamsala. „Die beiden unterhielten sich auf Englisch, sodass ich dem Gespräch folgen konnte. Der Dalai Lama hat mich persönlich und sehr warmherzig begrüßt, ein unvergessliches Erlebnis", erzählt er noch immer sehr beeindruckt von dieser besonderen Begegnung.

Ein weiteres Ereignis, das ebenfalls in Dharamsala stattfand, beeinflusste Ulis Leben noch nachhaltiger als das Treffen mit dem Dalai Lama – doch das ahnte er zu dem Zeitpunkt noch nicht. „Es handelte sich um ein großes Yoga-Event mit Hunderten von Teilnehmern. Neben zahlreichen Kursen gab es eine Art Zeremonie, bei der sich alle Teilnehmer in Reihen aufstellten. Die Mönche schritten zwischen ihnen hindurch und beantworteten Fragen. Ich selbst war als Fotograf dabei und hielt viele Szenen fest."

Natürlich wandten sich viele Teilnehmer mit der Bitte an Uli, ihnen die Fotos zukommen zu lassen, auf denen sie zu sehen waren. „Das musste ich leider ablehnen. Es wäre einfach zu aufwändig gewesen, von all diesen Menschen die Kontaktdaten aufzunehmen und dann auch noch die richtigen Fotos den jeweiligen Namen zuzuordnen und zu verschicken", erklärt er.

Er machte nur eine einzige Ausnahme. Warum, kann er im Nachhinein selbst nicht erklären. Auf die Frage, die er zuvor unzählige Male mit Nein beantwortet hatte, antwortete er automatisch und ganz selbstverständlich mit Ja. Er schoss ein Foto, gab der betreffenden Person seine Karte und notierte ihre Kontaktdaten. Das Gespräch dauerte höchstens fünf Minuten. Schließlich war er in Eile. Am nächsten Tag würde er von Delhi aus zurück nach Hause fliegen.

Shruti

„Nach dieser Reise war ich total angefixt. Mir war klar, ich wollte zurück nach Indien – diesmal auf eigene Faust. Ich wollte das Land und die krasse Energie, die dort überall zu spüren ist, richtig kennenlernen – schließlich liegt hier die Wurzel der Spiritualität. Natürlich würde ich nicht ohne meine Kamera reisen, aber ohne Auftrag."

Auch zu diesem Zeitpunkt hatte Uli noch nicht vor, dorthin auszuwandern. „Das hat sich einfach so ergeben. Wie so oft in meinem Leben hat sich eine Tür für mich geöffnet. Ich habe sie erkannt und bin hindurchgegangen."

Und der Schlüssel zu dieser Tür war die Person, der er auf dem Yoga-Event in Dharamsala das Foto versprochen hatte. Shruti.

Wie vereinbart, mailte er ihr die Aufnahme. Es entspann sich ein netter Mailaustausch zwischen Uli und Shruti. In den sechs Monaten, die er warten musste, bis er nach seiner letzten Reise ein erneutes Touristenvisum für Indien beantragen durfte, lernten sich die beiden so gut kennen, dass Shruti ihm anbot, er könne bei seiner nächsten Reise in ihrem Gästezimmer wohnen. Eine Einladung, die er gerne annahm.

Shruti lebte in Kurukshetra, einer Universitätsstadt etwa 160 Kilometer nördlich von Delhi. Hier gibt es nicht nur ein Srikrishna-Museum, sondern auch einen ganz wichtigen Tempel. „Dort ist die Geburtsstätte der Bhagavatapurana, das ist eine heilige Schrift des Hinduismus."

Was Uli noch mehr faszinierte als jeder Tempel des indischen Subkontinents, war Shruti selbst. Es dauerte nicht lange, da wurde aus den beiden ein Paar.

„Wir wollten zusammen sein – fragte sich nur, wo. Tja, und alles sprach für Indien: das schöne Wetter, die Atmosphäre, die Kultur, überall die Mönche in Orange, die mich schon immer beeindruckt haben ... Die Entscheidung, zu bleiben, war schnell getroffen."

Problematisch war bloß die Sache mit der Aufenthaltserlaubnis. Sein Touristenvisum galt nur für ein halbes Jahr. Also beschlossen die beiden, zu heiraten. „Der Papierkram war zwar nicht ohne, aber wir bekamen es hin, bevor ich wieder hätte heimfliegen müssen", sagt Uli.

Das Ritual

Eine Sache musste vor der Hochzeit unbedingt erledigt werden – nämlich der traditionelle Gang zum Astrologen. „Das macht man in Indien so." Zum Glück hat der Astrologe bestätigt, dass die Sterne für Uli und Shruti günstig standen. „Im negativen Fall hätten wir uns einfach darüber hinweggesetzt, so richtig ernstgenommen haben wir die Sache nicht, es ist eben Teil der Kultur und ich war neugierig darauf, das mal zu erleben."

Was der Astrologe dagegen feststellte, war eine ungünstige Planetenkonstellation zum Zeitpunkt von Ulis Geburt. Die war zwar an sich unveränderbar, wohl aber konnte die negative Auswirkung auf sein Leben abgeschwächt werden, und zwar durch eine spirituelle Handlung in einem Tempel.

„Das Ganze fand nachts um drei statt. Wir hatten Früchte als Opfergaben mitgebracht. Ein Priester führte das Ritual gemeinsam mit zehn Novizen durch. Es dauerte bis lange nach Sonnenaufgang. Bei der Zeremonie wurde Sanskrit gesprochen, ich verstand also kein Wort. Doch auf einmal verspürte ich eine unglaubliche Energie. Es fühlte sich an, als würde ich am ganzen Körper vibrieren. Und mir wurde klar, dass da gerade etwas Gewaltiges und Intensives passierte, das aus uraltem Wissen und einer spirituellen Kultur kam und nicht zu erklären war. Das war kein Spaß mehr – ich fühlte mich einfach überwältigt."

Plötzlich Inder

Die Hochzeit fand ebenfalls in einem Tempel statt. Dafür hatten Uli und Shruti extra einen ausgewählt, dessen Urkunde nicht nur vom indischen Standesamt, sondern auch von der Botschaft anerkannt wird. „In Indien gibt es verschiedene Marriage Acts, und die Kombination zwischen einem Christen und einer Hindu wäre, was die Dokumente betrifft, wahnsinnig kompliziert gewesen. Da es mir nicht um eine bestimmte Religion geht, sondern insgesamt um Spiritualität, und wir die Hochzeit möglichst schnell auf die Reihe kriegen wollten, bin ich eben offiziell zum Hinduismus konvertiert und bekam auch einen indischen Namen, nämlich Arjun Arya."

Uli erhielt daraufhin zunächst ein vorläufiges Visum für ein Jahr, später eine dauerhafte Aufenthaltserlaubnis, und mittlerweile hat er sogar einen indischen Pass. „Damit habe ich fast die gleichen Rechte wie ein Inder, nur an politischen Wahlen darf ich nicht teilnehmen und auch kein Farmland kaufen."

Nun war er glücklich verheiratet und auch legal in Indien, durfte aber noch nicht arbeiten. Die Erlaubnis dafür wurde ihm erst nach zwei Jahren erteilt. Zum Glück hatte Shruti einen gut bezahlten Job als Lehrerin.

Uli gewöhnte sich schnell ein und wurde auch von ihrer Familie sehr positiv aufgenommen. „Ihre Mutter ist ebenfalls Lehrerin, die Familie ist sehr offen, daher gab es keine Probleme. Das hätte auch anders laufen können – in sehr traditionellen Familien wäre ein Europäer als Ehemann nicht sonderlich gut angekommen", erklärt Uli.

Für die Nachbarn war er zunächst eine echte Attraktion – Kurukshetra ist nicht gerade eine Touristenhochburg, und ein verrückter Europäer, der sich in der Mittagshitze auf eine Dachterrasse legt und sonnt, muss damit rechnen, dass man ihn anglotzt und sich über ihn amüsiert. „In Indien gilt helle Haut als schön, niemand würde sich bewusst der Sonne aussetzen, um sich zu bräunen, im Gegenteil, man meidet sie."

Mit der Zeit gewöhnten sich aber auch die Nachbarn an den verrückten Ausländer. Nach zwei Jahren durfte Uli endlich wieder als Fotograf arbeiten und weitere drei Jahre später kam der gemeinsame Sohn Om zur Welt.

Gegensätze ziehen sich an: Basiswissen Indien

„Wenn man als Deutscher in andere europäische Länder reist, dann ändert sich höchstens die Sprache oder das Essen, aber es ist im Großen und Ganzen immer noch die gleiche Grundmentalität", sagt Uli. „Verlässt man Europa und geht nach Afrika oder Asien, dann betreffen die Unterschiede nicht nur Äußerlichkeiten, sondern das ganze Denken. Eine Sprache kann man lernen, an neue Geschmacksrichtungen kann man sich gewöhnen, aber in eine tief verwurzelte, fremde Denkweise einzutauchen, das ist eine echte Herausforderung."

Ich frage ihn nach ein paar Beispielen und Uli lässt sich nicht lange bitten ...

Improvisieren statt planen

Wenn du als Deutscher ein Ziel hast, sagen wir, du willst von München nach Hamburg fahren, dann setzt du dich hin und machst einen Plan. Schaust dir die Route auf der Karte an oder gibst das Ziel im Navi ein. Tankst den Wagen voll und checkst eventuell noch den Ölstand. Du buchst eine Unterkunft und besorgst dir Reiseproviant.

Nicht so in Indien. Dort fährt man einfach los. Ohne Vorbereitung, ohne Planung. Sobald das erste Hindernis kommt (und das kommt garantiert!), versucht man eben, das Problem zu lösen.

„Es gibt daher in Indien keinen direkten Weg zum Ziel, sondern immer nur den Zickzackweg", erzählt Uli. „Selbst Rikschafahrer laufen oder radeln los, ohne die angegebene Adresse zu kennen, und fragen sich dann durch. Und das gilt auch im übertragenen Sinne. Ob man eine Fortbildung plant oder eine Reise, alles geschieht ohne Plan."

Was heißt hier „gleich"?

Angenommen, in deinem Haus in Deutschland ist eine Wasserleitung kaputt und du rufst einen Installateur. Ihr vereinbart einen Termin, und wenn ihm kein Notfall dazwischenkommt, steht er genau dann vor deiner Tür. Oder zumindest ungefähr zur verabredeten Zeit.

Terminangaben indischer Handwerker dagegen müssen dekodiert werden:

„Ich komme gleich vorbei" bedeutet, vermutlich noch heute, es kann aber ein paar Stunden dauern.

Sagt er aber: „Ich könnte heute Nachmittag kommen", so heißt das, er taucht frühestens morgen oder übermorgen auf. Am besten ruft man also am nächsten Tag noch mal an und erinnert ihn daran.

Wenn er allerdings sagt: „Oh, ich habe heute keine Zeit, es geht morgen oder übermorgen", dann muss man auf jeden Fall noch einmal anrufen. Oder vermutlich mehrmals.

Die Sache mit der Pünktlichkeit

Wir Deutschen haben ja weltweit den Ruf, ausgesprochen pünktlich zu sein. Für uns selbst ist das eine Selbstverständlichkeit – und auch ein Akt der Höflichkeit. Schließlich wollen wir die Zeit anderer nicht verschwenden.

„In Indien hat man mich wahnsinnig oft danach gefragt, wie in aller Welt wir das hinkriegen", erzählt Uli. Seine Erklärung für die chronische Unpünktlichkeit vieler Inder: „Sie können schlichtweg nicht einschätzen, wie lange sie brauchen, um zum Ziel zu kommen. Wenn beispielsweise der Weg zur Arbeit eine fünfzehnminütige U-Bahn-Fahrt einschließt, dann würde ein Inder die Frage, wie lange er insgesamt unterwegs ist, mit ‚eine Viertelstunde' beantworten. Dabei berücksichtigt er allerdings nicht, dass der Fußmarsch zur Haltestelle zwanzig Minuten dauert und der vom Ausstieg bis zum Arbeitsplatz noch mal so viel. Tja, und die Zeit, die er morgens zum Duschen und Frühstücken braucht, vergisst er ebenso. Wenn er also eine Viertelstunde vor

Arbeitsbeginn erst aufsteht, kann er unmöglich pünktlich kommen. Und das wundert ihn."

Uli hat erlebt, dass Mitarbeiter morgens regelmäßig zwei Stunden zu spät erschienen und dafür sogar Lohneinbußen hinnehmen mussten, die sie sich im Grunde gar nicht leisten konnten. Aber sie schafften es einfach nicht, pünktlich zu sein.

Abenteuer Straßenverkehr

„Das Leben in Indien ist nicht nur ein bisschen, sondern komplett anders", sagt Uli. „Bestes Beispiel ist der Verkehr – denn der ist einfach brutal."

Es ist keine Seltenheit, dass sich vor geschlossenen Bahnschranken aus den vorhandenen zwei Spuren plötzlich sieben bis neun Spuren bilden. „Da wird jeder Millimeter ausgenutzt. Zwischen den Autos findet man unzählige Vespas, Fahrräder und Fußgänger, das ist ein dicht verhakter Klumpen auf beiden Seiten der Schranke. Vermutlich will man Platz und damit Zeit sparen, doch das Gegenteil ist der Fall. Geht die Schranke dann nämlich hoch, fahren alle gleichzeitig los. Es dauert locker zehn Minuten, bis sich das Knäuel entwirrt hat."

Noch spannender ist es auf der Autobahn. „Für die 160-Kilometer-Strecke von Kurukshetra nach Delhi sollte man locker fünf bis sechs Stunden veranschlagen, denn unterwegs muss man mit allem rechnen."

Damit meint er beispielsweise Fahrradfahrer, Ochsenkarren, Rinderherden und nicht zuletzt auch Fußgänger, die die Fahrbahn überqueren. „Das tun sie, um Kuhfladen auf dem Mittelstreifen trocknen zu lassen, die sie anschließend als Brennmaterial nutzen. Die Mittelstreifen der Highways sind perfekt dafür, denn dort gibt es keinen Schatten, dafür aber Fahrtwind ..."

Bürokratie mit Hindernissen

„Als Deutscher in Indien brauchte ich natürlich auch diverse Dokumente, von Aufenthaltsgenehmigung bis Arbeitserlaubnis, und musste entsprechende Anträge ausfüllen. Da ich der erste Ausländer im Ort war, brachte das auch für die lokalen Behörden neue Herausforderungen", erzählt Uli. „Von Kurukshetra aus wurden die Papiere nach Delhi gesandt, dort bearbeitet und dann zurückgeschickt."

Einmal wartete er mehrere Monate auf einen wichtigen Stempel und rief irgendwann in seiner Verzweiflung in der Hauptstadt an. Doch dort war gar kein Antrag von ihm eingegangen.

Eilig machte er sich auf den Weg zur örtlichen Ausländerbehörde, um zu fragen, wo das Problem war. „Die gedruckste Antwort machte mich hellhörig. Ich hakte nach. Daraufhin wies der Beamte auf einen Riesenberg Post, der in der Ecke lag. Das Problem war: Die Zentralregierung hatte noch kein Budget für Porto zugeteilt, und so warteten zahllose Anträge darauf, verschickt zu werden ..."

Obwohl das eigentlich nicht erlaubt gewesen wäre, fischte Uli seinen Antrag heraus und brachte ihn höchstpersönlich nach Delhi. Problem gelöst.

Spießrutenlauf zum Auto

Wenn in Deutschland etwas nicht so ist, wie es sein soll, beschwert man sich sofort und erwartet, dass sich jemand kümmert. Sei es die Regierung, die Behörde oder der Vermieter. In Indien kümmert man sich erst mal selbst.

„Wir hatten in unserer Wohngegend ein echtes Problem mit Affen. Sie hatten ihren eigentlichen Lebensraum im Wald verlassen und wühlten mit Vorliebe im Hausmüll herum", berichtet Uli. „Obwohl die Affen wirklich sehr aggressiv waren, wäre

niemand auf die Idee gekommen, die Polizei oder den Tierschutz um Hilfe zu bitten. Man gewöhnte sich eben an, für den
Weg von der Haustür zum Auto und zurück einen Bambusstock
zur Hand zu haben, um sie zu vertreiben."

Strom und Wasser sind Glückssache

Von der Vorstellung, zu jeder Tages- und Nachtzeit nach Her-
zenslust duschen oder ein Elektrogerät nutzen zu können, muss
man sich in Indien verabschieden – zumindest in den eher länd-
lichen Regionen.

„In Delhi ist das anders, aber in Kurukshetra muss man damit
rechnen, dass meist nur vormittags Wasser aus den Leitungen
kommt und der Strom täglich für mehrere Stunden ausfällt."

Was für uns eine mittlere Katastrophe wäre, gehört für viele
Menschen in Indien zum Alltag. Das kann sie nicht schocken,
denn sie sind gut vorbereitet. „Jedes Haus hat auf dem Dach
einen großen Tank. Wenn fließendes Wasser da ist, läuft er automatisch voll – und wenn nicht, wird eben der Vorrat aus dem
Behälter verwendet. Allerdings empfiehlt es sich nicht, mittags
damit zu duschen – dann ist das Wasser nämlich, zumindest im
Sommer, viel zu heiß."

Auch auf Stromausfälle ist man bestens vorbereitet: Dann verwendet man eben große Autobatterien. Sobald der Strom wieder da ist, werden die dann aufgeladen. „Die Menschen lösen
solche Probleme eigenverantwortlich", sagt Uli. „Ist man dazu
nicht bereit (und auch nicht dazu, bei fünfundvierzig Grad auf
die Klimaanlage zu verzichten), dann ist die indische Provinz
definitiv die falsche Wahl."

Om will einen Schneemann bauen

Zurück zu Ulis Geschichte. Es war jetzt neun Jahre her, dass er mit zwei Koffern nach Indien geflogen war, um zu bleiben. Er hatte sich dort inzwischen gut eingelebt und an die Kultur gewöhnt, arbeitete erfolgreich als Fotograf und war mit Shruti und dem gemeinsamen Sohn Om sehr glücklich.

Eines Tages sagte der Vierjährige zu ihm: „Papa, ich will einen Schneemann bauen."

Uli staunte darüber, dass sein Sohn überhaupt wusste, was das ist. Es stellte sich heraus, dass Schneemänner für den kleinen Mann so ziemlich genau das waren, was indische Mönche früher für Uli gewesen waren: Etwas, was er nur von Bildern und aus dem Fernsehen kannte und ihn unglaublich faszinierte.

„Wir beschlossen, für ein paar Wochen nach Deutschland auf Winterurlaub zu kommen – und hofften, dass es in der Zeit auch schneien würde."

Doch dann kam das Leben dazwischen: Ulis Vater erkrankte schwer und wurde zum Pflegefall. Um seine Mutter dabei optimal unterstützen zu können, meldeten Uli und Shruti ihren Sohn im Kindergarten an. Und er fand es dort toll!

Plötzlich stellte sich die Frage: Hierbleiben oder zurückkehren nach Indien?

Es gab einiges abzuwägen. Zum Beispiel die Tatsache, dass Om bald in die Schule kommen würde. Und das war ein Problem, denn die öffentlichen Schulen in Kurukshetra waren nicht sehr gut. „Damit er eine Privatschule besuchen kann, hätten wir nach Delhi ziehen müssen – also in eine der schmutzigsten und lautesten Hauptstädte der Welt", sagt Uli. „Eigentlich ist das kein Ort, an dem man leben und sein Kind aufziehen will."

Dieses Problem stand schon lange im Raum, und plötzlich ergab sich die Lösung quasi von selbst: In der Pfalz gibt es nicht nur saubere Luft, sondern auch gute Schulen. „Auch die Formalitäten waren kein Problem, es sprach nichts dagegen, hierzubleiben."

Nur Shruti flog noch einmal zurück nach Indien, um ihre Beurlaubung zu beantragen, während Uli und sein Sohn direkt in Deutschland blieben.

„Wieder waren wir nur mit zwei Koffern unterwegs", erzählt er. „Die meisten unserer Habseligkeiten sind noch in Indien, sogar eine Kamera ist noch dort."

Inzwischen lebt die Familie seit drei Jahren in Deutschland. Uli arbeitet wieder als Fotograf, Om besucht die Schule und Shruti lernt fleißig Deutsch. Sobald sie ihre Abschlussprüfung bestanden hat und ihre indischen Hochschulabschlüsse anerkannt sind, will sie wieder als Lehrerin arbeiten.

„Für sie war die deutsche Kultur anfangs genauso fremd wie für mich die indische", erzählt Uli. „Sie hat sich beispielsweise sehr darüber gewundert, dass wir uns hier selbst um unsere Gärten kümmern, kleine Reparaturen am Haus erledigen und unsere Autos eigenhändig waschen. Das wäre in Indien noch außergewöhnlicher als ein Deutscher, der sich auf dem Hausdach sonnt. Nicht weil man zu faul dafür ist, sondern weil jeder, der sich ein eigenes Haus leisten kann, auch Personal beschäftigt. Das ist einfach normal."

Doch daran hat sich Shruti schnell gewöhnt. Ebenso an die Dinge, die ihr hier besser gefallen als in Indien. „Sie liebt die ehrliche, direkte Art der Kommunikation. In Indien sagt man alles eher durch die Blume. Außerdem schätzt sie die gute Organisation. Dass beispielsweise die Busse so fahren, wie es im Fahrplan steht, und dass die Müllabfuhr funktioniert."

Ob sich die drei vorstellen können, nach Indien zurückzukehren?

„Ein Urlaub ist auf jeden Fall geplant. Und überhaupt – die Tür steht weit offen. Wir könnten theoretisch jetzt sofort einen Flug buchen und gleich morgen starten. Wer weiß, was das Leben noch so mit uns vorhat ...“

Interview mit Uli – Fazit, Impressionen und Tipps eines Auswanderers

Uli, was rätst du allen, die sich mit dem Gedanken tragen, auszuwandern?
Eigentlich sind nur zwei Dinge wichtig: Man muss legal dort sein, das heißt, man braucht eine Aufenthaltserlaubnis. Und zweitens, man muss es irgendwie finanziell hinkriegen. Wer nicht gerade von zu Hause aus reich ist, braucht also auch eine Arbeitserlaubnis und einen Job.

Und das reicht an Vorbereitung?
Natürlich nicht, das sind nur die Eckpfeiler. Ich rate außerdem, sich sehr gut über das Land, in dem man künftig leben will, zu informieren. Eine Urlaubsreise zeigt einem nicht das wahre Gesicht einer Gesellschaft. Es lohnt sich, mit Leuten zu reden, die dort leben. Dem Pfarrer, der Frau an der Supermarktkasse, dem Lehrer, den Leuten in der Touristeninfo.
Es schadet übrigens auch nicht, sich klarzumachen, dass man in jedem anderen Land als Ausländer gilt. In Indien beispielsweise wird man als Deutscher sehr geschätzt – aber das ist nicht überall so.
Worüber man sich außerdem schlaumachen sollte: das Gesundheitssystem, die Kriminalitätsstatistik, die Menschenrechtssituation,

das Wertesystem, die Umweltverschmutzung, die Mentalität, um nur ein paar Beispiele zu nennen.

Du bist ja eher zufällig ausgewandert. Hast du dich damit quasi selbst überrascht?

Ich bin auch vorher schon oft umgezogen und habe neue Dinge ausprobiert. Das entspricht meiner Grundeinstellung – ich bin für vieles offen. Und ich war eigentlich schon immer bereit, mein Leben von einer Minute auf die andere komplett zu ändern. Das heißt, ich halte nicht so sehr an dem fest, wo ich gerade bin und was ich mir aufgebaut habe. Wenn das Leben mir eine Tür öffnet, bin ich gerne bereit, hindurchzugehen, sofern sich das gut anfühlt.

Du würdest dasselbe also wieder tun?

Jederzeit, sofort.

Gibt es schon konkrete Pläne?

Nein. Ich werde weiter so durchs Leben gehen wie bisher und Gelegenheiten erkennen, wenn sie sich bieten – und nutzen. Langfristig würde ich gerne wieder in einem wärmeren Land leben. Das muss nicht Indien sein – Italien wäre auch okay. Der deutsche Winter ist mir einfach zu dunkel und zu grau ...

Als du zum ersten Mal nach Indien geflogen bist, warst du Anfang vierzig, jetzt bist du Mitte fünfzig. Gibt es ein ideales Alter für so eine fundamentale Veränderung?

Junge Menschen sind meist ungebundener und dadurch flexibler, aber wenn man älter ist, verfügt man über mehr Lebenserfahrung. Hat man sich eine gewisse jugendliche Offenheit bewahrt, spielt das Alter eigentlich keine große Rolle.

Auch nicht die Frage, ob man Familie hat oder nicht. Mein Sohn beispielsweise kam mit dem Umzug nach Deutschland super klar, und das hat seiner Entwicklung gutgetan. Auch die Sprache hat er hier im Nullkommanichts gelernt.

Ich kenne so einige Diplomatenkinder, die alle zwei Jahre woanders auf der Welt waren und davon geprägt wurden. Sie haben alle sehr von diesem Leben profitiert.

Gibt es auch falsche Motive fürs Auswandern?

Es gibt Menschen, die gehen ins Ausland, um dort ganz von vorn anzufangen, sich völlig neu zu definieren.

Aber man darf nicht vergessen, dass das, was einen im Innersten ausmacht, ja nicht zurückbleibt – das nimmt man mit. Man bleibt dieselbe Person mit denselben Fähigkeiten und Vorlieben, nur in einem anderen Umfeld.

Im Grunde startet man also nirgendwo wirklich als unbeschriebenes Blatt.

Will man sich grundsätzlich verändern, kann man das dagegen auch hier in Deutschland tun, dazu muss man nicht auswandern. Es sei denn, man ist unzufrieden mit den Rahmenbedingungen, die man nicht beeinflussen kann – dazu gehören etwa das Wetter, das politische System oder die Mentalität der Menschen.

Du hast nicht nur in Indien gelebt, sondern warst als Fotograf auch in Afrika. Was hast du bei deinen Reisen gelernt über die Welt?

Dass die Regeln der Natur, die durch das Menschsein bedingt sind, weltweit die gleichen sind. Jemanden anschauen und lachen, das ist universell. Auch Musik und Tanz gehören dazu.

Mir ist bewusst geworden: Wir sprechen zwar nicht dieselbe Sprache, essen nicht unbedingt das Gleiche und haben unterschiedliche Hautfarben, aber das ist alles unwichtig. Was zählt, ist, dass wir alle ganz ähnliche Wünsche und Bedürfnisse haben, etwa nach Liebe und Geborgenheit.

Und darauf basieren Regeln und Gesetze des Lebens, die in fast jeder Gesellschaft identisch sind. Etwa, dass man nicht stehlen, lügen, betrügen und auch niemanden umbringen soll. Das steht ja nicht nur in den Zehn Geboten, sondern prägt das Wertesystem der unterschiedlichsten Kulturen, ganz unabhängig von Religionen. Diese Regeln sind zutiefst menschlich.

Du sagst, jeder sollte mindestens einmal im Leben nicht nur sein Heimatland, sondern auch seinen Kontinent verlassen. Warum?
Weil man sonst lebt wie ein Frosch im Teich, der denkt, das wäre die Welt. Ich finde es wichtig, über den Tellerrand zu schauen.

Ich wurde in afrikanischen Slums von bitterarmen Menschen, die in Wellblechhütten leben, zum Tee eingeladen. Das hat mich sehr glücklich gemacht. Und danach fragte ich mich, wenn ich hierzulande durch die Fußgängerzone lief, warum alle so unzufrieden und gestresst aus der Wäsche gucken, obwohl sie doch im Überfluss leben ...

Solche Begegnungen bereichern das Leben. Man wird offener. Man fängt auch an, Dinge zu hinterfragen und neu einzuordnen. Das geschieht aber nur, wenn man sich auf ein Land richtig einlässt und die Menschen wirklich kennenlernt, mit ihnen redet – bei einem Cluburlaub passiert so etwas eher nicht.

Hat dich deine Zeit in Indien verändert?
Wenn man in Indien leben und überleben will, muss man toleranter und entspannter werden. Ich musste lernen, auch mal auf etwas zu warten. Wenn das ganze Umfeld anders tickt als man selbst, kann man ja nicht alle anderen verändern, sondern

muss sich eben den Gepflogenheiten anpassen – sei es im Straßenverkehr oder in Sachen Pünktlichkeit.

Übrigens habe ich mich auch indisch gekleidet. Eine deutsche Jeans ist dort höchstens im Winter empfehlenswert, im Sommer ist die traditionelle Kleidung einfach angenehmer – sie ist perfekt auf das Klima abgestimmt. Aus der Entfernung hätte man mich glatt für einen Einheimischen halten können.

Lebenserfahrung in fernen Ländern sammeln zu können, ist sicher sehr bereichernd – aber doch bestimmt auch teuer, oder?
Nicht unbedingt. Afrika habe ich beispielsweise völlig gratis kennengelernt, weil ich als ehrenamtlicher Helfer von Cargo Human Care dort war, und auch meine erste Reise nach Indien hat mich nichts gekostet. Man muss kein Fotograf sein, um ein solches Projekt zu unterstützen. Wer sich an eine soziale Organisation wendet und anbietet, einen Monat mit anzupacken, kann das auch als Gärtner oder Krankenschwester oder Maschinenbauer oder Tierärztin tun – es gibt für jeden einen passenden Einsatzbereich. Man muss es nur wollen.

STEFAN

„Ich wollte einfach ein anderes Lebensgefühl haben, und das nicht nur im Urlaub."

Als Stefan zweiundvierzig wurde, verkündete er: „Meinen nächsten Geburtstag feiere ich nicht mehr in Deutschland." Und damit meinte er keineswegs, dass er ein paar Tage verreisen wollte. Nein, sein Ziel war es, die Zelte abzubrechen und auszuwandern.

„Den Wunsch, irgendwann einmal woanders zu leben, hatte ich bereits sehr früh – schon beim Schüleraustausch in Südfrankreich träumte ich davon. Irgendwie hatte ich nie das Gefühl, in Deutschland für immer sesshaft bleiben zu wollen und wie alle in eine Neubausiedlung zu ziehen, wo man dicht auf dicht lebt und erst miteinander, dann übereinander und am Ende gar nicht mehr redet. Es musste doch noch mehr Möglichkeiten geben!"

Was ihn seither auf seinen Reisen in die unterschiedlichsten Regionen der Welt fasziniert, ist die Schönheit der Natur – und das Lebensgefühl.

„Alle fahren so gerne nach Italien und schwärmen dann vom ach so tollen Dolce Vita. Ich frage mich, warum das Leben in Deutschland völlig anders ist als das, was die Mehrheit im Urlaub so zu lieben scheint."

Raus aus dem Hamsterrad

Stefan denkt nicht gerne wettbewerbs- und leistungsorientiert. Er findet, bei der Arbeit sollte es um Freude und Selbstverwirklichung gehen, nicht um Karriere und Status. Er wünschte sich eine Welt, in der am Wochenende Entspannung angesagt ist statt Freizeitstress. „Ist es nicht absurd, wandern zu gehen, nur um spektakuläre Gipfelfotos in den sozialen Medien posten und zeigen zu können, was für ein tolles Leben man führt?"

Dieses Leistungsdenken nervt Stefan schon seit Langem – als ob Menschen unterschiedlich wertvoll wären, je nachdem, wie sehr sie sich abrackern.

Als ganz typisch erlebte er eine Situation bei einem Klassentreffen. Du weißt schon – diese unangenehme „Mein Haus, meine Yacht, mein Auto"-Situation. Und genauso war es auch diesmal. Alle prahlten mit ihren tollen Berufen. Als er gefragt wurde, was er denn so mache, antwortete er: „Nichts. Ich mache gar nichts." Was gar nicht stimmte, aber für allerhand Verblüffung sorgte – und sogar für Neid.

Müßiggang gilt in unserer Gesellschaft zwar als Sünde, aber auch gleichzeitig als Idealvorstellung. Denn das können sich nach Maßstäben einer Leistungsgesellschaft nur diejenigen gönnen, die es wirklich geschafft haben.

Eine der häufigsten Reaktionen auf seine unerwartete Antwort war übrigens: „Nichts? Das würde ich auch gerne mal machen."

Seitdem hat sich Stefan angewöhnt, die Frage nach seinem Job immer so zu beantworten. „Daraus ergaben sich meist viel interessantere und ehrlichere Gespräche als das übliche Karriere-Blablabla."

Falls du also mal einen Tipp brauchst, um dem „Wer hat den tollsten Job"-Battle zu entgehen, ist das zur Nachahmung empfohlen ...

„Auf meinen Reisen habe ich gemerkt: Es gibt Plätze auf der Welt, wo die Menschen so leben, wie ich es mir vorstelle. Respektvoll – und ohne diesen ständigen Wettbewerb", sagt Stefan.

Schon in der Schweiz empfand er den Umgang miteinander als völlig anders als in Deutschland. „Die Menschen sind dort zurückhaltender und respektvoller." Und erst recht im dünn besiedelten Skandinavien, wo noch die große Weite hinzukommt.

Warum ausgerechnet Schweden?

Wäre ich – aus welchen Gründen auch immer – gezwungen, auszuwandern, würde ich mich vermutlich für die Niederlande oder Schweden entscheiden. Nicht nur, weil ich jeweils die Sprache ein bisschen verstehe, sondern im Falle von Schweden vor allem wegen eines diffusen Idealbilds. Das ich meiner Vorliebe für Astrid Lindgren, ABBA sowie den einschlägigen Schwedenkrimis verdanke.

Stefan dagegen hatte konkretere Gründe, sich für Skandinavien zu entscheiden, denn er kennt die Region seit vielen Jahren – er ist wochenlang allein durch Lappland gewandert und war im Winter in Nordnorwegen. „Als ich in Tromsø zum ersten Mal Polarlichter, die Abgeschiedenheit und die Extreme der Region erlebt habe, hat es mich endgültig infiziert. Die langen Tage im Sommer, die Weite, die wenigen Menschen und die magentafarbene Lichtstimmung an den Polartagen, der fluffige Schnee – all das hat sich sehr vertraut angefühlt und ich habe begonnen, mich dorthin zu träumen."

Mit der Zeit wurde der Wunsch, in einer landschaftlich wunderschönen, dünn besiedelten Region zu Hause zu sein, immer konkreter.

„Natürlich gibt es auch in Deutschland herrliche Flecken an der See oder in den Bergen, aber die sind rar und unbezahlbar", sagt Stefan. „Auch in Südfrankreich oder Norwegen hätte ich mir ein gutes Leben vorstellen können, doch letztendlich wurde es Schweden. Hier gibt es viel Platz und das, was ich mir erträumt habe, ist auch erschwinglich."

Die dortige Lebensart kommt ihm sehr entgegen. „Die Menschen haben mehr Respekt voreinander, lassen sich gegenseitig ausreden und lösen Konflikte bedächtig und auf sachliche Art. Laut und aufbrausend zu werden, ist verpönt – ebenso Angeberei. Man spielt sich ungern auf, sondern hält sich lieber zurück. Es geht auch nicht permanent darum, sich durchzusetzen oder zu zeigen, was man hat."

Zunächst war das Ganze für Stefan ein Traum. Doch dann ging es auf einmal ganz schnell ...

Jämtland, wir kommen!

Wenn man will, findet man immer Gründe, etwas aufzuschieben. Da ist der Beruf, der Job, die Familie, der Freundeskreis, der Alltag eben.

Indem er lautstark verkündete, den nächsten Geburtstag nicht mehr in Deutschland feiern zu wollen, setzte Stefan sich bewusst unter Druck. „Dieser laut ausgesprochene Termin hat letztendlich alles beschleunigt", sagt er rückblickend. „Und dann kam auch noch Corona dazu ..."

Zu Beginn der Pandemie war er zufällig gerade unterwegs auf den Lofoten. Weil sämtliche Grenzen dicht waren, verlängerte sich der Aufenthalt um ein paar Wochen. Zurück in

Deutschland schöpfte Stefan zunächst Hoffnung: Sollte der Lockdown die Menschen tatsächlich zur Einsicht gebracht haben? „Alle waren entspannt, die Atmosphäre entschleunigt, das Wetter spielte auch noch mit", erinnert er sich. „Doch dann kippte die Stimmung. Die Leute waren gehetzter und aggressiver als je zuvor. Der Panikmodus, die Spaltung der Gesellschaft und die zahlreichen gebrochenen Versprechen der Politiker brachten das Fass zum Überlaufen. Da spürte ich: Es ist Zeit."

Auch Stefans Partnerin war zu diesem großen Schritt bereit. Nach einigen Wohnmobil-Reisen durch Skandinavien hatte er sie mit seiner Begeisterung angesteckt.

Beinahe hätte es die beiden nach Norwegen verschlagen. Stefan flog sogar dorthin, um sich ein Haus anzuschauen, aber dann entschied er sich doch gegen das Objekt. „Dieser Ort hatte einfach nicht die richtige Energie." Doch diese Besichtigung hat etwas losgetreten – die Sache begann, sehr konkret zu werden.

Er suchte weiter und fand ein Haus in Mittelschweden. Genauer gesagt in Jämtland, einer Provinz, die im Westen an Norwegen und im Norden an Lappland grenzt. Sie hat mit gerade mal zwei Einwohnern pro Quadratkilometer die geringste Bevölkerungsdichte in ganz Schweden. Im Landesdurchschnitt sind es dort nämlich vierundzwanzig Einwohner, in Deutschland sogar gut zweihundertdreißig Menschen pro Quadratkilometer. Nur mal so als Hausnummer.

Ich dachte immer, ich wohne in einem winzigen Ort. Vierhundert Einwohner, das ist echt wenig. Was aber im Vergleich zu Stefans neuem Wohnort geradezu riesig erscheint, denn der hat exakt sieben Einwohner, der Nachbarort sogar nur zwei. Dazwischen liegen ein paar Sommerhäuser, die nicht ständig bewohnt sind.

Weil immer mehr junge Menschen in die Städte abwandern, ist die Region relativ überaltert. Da freut man sich über jeden, der zuzieht, die Gemeinde belebt und ein Haus vor dem Verfall rettet.

„Auch unser Haus ist ziemlich renovierungsbedürftig, dafür war der Preis sehr fair und die Lage ist einfach traumhaft – direkt an einem See, der fast doppelt so groß ist wie der Starnberger See. Typischer schwedisch geht es kaum."

Innerhalb von nur sechs Wochen trafen Stefan und seine Partnerin nicht nur die Entscheidung, das Haus zu kaufen, sondern lösten auch ihre zwei Haushalte in Deutschland mit einer Gesamtfläche von hundertfünfzig Quadratmetern auf. „Alles, was wir doppelt hatten, wurde verschenkt oder verkauft – den Rest haben wir in zwei Fuhren zweieinhalbtausend Kilometer quer durch Europa kutschiert."

Als Stefan mir das alles in einem Zoom-Meeting erzählt, ist es draußen schon dunkel. Bei ihm jedenfalls. Es ist ein kalter Januarnachmittag und er kann bereits auf ein gutes halbes Jahr Auswandererleben zurückblicken …

NOCH EIN AUSWANDERER, NOCH EIN INTERVIEW – ANKOMMEN, DURCHATMEN, ÄRMEL HOCHKREMPELN

Stefan, ihr lebt jetzt etwas über ein halbes Jahr in Schweden. Fühlt ihr euch schon richtig zu Hause?

Auf jeden Fall. Und wir sind es sogar ganz offiziell. Natürlich dauert es auch innerhalb Europas etwas, bis der Papierkram erledigt ist. In Schweden läuft gar nichts ohne Personennummer, mobile Bankidentifizierung und „ID-Kort", also Personalausweis. Aber wir sind jetzt registriert und gemeldet, haben sogar schwedische Autokennzeichen. Dass man dafür fast drei Stunden fahren muss, ist eben der Preis für die dünn besiedelte Region."

Konntet ihr in eurer neuen Heimat sofort beruflich Fuß fassen? Geht das so einfach?

Ich bin schon seit sechzehn Jahren selbstständig, überwiegend als Trainer im Medienbereich. In dieser Branche gibt es ständig Veränderungen und ich bin auch immer offen für neue Tätigkeitsfelder – das finde ich gerade so spannend daran. In letzter Zeit habe ich mein Business sowieso immer mehr ins Internet verlagert. Da ist es egal, wo man wohnt, solange es eine stabile Internetverbindung gibt. Darüber hinaus habe ich vor, mir auch hier in Schweden etwas aufzubauen. Es ist mir wichtig, nicht nur online und mit deutschen Kunden zu arbeiten, sondern hier im Land anzukommen, mich zu integrieren und Kontakte zu knüpfen. Denn man wandert ja nicht aus, um dann mit den Menschen vor Ort nichts zu tun zu haben. Schließlich bin ich ja hergekommen, weil ich die skandinavische Kultur und die Art des Umgangs miteinander so mag – jetzt will ich das auch erleben.

Apropos Leute kennenlernen: Stimmt es eigentlich, dass es gar nicht so einfach ist, in Schweden neue Kontakte zu knüpfen? Wie wurdet ihr aufgenommen?

Tatsächlich wirken Skandinavier – vor allem im Vergleich mit Südländern – recht distanziert. Wer keinen Grund hat, jemanden anzusprechen, tut das auch nicht. Denn damit würde man den anderen ja in seiner Privatsphäre stören. Eigentlich finde ich diese Einstellung ganz angenehm. Mir kommt das ruhige, skandinavische Naturell sehr entgegen, deshalb fühle ich mich hier ja so wohl. Aber natürlich bedeutet das nicht, dass wir hier auf Ablehnung stoßen. Im Gegenteil, wir wurden wirklich super aufgenommen! Und eins steht fest: Wenn man in Schweden einen Freund findet, dann kann man sich auch zu hundert Prozent auf ihn verlassen. Die Menschen sind in dieser einsamen Gegend sehr aufeinander angewiesen – alleine kann hier niemand überleben. Da ist es nur normal, dass man sich gegenseitig hilft und füreinander da ist.

Ich habe im Studium just for fun mit dem Schwedischlernen angefangen – ganz einfach, weil es einen Anfängerkurs gab und der auch noch gratis war. Du hast ganz gezielt die Sprache gelernt – schon im Hinblick aufs Auswandern?

Als ich vor zwölf Jahren mit einem Grammatikbuch, dem Ausländerradio und Hörbüchern angefangen habe, mir die Sprache autodidaktisch beizubringen, war davon noch nicht die Rede. Aber ich verbrachte viele Urlaube in Skandinavien, und da lag es nahe, ein bisschen Schwedisch zu lernen.

Jetzt besuchen wir hier vor Ort die Sprachschule für Ausländer. Da bekam ich dann das Feedback, dass mein Schwedisch ganz ordentlich und auch grammatikalisch richtig ist, allerdings kein richtiges System hat. Aber es wird besser – es ist immer einfacher, eine Sprache dort zu lernen, wo sie auch gesprochen wird.

Wie hat eigentlich dein Umfeld auf deine Entscheidung reagiert? Schließlich ist Jämtland echt weit weg ...

Insgesamt haben die meisten sehr positiv reagiert. Wir hatten den Eindruck, wir leben das, wovon andere ebenfalls träumen, was sie sich aber nicht umzusetzen trauen.

Nur meine Eltern waren anfangs sehr traurig darüber, dass ihr Sohn nun nicht mehr 80, sondern 2500 Kilometer weit weg wohnt und nicht mehr eben mal schnell vorbeikommen kann. Doch sie hatten Verständnis, denn beide sind selbst riesengroße

Skandinavienfans und haben die Region schon viele Male mit dem Wohnmobil bereist.

Als sie uns im Sommer besuchten, um bei der Renovierung zu helfen, wurden das die besten neun Wochen für meine Eltern und mich, die wir jemals hatten. In Deutschland hätten wir niemals so viel Zeit miteinander verbracht. Dieser Aufenthalt hat sie aus ihrer Pandemie-Angst geholt. Statt sich in ihrer Wohnung zu verkriechen, konnten sie ganz unbeschwert im See baden, Beeren und Pilze sammeln, den schwedischen Sommer und unser Zusammensein genießen. Ich habe das Gefühl, das hat meine Eltern um mehrere Jahre verjüngt!

Du bist jetzt Anfang vierzig. Ist das genau das richtige Alter für so einen Schritt?

Ich hatte die Wahl, bis zu meinem Lebensende in meiner abbezahlten Eigentumswohnung zu bleiben und meinen Job weiterzumachen – oder das zu erleben, wovon ich schon viele Jahre lang geträumt habe.

Vielleicht hätte ich den Schritt schon viel früher gehen können, aber es muss ja auch rundum alles passen.

Für mich war es der richtige Zeitpunkt. Wer weiß, ob ich mich mit Mitte fünfzig noch auf so ein Abenteuer eingelassen hätte. Nein, das Ganze noch weiter aufzuschieben, wäre mir wie ein Verrat an mir selbst vorgekommen. Es musste einfach sein.

Ihr habt ein renovierungsbedürftiges Haus gekauft. War das eine besondere Herausforderung?

Definitiv ja. So etwas ist überall sehr herausfordernd, zumal es sich um ein über hundert Jahre altes Blockhaus handelt. Und hier in Schweden kam noch erschwerend hinzu, dass im Juli und August fast alle Handwerker Urlaub haben – gerade zu der Zeit, als wir ankamen und loslegen wollten. Damit hatten wir nicht gerechnet. Aber immerhin haben wir es geschafft, über Sommer das Dach zu isolieren und uns einen Holzvorrat anzulegen, um den Winter zu überstehen. Und es gibt noch einiges zu tun, zum Beispiel wollen wir demnächst die Fenster austauschen und die Fassade dämmen. Leider haben wir das im ersten Sommer nicht geschafft, umso mehr müssen wir jetzt heizen.

Das Heizen scheint ein großes Thema zu sein. Wie kalt wird es denn bei euch?

Heute hatten wir einen neuen Kälterekord: minus achtundzwanzig Grad. Um unser Haus zu beheizen, brauchen wir drei Öfen und bis zu zwanzig Kubikmeter Holz pro Saison. Wobei die Luftzirkulation im Haus aktuell zu sehr unterschiedlichen Wärmeverteilungen führt. Morgens bei gerade mal zwölf Grad aufzustehen, ist definitiv eine neue Erfahrung. Und als wir heute über Mittag kurz raus in die Wintersonne gehen wollten, mussten wir feststellen, dass unsere Schuhe am Boden des Vorraums festgefroren waren. Die Schneereste in den Profilen waren erst getaut und dann zu Eis geworden. Mit so etwas muss man hier im Norden eben rechnen. Und nächsten Winter, nach weiteren Renovierungsmaßnahmen, sieht es dann hoffentlich schon ganz anders aus mit dem Wohnkomfort.

Zumindest klingt es nicht langweilig, dein neues Leben in Schweden. Wie sehr unterscheidet es sich denn von deinem bisherigen Alltag?

Seit wir hier sind, tue ich ständig Dinge, die ich noch nie gemacht habe. Im Grunde bringt jeder Tag eine weitere Premiere mit sich. Ich habe hier zum ersten Mal Fische gefangen und ausgenommen – das musste ich bisher nicht, weil es viel bequemer war, sie direkt gegenüber im Supermarkt zu kaufen. Und letzte Woche habe ich erstmals mit scharfer Munition geschossen. Jämtland ist ein wichtiges Jagdrevier der Schweden und mein Nachbar hat mich auf seinen Schießstand eingeladen. Zum Glück haben wir nur auf Dosen gezielt, nicht auf Tiere – ich bin nicht so der Jägertyp. Aber wer weiß, was noch auf mich zukommt? Ich habe auch gelernt, Bäume zu fällen und Brennholz zu schneiden, eine Motorsäge zu bedienen, Boot zu fahren und vieles mehr, was ich in Deutschland nicht gebraucht habe, aber hier zum Alltag gehört. Und ständig kommen neue Herausforderungen hinzu. Ich liebe es, mich ihnen zu stellen.

Wie ist deine Bilanz? Würdest du die Entscheidung, auszuwandern, wieder genauso treffen?

Ich würde definitiv wieder aus Deutschland weggehen! Vielleicht würde ich beim nächsten Mal ein Haus mit weniger Renovierungsbedarf wählen, denn meine handwerklichen Fähigkeiten und meine Begeisterung dafür sind begrenzt. Zum Glück hatten wir viel Hilfe von Freunden, Nachbarn und der Familie – und meine Partnerin ist als Bauingenieurin viel besser für diese Aufgabe gerüstet als ich. Sie hat sich übrigens sofort in das Haus, die Lage, den Ort und überhaupt die ganze Region verliebt!

Ich bin mir nicht sicher, ob wir auf ewig hierbleiben. Vielleicht ist diese Station ein Zwischenschritt. Möglicherweise werden wir in ein paar Jahren erneut unsere Sachen packen und weiterziehen. Noch weiter nach Norden – oder, wer weiß, vielleicht in südlichere Gefilde? Auf den Azoren ist es auch wunderschön. Auf jeden Fall fühle ich mich in Schweden superwohl – das gesellschaftliche Miteinander ist so, wie ich es mir erhofft habe. Gleichzeitig bleibe ich neugierig und immer offen für das, was das Leben noch Spannendes bringt. Den wichtigsten Schritt haben wir jedenfalls getan, nämlich Deutschland zu verlassen. Zurückzugehen ist keine Option.

ALLES ANDERE ALS LUFTSCHLÖSSER – ALTERNATIVE WOHNFORMEN

Böse Zungen behaupten ja, es gebe kaum etwas Absurderes und zugleich Deutscheres als das Wort Doppelhaushälfte. Mag sein. Tatsache ist, dass zwischen Fundament und Dach deutlich mehr Vielfalt besteht als bloß Altbau und Neubau, Ein- oder Mehrfamilienhaus.

Angelika zum Beispiel hat erst ihr Reihenendhaus gegen eine Stadtwohnung getauscht und diese dann wieder gegen einen Campervan. Nadja träumt vom Leben in einem Wohnprojekt oder – noch lieber – auf einem Hausboot. Stefan wohnt seit Neuestem in einem hundertjährigen schwedischen Blockhaus und Uli hat das Leben im Ashram kennengelernt.

Und es gibt noch viele weitere alternative Wohnformen. Welche davon würde zu dir passen?

Tiny Houses – soooo süüüüüüüüüüüüüüüüüüüüü ... (sorry, für das ß war einfach kein Platz mehr)

Du kennst sie sicher, diese liebevoll herausgeputzten Minihäuser, bei denen alle unwillkürlich Schreie des Entzückens ausstoßen? Tja, Tiny Houses sind nun mal die Welpen unter den Behausungen.

Allerdings, und das muss dir klar sein, bedeutet „tiny" keineswegs süß und kuschelig, sondern klein. Genauer gesagt: klitzeklein. Superduperwinzigklein!

Fünfzehn Quadratmeter Wohnfläche, das ist etwa so groß wie ein durchschnittliches Kinderzimmer. Und das soll dir genügen zum Wohnen, Essen, Schlafen, vielleicht sogar zum Arbeiten? Puh. Sehr mutig.

Die Vorteile:

- Du kannst dich darin nicht verlaufen.
- Wenig Fläche bedeutet wenig putzen.
- Du verringerst deinen ökologischen Fußabdruck.
- Falls es auf einem Anhänger steht, bist du damit sogar mobil.
- Es ist deutlich günstiger als ein normales Haus oder eine große Mietwohnung.

Die Nachteile:

- Wohin mit all deinen Büchern???
- Und überhaupt: Was ist eigentlich so cool an diesem vielgepriesenen Minimalismus?
- Wo soll dein Tiny House stehen?
- Was, wenn dir der Sinn nach einem türenknallenden Abgang steht?
- Und was, wenn dich dein Partner so nervt, dass du ihm am liebsten den Hals umdrehen würdest? (Wobei – die Zelle, in die du dann kämst, würde kaum eine Einschränkung bedeuten.)

Mein Fazit: Für eine Woche Urlaub ganz okay. Oder ein Wochenende. Aber nur, wenn das Ding am Strand steht!

Ebenfalls schnuckelig: Bauwagen, Container & Co. (... jedenfalls auf den ersten Blick)

Ganz schön romantisch, so ein Leben im Bauwagen, findest du? Wirklich? Sorry, du hast wohl als Kind zu viel *Löwenzahn* geschaut (oder zu viel *Bob, der Baumeister* gespielt). Ich verrate dir was: Peter Lustig hat da nicht wirklich gewohnt. Sondern viele Jahre lang auf einem richtig großen Hof in der Nähe von Husum. (Tschuldigung, wenn ich jetzt dein Weltbild zerstöre.)

Das Wohnen im Bauwagen ist in Deutschland übrigens nur so halb legal. Du müsstest dir einen speziellen Platz suchen, auf dem das erlaubt ist.

Wenn dich das alles nicht schreckt, wird dir auch die schlichte Eleganz eines Containers gefallen. Über zu viel Besuch wirst du dich wohl nicht beklagen müssen ...

Die Vorteile:

- Mit sehr, sehr, sehr viel Fantasie könnte das Ganze sogar recht romantisch sein.
- Mit etwas Geschick ist dein Zuhause von innen wesentlich gemütlicher als von außen.
- Vor Neid und Missgunst der Nachbarn bist du gefeit!
- Puh, brauchen wir wirklich fünf Vorteile? Ich komme schon ins Schwitzen.
- Sorry, ich geb's auf.

Die Nachteile:

- Wie gesagt: Minimalismus ist eigentlich gar nicht so toll ...
- Und manchmal ist es auch wirklich super, sich gegenseitig aus dem Weg gehen zu können.
- Ach ja, und wie ist es eigentlich mit dem fließenden Wasser? Willst du darauf wirklich verzichten?
- Was, bitte, ist an einer Notunterkunft romantisch?
- Alles, was ich schon zu Tiny Houses geschrieben habe. Und noch viel mehr ...

Mein Fazit: Ein Bauwagen als Spielhaus im Garten wäre echt toll! Die Kinder werden begeistert sein. Und du hast deine Ruhe ...

Ach ja, und ein kleiner Tipp, falls du von dieser Container-Sache einfach nicht abzubringen bist: Die Dinger lassen sich zusammenfügen. Aus mehreren Containern kann am Ende sogar eine echte Luxusvilla entstehen ... Und so ein ausrangierter Seecontainer ist schon ab 2000 Euro zu haben. Ein Schnäppchen!

Monopoly statt Miete zahlen?
Wohnen gegen Hilfe – ganz schön clever

Weiß doch jeder, dass junge Leute – sei es in der Lehrzeit oder während des Studiums – kaum Kohle haben. Und dass alte Leute oft furchtbar einsam sind. Aber ... Trommelwirbel ... Platz haben!

Aus genau diesem Grund bin ich vor vielen Jahren bei meinen Großeltern eingezogen. Was viele schon für außergewöhnlich hielten.

Noch außergewöhnlicher wäre es natürlich gewesen, bei Großeltern von anderen Leuten einzuziehen. Klingt völlig verrückt? Tja, aber genau darauf basiert das Konzept „Wohnen gegen Hilfe": Senioren bieten jungen Menschen Wohnraum in ihrem Haus, und statt Miete zu zahlen, revanchieren die sich mit Hilfe im Haushalt oder Garten – und durch Anti-Einsamkeits-Aktivitäten. Einfach mal eine Runde spazierengehen, über Gott und die Welt plaudern, Karten spielen ... oder meinetwegen auch Monopoly. Falls sie Lust darauf haben.

Das Ganze funktioniert übrigens auch in Seniorenheimen: Es gibt bereits Einrichtungen, die einige ihrer Zimmer an Studierende vergeben, die im Gegenzug Quality Time mit den Bewohnern verbringen.

Die Vorteile:
- Muss ich das jetzt wirklich noch erklären? Das Konzept ist einfach rundum genial!

Die Nachteile:

- Blöd nur, dass ich sowohl zu alt als auch zu jung für diese Wohnform bin :).

Mein Fazit: Eine echte Win-win-Situation für alle Beteiligten. Ich finde es großartig!

Lieber Öko als Auto
Ökodörfer und autofreies Wohnen

Wenn du das klassische Einfamilienhaus für mindestens so klimaschädlich hältst wie einen Diesel-Kombi, dann ist ein autofreies Wohnprojekt für dich vielleicht genau das Richtige. Hier teilen sich Gleichgesinnte die gemeinschaftlichen Gärten und Spielplätze, für die es besonders viel Platz gibt, weil ja keine Parkplätze benötigt werden.

Während autofreie Wohnprojekte aus naheliegenden Gründen vor allem in Städten zu finden sind (klar, nur hier gibt es einen ÖPNV, der das Privatauto wirklich ersetzt), sind Ökodörfer – wie der Name schon sagt – auf dem Land angesiedelt. Auch hier wird die Gemeinschaft der Bewohner großgeschrieben!

Die Vorteile:

- Herrlich, im autofreien Bereich keine Angst haben zu müssen, dass die Kinder beim Spielen überfahren werden ...
- Aaaaah, und die gute Luft im Ökodorf erst!
- Genial, diese Gemeinschaft von Gleichgesinnten.
- Damit tust du echt was fürs Klima. Und die Zukunft der Kinder. Und überhaupt.
- Einfach perfekt für junge Familien.

Die Nachteile:

- Du willst wirklich gärtnern? So richtig mit den Händen im Dreck rumwühlen? Dort, wo all die Regenwürmer wohnen?
- Und was, wenn du mal deine Ruhe vor den „Gleichgesinnten" willst?
- Weil sie furchtbar nerven?
- Du wirst nie wieder unbeobachtet sein. Wehe, man erwischt dich beim Essen von Eiern aus Käfighaltung. Oder beim Buchen einer Flugreise! Oder ...
- Na toll, die Busfahrer streiken. Und die Lokführer auch. Dann musst du dir auf der Arbeit wohl „autofrei" nehmen ...

Mein Fazit: Du bist genau der richtige Typ für so ein Experiment? Dann probier es doch aus! Aber bedenke: Autofrei im Ökodorf, das funktioniert gar nicht. Am Ende der Welt fahren Busse höchstens alle Schaltjahr einmal.

Begin... waaaas?
Die Alternative aus dem 12. Jahrhundert: Beginenhöfe

Wohin mit einer verwitweten bzw. unverheirateten Frau? Im Mittelalter ein echtes Problem. Es konnten ja nicht alle Nonnen werden ...

Na gut, so ähnlich ist auch okay, dachte man sich. Wenn nicht Nonne, dann eben Begine. Nonne light also – zwar in klosterähnlicher Wohngemeinschaft, aber nur so semireligiös. Immerhin ein Leben in Armut, Buße, Gehorsam und Keuschheit. Beginen lebten von Spenden, Schenkungen und ihrer Arbeit, die vom handwerklichen Bierbrauen, Blumenkranzflechten oder Hostienbacken bis hin zu Serviceleistungen wie Pflege und Wäschewaschen reichte.

Beginengemeinschaften entstanden zunächst in Belgien und verbreiteten sich dann über Europa; ihre Blütezeit lag zwischen dem 13. und dem 16. Jahrhundert.

Moderne Beginenhöfe haben mit den historischen nicht mehr viel gemeinsam. Heute leben Frauen hier nicht mehr in Armut und Buße. Die genossenschaftlichen Wohnprojekte haben einen feministischen Ansatz und streben die Unabhängigkeit der Frauen von Männern sowie Chancengleichheit an.

Die Vorteile:

- Nur Frauen.

Die Nachteile:

- Nur Frauen.

Mein Fazit: Wäre ich alleinstehend, könnte ich mir so etwas durchaus für mich vorstellen. Am liebsten mit guten Freundinnen und Lieblingskolleginnen :).

Und dann gibt es natürlich noch ...

... Baugemeinschaften, Wohnraum-Zwischennutzung, Hausboote, Wohnmobile, Senioren-WGs, ambulant betreute Pflege-Wohngruppen, Mehrgenerationenhäuser, Co-Housing, Großwohnprojekte in umfunktionierten Industrieanlagen, Cluster-Wohnen, Wohnen auf Zeit, interkulturelle Wohnprojekte u. v. m.

Spannend, oder?

TEIL 2

DA GEHT NOCH WAS: NEUER JOB, NEUES BUSINESS

BIST DU SCHON DAS, WAS DU IMMER WERDEN WOLLTEST?

━━━━ Ich liebe es, Redensarten auf den Grund zu gehen. Wusstest du zum Beispiel, woher „alles in Butter" kommt? Nämlich daher, dass man Geschirr und Gläser früher in Fässern mit zerlassener (und dann wieder erstarrter) Butter verpackte, damit nichts zu Bruch ging, wenn die wertvolle Fracht mit der Kutsche über Stock und Stein transportiert wurde. Also, ich find's genial!

Aber heute geht es um eine andere Redensart: „Schuster, bleib bei deinem Leisten". Oft heißt es auch „bei deinen", aber nein, Einzahl ist tatsächlich korrekt. Es geht nämlich um den Leisten des Schuhmachers – eine Nachbildung des Fußes, meist aus Holz, zuweilen auch aus Metall oder Kunststoff, die als Modell verwendet wird, um einen Schuh anzufertigen.

Diese Redensart fordert uns also dazu auf, jobmäßig bei dem zu bleiben, was wir können. Keine Experimente, nur weil uns mal kurz langweilig ist. Wer will schon Steaks essen, die ein Schuster gebraten hat und die leider schmecken wie, na ja, Schuhsohlen? Da wäre es doch besser, er würde sich weiterhin auf das konzentrieren, worin er richtig gut ist ...

Tja, die gute, alte Redensart in allen Ehren – aber was, wenn dich dein bisheriger Job nicht nur langweilt, sondern richtiggehend unglücklich macht? Vielleicht sogar krank? Wenn du tief in dir drin spürst, dass du zu etwas völlig anderem berufen bist? Wenn dein erlernter Beruf vielleicht früher mal zu dir gepasst hat, aber in deiner aktuellen Lebensphase eben nicht mehr? Ich würde sagen: Vergiss die Sache mit dem Leisten. Schließlich haben wir alle nur dieses eine Leben!

Es gibt Menschen, die kalkulieren eine spätere Umschulung bei ihrer Berufswahl schon gleich mit ein. Balletttänzer zum Beispiel. Mit spätestens Mitte dreißig sind sie für diesen Knochenjob zu alt.

Und in der Werbung ist es so ähnlich. Entweder man leitet mit vierzig eine eigene Agentur oder man wird in dieser hippen Branche zum lebenden Fossil. Weshalb ich meinen Schwerpunkt vor gut zehn Jahren vom Werbetexten zum Bücherschreiben verlagert habe. Das kann man nämlich auch noch tun, bis man mit hundert mitten im Satz vom Stuhl kippt ...

Okay, in Sachen spektakuläre Veränderungen bin ich wohl nicht das allerbeste Beispiel. Denn ich sitze nach wie vor am selben Schreibtisch. Meine Werbetexte tippe ich auf derselben Tastatur wie meine Manuskripte.
Aber ich kenne Menschen, die weit mutiger waren als ich. Die ihr Leben völlig auf den Kopf gestellt haben und im allerbesten Alter noch einmal ganz neu durchgestartet sind. Lies doch selbst!

ANTON

„Ich habe meinen vermeintlichen Feind zum Freund gemacht – und bin sehr froh darüber."

Erinnerst du dich an Paul Potts? Den unscheinbaren Handyverkäufer, der 2007 völlig überraschend *Britain's got Talent* gewann und sich von seinem Preisgeld erst mal die Zähne richten ließ?

So etwas liebt das Publikum. Faszinierend, wenn ein scheinbarer Außenseiter, dem man höchstens einen halb garen Kartentrick zugetraut hätte, dann eine Puccini-Arie schmettert und damit alle von den Plätzen fegt! Ja, das hat was von *Slumdog Millionaire* meets *Rudolph, the Red-Nosed Reindeer* mit einem Hauch *Glücksritter* und einer Prise *Pretty Woman*. Wobei – na ja gut, vielleicht nehme ich Letzteres doch zurück ... (Sorry, Paul, da half auch keine Zahnkorrektur.)

Ich habe schon seit Jahren nicht mehr an Mister Potts gedacht, doch als ich mich eben gerade auf den Weg zu meinem nächsten Interviewpartner machte, schoss mir die Erinnerung unvermittelt durch den Kopf.

Nicht dass Anton ein Makeover nötig hätte, im Gegenteil. Rein optisch kann ich da gewiss keine Raupe-wird-Schmetterling-Verwandlung erwarten. Anton ist ein visueller, durchaus modebewusster Mensch und wohnt in einer schönen Umgebung. Aber um die Optik geht es auch gar nicht, sondern um seinen beruflichen Neuanfang. Doch auch in dieser Hinsicht rechne ich nicht mit einer besonderen Überraschung. Anton und ich kennen uns seit Jahren. Er ist ein super Fotograf, Designer und Filmemacher. Es ist toll, mit ihm zu brainstormen, da gibt es immer viel zu lachen – und es kommen großartige Ideen dabei raus.

Dass er sich vor gut einem Jahr selbstständig gemacht hat, und das kurz vor seinem fünfzigsten Geburtstag, passt zwar prima zu meinem Buchthema – doch so drastisch wie eine Handyverkäufer-wird-Opernsänger-Geschichte wird es bei ihm vermutlich nicht sein.

Er sollte meinem Buch eigentlich vor allem eine weitere männliche Perspektive beisteuern. Irgendwie habe ich nämlich schon jede Menge Gesprächspartnerinnen, aber noch nicht so viele Männer interviewt. Ob das daran liegt, dass ich durch meine zahlreichen Netzwerke einfach mehr Frauen kenne, oder eher daran, dass Männer lebensverändernden Entscheidungen generell nicht ganz so aufgeschlossen gegenüberstehen und am liebsten alles so lassen, wie es ist, sei mal dahingestellt. (Vermutlich ist Möglichkeit zwei ein Vorurteil, wie die bisherigen Kapitel beweisen.)

Während ich meinen Laptop auf dem rustikalen Esstisch aufbaue und die Datei öffne, beginnt Anton schon zu erzählen.

„Das ist jetzt übrigens das vierte Mal in meinem Leben, dass ich mich selbstständig mache – beim ersten Mal war ich zwanzig", sagt er. „Aber diesmal ist es ein echtes Familienunternehmen", fährt Anton fort, „und das finde ich großartig."

Ich merke auf. So veränderungsbereit Anton in seinem Beruf ist, so viel Kontinuität bietet ihm sein Privatleben. Seine Frau und er sind schon ein Paar, seit sie fünfzehn sind. Er ist ein echter Familienmensch – und jetzt auch ein Familienunternehmer.

Online kann sehr persönlich sein

„Wir haben ausgerechnet im März 2020 gegründet, also zu Beginn der Pandemie. Da mussten wir erst mal testen, wie wir hier im Mikrokosmos miteinander funktionieren. Und es hat erstaunlich gut geklappt – und sich ganz wunderbar angefühlt! Wenn ich alle meine Lieben um mich herum habe, gibt mir das ein unfassbares Gefühl von Sicherheit und absoluter Geborgenheit." Anton war bis vor Kurzem noch Miteigentümer einer Produktionsfirma und dort treibende Kraft im kreativen Bereich. War es also der Wunsch, mit seinen Liebsten zusammenzuarbeiten, der ihn dazu bewogen hat, in der Agentur auszusteigen und ganz neu anzufangen?

„Unter anderem. Gleichzeitig wollte ich noch dichter am Kunden sein. Direkter für und mit ihm arbeiten. Besser spüren, was ihm wichtig ist. Und ich wollte mich ganz auf das Wesentliche meiner Arbeit konzentrieren. Also: kein Besprechungszimmer, keine Einweihungsfeier, kein riesiges Studio, nicht mal mehr ein Auto. Wir haben das alles eingedampft – auf gerade mal zehn Quadratmeter Büro. Mehr ist nicht nötig. Wenn wir fotografieren oder filmen, findet das meistens *on location* statt oder wir mieten ein Studio."

Der menschliche Aspekt ist ihm sehr wichtig. Das gilt nicht nur für Antons engstes Umfeld – seine Frau, die vier gemeinsamen

Kinder sowie deren Freundinnen und Freunde, die sich während unseres Gesprächs nacheinander in der Wohnküche blicken lassen –, sondern auch für die Kunden.

„Ich finde es sehr angenehm, dass die Videocalls, die wegen der Pandemie immer häufiger stattfinden, einen privateren Aspekt in Geschäftsbeziehungen hineinbringen", sagt er. „Ein Büro kann sehr kühl und unpersönlich sein. Doch sobald jemand in seinem Wohnzimmer sitzt, im Hintergrund auch mal ein Kind im Schlafanzug durchs Bild schlappt oder – wie bei mir – zwei Katzen auf dem Schoß herumturnen, entsteht eine völlig andere Atmosphäre. Man sitzt quasi beim Kunden zu Hause. Und das mag ich."

Das kann ich sehr gut nachvollziehen – mir ist ein bisschen Chaos im Hintergrund auch wesentlich sympathischer als ein cleaner Fake-Hintergrund.

Die eigentliche Veränderung kam ganz unerwartet

Ich bohre weiter und frage Anton nach dem Auslöser für seine Entscheidung. Kam es eines Tages einfach so aus dem Nichts über ihn, ein Familienunternehmen zu gründen?

„Nicht ganz", verrät er. „Auslöser war ein guter Freund, der mich bat, einen Film für einen Fernsehbeitrag zu produzieren. Das ist so gar nicht mein Terrain. Während Werbefilme ein Drehbuch haben und bis ins kleinste Detail vorbereitet werden, entstehen Fernsehbeiträge viel spontaner und meist unter großem Zeitdruck. Das liegt mir überhaupt nicht." Anton erzählt, dass er ohnehin bei wichtigen Projekten unter enormem Lampenfieber leidet. Zudem kommt er eigentlich aus der Stillfotografie, wo alles sehr bedächtig, geplant und kontrolliert abläuft. Mit anderen Worten: Er sagte seinem Freund ab. „Aber ich schlug vor, die Dreharbeiten zu begleiten und mir aus zweiter Reihe anzuschauen, wie so ein Beitrag entsteht – und nebenbei mit dem Handy ein Making-of der Produktion zu filmen."

Das war für Anton ein Schlüsselerlebnis. Nicht weil seinem Freund das Making-of so gut gefiel, dass er ihm schließlich doch Aufträge erteilte, sondern weil es ihn zum Nachdenken brachte. „Auf einmal war ich gezwungen, mir darüber klarzuwerden, was ich eigentlich will. Wie ich mir meine Zukunft vorstelle. Was ich gerne ändern würde an meinem Leben. Und tatsächlich hat das wahnsinnig viel angestoßen."

Ich möchte wissen, worin für ihn die größte Veränderung bestand.

Anton setzt mir einen doppelten Espresso vor und verkündet, dass er da etwas ausholen muss. „In der Agentur war ich für den kreativen Part zuständig und meine Geschäftspartnerin für alles Kaufmännische", erklärt er. „Das war mir im Grunde sehr recht. Zahlen sind für mich ein rotes Tuch. Aber nun blieb mir nichts anderes übrig, als mich damit zu befassen."

Na ja, welcher Kreative befasst sich schon gerne mit der Buchhaltung? Das gehört auch nicht gerade zu meinen Hobbys. Aber rotes Tuch? Ist das nicht ein bisschen übertrieben?

„Das hat mich echt Überwindung gekostet", fährt Anton fort. „Du musst wissen: Meine Aversion gegen das Kaufmännische ist so groß, dass ich zwanzig Jahre lang nicht auf mein Konto geschaut habe."

Mir würde glatt der Stift aus der Hand fallen, wenn ich meine Notizen nicht direkt in den Laptop tippen würde. So bleibt mir einfach nur der Mund offenstehen. „Wie, nicht aufs Konto geschaut?"

„Ich wollte meinen Kontostand nicht wissen. Ein hohes Guthaben hätte mich wohl genauso verstört wie rote Zahlen. Ich konnte es einfach nicht ertragen, mich damit auseinanderzusetzen. Lieber habe ich das alles meiner Frau überlassen."

Ernsthaft? Und das sagt jemand, der sich mit zwanzig zum ersten Mal selbstständig gemacht hat? Der immer bereit ist, Neues zu lernen? Wie passt denn das zusammen?

„Gar nicht", gibt er zu. „Ich habe mich selbst unwissend gehalten, aber es hat sich nicht gut angefühlt."

Mir fällt auf, dass er in der Vergangenheit spricht.

„Als Geschäftsführer des neuen Familienunternehmens wollte ich dem Thema nicht länger ausweichen. Innerhalb von zwei Monaten habe ich – mit Unterstützung eines Steuerberaters – alles über Buchhaltung gelernt, was ich brauche. Das war fast so etwas wie eine Konfrontationstherapie. Endlich habe ich mich mit dieser Sache auseinandergesetzt, der ich jahrzehntelang ausgewichen bin."

Anton klingt auf einmal ganz aufgekratzt. Fast so, als würde er von seiner Familie reden – oder von einem spannenden Kreativprojekt. Und nicht von Buchhaltung!

„Ich habe meinen Feind lieben gelernt – darauf bin ich sehr stolz", verkündet Anton. „Und ich kann es allen Kreativen dieser Welt, die ebenfalls eine Aversion dagegen haben, nur empfehlen, es zu wagen. Denn da gibt es nur zwei Zustände: erledigt und nicht erledigt. Kein Dazwischen. Wenn etwas gescannt, im richtigen Ordner abgeheftet und fristgerecht abgegeben ist, dann kann man es innerlich abhaken. So etwas bereitet einem keine schlaflosen Nächte. Niemand wälzt sich im Bett hin und her, weil er den Locher vielleicht etwas genauer hätte ansetzen können. Ganz anders als bei kreativen Projekten. Da gibt es immer noch etwas, was man hätte anders oder besser machen können."

So habe ich das noch nie betrachtet. Aber es leuchtet sofort ein!

„Dank der Verwaltung hat in meinem chaotischen, kreativen Leben endlich die Ordnung Einzug gehalten. Sie gibt mir Struktur,

System – und Sicherheit. Zum ersten Mal überhaupt habe ich das Gefühl, etwas so richtig im Griff zu haben."

Buchhaltung als Aufarbeitung

Ich muss erkennen, dass ich mich geirrt habe. Von wegen, so spannend wie bei Paul Potts kann die neue Sache in Antons Leben kaum sein. Ich finde einen Kreativen, der seine Buchhalterseele entdeckt und lieben lernt, wesentlich spannender als einen Handyverkäufer, der Arien trällert!

Ich hake nach und will wissen, wie er es sich erklärt, dass er so viele Jahre seinen Kontostand nicht gecheckt hat.

„Mich quälte eine diffuse Angst – und gleichzeitig das schlechte Gefühl, sie nicht überwinden zu können. Das Ganze fühlte sich irgendwie an wie ein unaufgeräumter Keller oder ein überfüllter Dachboden – und das in mir drin. Im Grunde war es total fahrlässig, dass ich mich nicht eher mit dem Thema Geld befasst habe. Aber ich befand mich ja während der Agenturzeit in der bequemen Situation, dass mir meine Geschäftspartnerin das alles abgenommen hat. Das machte es mir überhaupt erst möglich, diesen Bereich komplett zu ignorieren."

Dann erzählt er von seinen Eltern. Dem Vater, der eigentlich davon geträumt hatte, Heilpraktiker zu werden, doch dann im Management gelandet ist. Und es nie schaffte, seinen Wunsch Wirklichkeit werden zu lassen. Der mit fünfzig schon richtig alt gewirkt hatte – ganz anders, als Anton sich jetzt fühlt.

Aber auch von seiner Mutter, die alles vermeidet, was sie aufregen könnte. Die lieber ihren Geburtstag gar nicht feiert, als mit ihren Kindern in ein Restaurant zu gehen. Ein Verhalten, das ihn erschüttert – und ihm auch Angst macht, weil er sich darin teilweise wiedererkennt.

„Als ich mit meiner Familie im Disneyland Paris war, hieß es beispielsweise: ‚Der Papa fährt ja eh nix, dann kann er auch unsere Jacken halten.' Da beschloss ich: Nein, das werde ich nicht tun. Ich würde zum ersten Mal im Leben Achterbahn fahren und Spaß dabei haben! Obwohl ich in Wahrheit natürlich Schiss hatte. Die typische Furcht vor dem Ungewissen. Aber ich wollte nicht werden wie meine Mutter und alles vermeiden, was mich ängstigt. So will ich nicht leben. So will ich auch nicht arbeiten – und so ein Vater will ich erst recht nicht sein. Stattdessen bin ich über meinen Schatten gesprungen. Und das tue ich immer öfter. Menschen, die pausenlos neue Dinge tun, bleiben jung."

Wenn das mal kein perfektes Schlusswort ist!

ANNETTE UND TANJA

„Wir wollten eigentlich nie ein Unternehmen gründen. Das ist einfach so passiert."

Bist du zufällig Übersetzerin? Oder Journalistin, Texterin, Autorin, Redakteurin, PR-Frau, Dolmetscherin, Lektorin? Hat deine Arbeit in irgendeiner Form mit Sprache und Schreiben zu tun? Dann solltest du eigentlich Mitglied im Texttreff sein – dem weltbesten Netzwerk für Frauen in Textberufen. (Und falls nicht, wünsche ich dir von Herzen, dass es in deinem Job ein genauso wunderbares Netzwerk gibt!)

Du siehst, ich gerate ziemlich ins Schwärmen ... Und das aus gutem Grund. Denn ohne den Texttreff hätte ich vermutlich nie ein Buch veröffentlicht – geschweige denn mehrere Dutzend. Ich möchte mir gar nicht vorstellen, wie mein Leben ohne all diese wunderbaren Frauen aussähe. Ziemlich trist vermutlich.

Unser Austausch findet zwar größtenteils online statt. Aber er ist keineswegs anonym oder gar aggressiv, wie es in sozialen Medien sonst leider oft der Fall ist, sondern unglaublich wertschätzend. Dieses Netzwerk macht das sonst oft relativ einsame

Homeoffice zu einem virtuellen Großraumbüro voller netter Kolleginnen, die sich gegenseitig unterstützen.

Und mit der Zeit – ich gehöre schon seit unglaublichen zwanzig Jahren dazu – haben sich daraus nicht nur tolle Kooperationen, sondern auch echte Freundschaften entwickelt.

Ein Beispiel dafür sind Annette und Tanja. Ich kenne beide gefühlt schon ewig – aber du natürlich noch nicht, deshalb stelle ich sie dir vor:

Tanja, ursprünglich leitende Marktforscherin mit BWL-Diplom, kam als freiberufliche Texterin zu unserem Netzwerk und hat ihr Angebot mit der Zeit um die Bereiche Beratung und Business Coaching erweitert. In den ersten Jahren ihrer Selbstständigkeit war sie familiär noch sehr stark eingebunden und konnte nur stundenweise arbeiten. Inzwischen ist sie ausschließlich für sich selbst verantwortlich – von ihrem Mann lebt sie harmonisch getrennt, der Sohn ist erwachsen und ebenfalls ausgezogen.

„Ursprünglich war die Selbstständigkeit für mich eine Übergangslösung – auf lange Sicht wollte ich lieber wieder angestellt sein und vor allem auch Kollegen haben", erzählt Tanja. „Doch inzwischen sehe ich das anders: Je länger ich selbstständig war, desto wichtiger wurde mir die damit verbundene große Freiheit beim Arbeiten und Entscheiden."

Irgendein Job – das kam für sie immer weniger infrage. Es sollte schon wieder einer mit Verantwortung und projektorientierten, spannenden Aufgaben sein, so wie früher, bevor sie Mutter wurde. Aber so etwas gab es leider nicht in Teilzeit. Also blieb das Provisorium der Soloselbstständigkeit trotz der großen Sehnsucht nach einem Team für Tanja eine Dauerlösung.

Annette dagegen hat sich ganz bewusst für eine Karriere als Freelancerin entschieden. Sie war nach ihrem Diplom in

Anglistik/VWL in sehr unterschiedlichen Unternehmen angestellt, vom Start-Up bis zum Konzern. Dort arbeitete sie jeweils im Marketing und Projektmanagement und befasste sich mit Weiterbildung sowie E-Learning. Nach einem knappen Jahrzehnt wollte sie jedoch einfach keinen Boss mehr vor der Nase haben!

„Mir fehlte da der Handlungs- und Gestaltungsspielraum", erinnert sie sich. „Solange man für jede Kleinigkeit eine Erlaubnis braucht, kann man sein volles Potenzial nicht entfalten."

Ihr Portfolio bestand zunächst aus E-Learning-Konzepten und einem Bauchladen aus Dienstleistungen rund um Text: Werbetextadaption aus dem Englischen, Redaktion, Marketing- und Webtexte. „Das habe ich mit der Zeit auf den Schwerpunkt Unternehmenskommunikation zugespitzt."

Doppelte Frauenpower

Als sich Annette und Tanja über das Netzwerk Texttreff kennenlernten, spürten sie sofort, dass es eine starke Verbindung zwischen ihnen gab. Sie tickten einfach ähnlich. Schnell haben sie sich angefreundet und gründeten zusammen ein Erfolgsteam, um sich gegenseitig zu pushen.

„Wir waren beide so genervt davon, alleine zu arbeiten", erzählt Tanja. „Ich habe sogar mal ein Co-Working-Space ausprobiert", ergänzt Annette, „aber das war auch nicht das Richtige. Klar, man hält mal einen Plausch bei einem Kaffee. Aber das ist kein echter Austausch über das Business."

Die beiden hegten bald den Wunsch, miteinander zu arbeiten. Aber mit welchem konkreten Angebot? In welcher Form? Da fiel ihnen erst einmal nichts ein. Zumal Tanja in Dortmund lebt und Annette in Heidelberg – bei gut dreihundert Kilometern Entfernung kam eine klassische Bürogemeinschaft logischerweise nicht infrage.

Dass ihre Zusammenarbeit hervorragend funktionierte, bewiesen die beiden bei der Planung unseres jährlichen Workshop-Wochenendes. Die fünf Tage, in denen sich gut hundert Frauen gegenseitig etwas beibringen und austauschen, aber auch miteinander singen, tanzen, feiern und sehr viel lachen ist nicht nur mein persönliches Highlight im Arbeitsjahr.

Damit mir einer der heiß begehrten Teilnehmerinnenplätze sicher ist, engagiere ich mich seit einigen Jahren im Orgateam. Allerdings beschränkt sich meine Aufgabe auf die Zahlungseingangskontrolle, das Rechnungenschreiben und die Zimmerverteilung – relativ stupide Tätigkeiten, die vor allem dazu beitragen, meine persönliche Vorfreude auf das Wiedersehen zu befeuern.

Annette und Tanja müssen bei ihren Aufgaben deutlich mehr Organisationstalent an den Tag legen. Sie führen die Verhandlungen mit dem Seminarhaus, erstellen den Workshopplan inklusive der Raumverteilung und übernehmen die komplette Kommunikation – intern wie extern.

Puh, ich gerate sofort wieder in den ultimativen Vorfreudemodus auf das kommende Event, wenn ich darüber schreibe. Und diesmal lässt sich die Begeisterung noch schwerer im Zaum halten als sonst, denn wir haben pandemiebedingt zwei Jahre lang aussetzen müssen.

Ich gebe zu: Als der Vorschlag kam, statt des Treffens im Seminarhaus eine Online-Veranstaltung zu organisieren, war ich sehr skeptisch. Natürlich ist es auch per Videocall möglich, einen Workshop zu halten. Aber all die Emotionen, der typische Spirit und die vielen Gespräche, die unsere Treffen so sehr prägen – das konnte doch online gar nicht funktionieren.

Oder?

Annette und Tanja starten durch

Doch, das muss gehen!, dachten sich Annette und Tanja. Und stellten gemeinsam mit einem online-affinen Team ratzfatz ein Alternativprogramm auf die Beine. Ein Programm, das alle Skeptikerinnen wie mich bekehrte: Es war anders als sonst, aber auch wunderschön. Und es floss sogar das ein oder andere Rührungsträchen! Von wegen, online bleiben die Emotionen auf der Strecke ... Die beiden bewiesen das Gegenteil.

„Da haben wir wohl auf Anhieb was richtig gemacht", sagt Tanja rückblickend. „Es gelang uns, eine Online-Großveranstaltung umzusetzen, die nicht nur funktioniert hat, sondern auch lebendig und persönlich war."

Da lag es natürlich sehr nahe, diese Erfahrung irgendwie auszubauen. Allerdings hatten Annette und Tanja nie vor, eine Veranstaltungsagentur zu gründen. Eigentlich wollten sie nur andere beraten und weitergeben, wie das Ganze funktioniert hat.

Dieser Plan scheiterte allerdings grandios. Denn ihr Erfahrungsbericht klang so überzeugend, dass man sie nicht nur als Beraterinnen wollte, sondern gleich mit der kompletten Organisation beauftragte. Und ehe sie sich's versahen, waren Annette und Tanja, beide Anfang fünfzig, die angesagten Spezialistinnen für lebendige Online-Veranstaltungen!

Es passierte alles ganz schnell. Innerhalb kürzester Zeit stellten sie eine Website auf die Beine und gründeten eine Firma. Parallel kamen schon die ersten Aufträge herein.

Dass sie nicht in derselben Stadt leben, hat bei diesem Unternehmenskonzept kein bisschen gestört. Die beiden treffen sich täglich online und telefonieren auch häufig. Alle Dateien sind in einer Cloud gespeichert, auf die sie beide Zugriff haben.

Nachdem sich die erste Großveranstaltung, die sie gemeinsam auf die Beine gestellt hatten, als regelrechtes „Superspreader-Event" entpuppte, konnten sie sich vor Aufträgen kaum retten. Dennoch nahmen sie sich Zeit für eine Strategieplanung, weil sie das für klug und wichtig hielten. Ein Wochenende lang setzten sie sich – ausnahmsweise von Angesicht zu Angesicht – zusammen und überlegten, was genau sie mit ihrem neuen Unternehmen eigentlich anbieten wollten – und was nicht.

Einen Businessplan dagegen gab es nicht, dafür blieb gar keine Zeit. Auch keine Zielsetzung, wie viel Umsatz sie in einem Jahr erwirtschaften wollten.

„Das ist alles so passiert", erinnert sich Tanja, „fast aus Versehen. Wir haben im Grunde vor allem reagiert." Und sie konnten auch direkt loslegen, wie Annette betont. „Wir mussten nicht viel investieren außer in riesige Monsterbildschirme."

Ab sofort bestand ihr Arbeitsalltag aus Kundenberatung, Projektmanagement, Regieplänen, Technik-Check-Terminen, Moderationen und unzähligen neuen Tools.

Es dauerte nicht lange, bis klar wurde: Nur zu zweit konnten sie das alles unmöglich stemmen. Zunächst holten sie sich Werkstudierende an Bord, beispielsweise um im Bereich Regie, Co-Moderation, Technikbetreuung, Chat- oder Telefonsupport zu unterstützen.

„Da haben wir inzwischen ein gutes Team, auf das wir uns verlassen können", sagt Annette. „Sie müssen natürlich gut eingearbeitet werden, denn die Aufgaben sind schon sehr komplex."

Vieles von dem, was sie in den vergangenen Jahren gelernt und gemacht haben, konnten Annette und Tanja in der neuen Firma einbringen. So schrieb Annette beispielsweise am laufenden Band Anleitungen – hier zahlt sich ihr E-Learning-Background und ihr Faible für innovative Tools aus. In Sachen Kommunikation sind beide sehr stark, und Tanja kann ihre Methoden einsetzen, die sie aus dem Business Coaching kennt. „Wir werfen all unser Können zusammen, und was wir selbst nicht draufhaben, lernen wir oder kaufen es dazu." Inzwischen haben sie einen großen Pool an Dienstleistern – von Streaming-Anbietern über Video-Cutter bis zu Gebärdendolmetscherinnen.

Aber Personal fest einstellen? Das wollten die beiden eigentlich nie. „Das war ein Riesenschritt, vor dem wir echt Bauchweh hatten", sagt Tanja. „Man trägt als Arbeitgeber ja auch Verantwortung für andere Menschen. Aber irgendwann ging es einfach nicht anders." Zufriedene Kunden fungierten als Multiplikatoren, und so jagte ein spannendes Projekt das nächste. Irgendwann war die Belastungsgrenze erreicht und sie mussten die Reißleine ziehen: Ein gutes Jahr nach Unternehmensgründung haben die beiden eine Projektmanagerin eingestellt. „Im Nachhinein betrachtet hätten wir diese Entscheidung früher treffen sollen", gibt Annette zu. „Da waren wir etwas zu zögerlich. Aber auch daraus lernt man."

Ein Vor-der-Pandemie gibt es nicht mehr

Ja, Annette und Tanja sind erfolgreich mit ihren lebendigen Online-Veranstaltungen. Sehr sogar. Und natürlich werden sie oft darauf angesprochen, was daraus werden soll, wenn Corona vorbei ist.

Die beiden sind davon überzeugt: Das Geschäft wird weitergehen – auch wenn wieder mehr Präsenzveranstaltungen stattfinden. Es wird in Zukunft das Beste aus beiden Welten geben.

„Im ersten Pandemiejahr haben wir hauptsächlich analoge Veranstaltungen in Online-Events umgewandelt – und das musste oft sehr schnell gehen", sagt Annette. „Inzwischen haben wir gut eingespielte Prozesse, und auch die Nachfrage hat sich verändert. Online-Veranstaltungen sind kein Ersatz mehr für ausgefallene Tagungen, Messen oder Seminare, sondern eigenständige Angebote. Und natürlich läuft immer mehr hybrid."

Klar, die Menschen haben verstanden, dass man nicht mehr quer durch die Republik fahren oder fliegen muss, um ein paar Folien zu präsentieren oder über die Punkte einer Tagesordnung abzustimmen. Allein die Vorstellung, dass so etwas noch vor wenigen Jahren üblich war, kommt einem heute fast lächerlich vor.

Es hat sich vieles verändert seit Beginn der Pandemie, und das Ende ist noch nicht in Sicht. „Wir arbeiten uns permanent in neue Tools ein", erklärt Tanja. „Was wir heute standardmäßig verwenden, gab es zum Teil letztes Jahr noch gar nicht oder wurde seither total verändert. Unser Portfolio wandelt sich andauernd."

Wo sie sich in weiteren drei bis fünf Jahren sehen, können und wollen die beiden nicht beantworten. Sie haben Spaß an dem, was sie tun. Zu ihren Kunden gehören Verbände, Vereinigungen, Ministerien aus den unterschiedlichsten Bereichen. „Das Themenspektrum reicht von Klimawandel und Biodiversität bis zu Menschenrechten", sagt Tanja. „Das ist nicht nur spannend, sondern es macht uns auch stolz. Unsere Auftraggeber sind wahnsinnig engagiert und es motiviert uns sehr, bei so wichtigen Projekten mitwirken zu können."

„Wir setzen uns bewusst keine definierten Wachstumsziele", erklärt Annette. „Es reizt uns nicht, unseren Umsatz zu verdreifachen und irgendwann zehn Angestellte zu haben. Wachstum ist manchmal notwendig, aber es ist kein Selbstzweck."

Wer weiß, vielleicht werden sich die beiden irgendwann doch auf den ursprünglichen Plan besinnen, ihre Erfahrungen einfach nur weiterzugeben und sich auf Beratung konzentrieren. Oder ein Buch schreiben. Also, ich würde es lesen.

Start-Up mit Ü50: „Man muss sich halt trauen – und darf nie aufhören, dazuzulernen"

Knapp zwei Jahre und mehr als hundert Veranstaltungstage nach der Gründung habe ich mit Annette und Tanja gesprochen. Unter anderem über die optimale Lebensphase für einen Neubeginn und die Vorteile des Älterwerdens.

Ihr seid jetzt beide Anfang fünfzig. Ist das das ideale Alter, um endlich das zu tun, was man schon immer tun wollte?
Tanja: Ich bezweifele, dass es diese eine Sache gibt, die perfekt zu einem passt. Vermutlich ist für jeden Lebensabschnitt etwas anderes genau das Richtige. Für mich jedenfalls war es der ideale Zeitpunkt für eine Unternehmensgründung. Als mein Sohn jünger war, wäre das unmöglich gewesen.
Annette: Das geht mir genauso. Auch jetzt mussten Mann und Tochter ganz schön zurückstecken. Mit einem jüngeren Kind wäre das auf diesem Niveau einfach nicht gegangen. Allerdings muss ich zugeben: Allein hätte ich garantiert kein Unternehmen gegründet.

Mal angenommen, ihr wärt bei der Unternehmensgründung zwanzig oder dreißig Jahre jünger gewesen. Was hätte das verändert? Was wäre der wesentliche Unterschied?
Annette: Ich würde sagen, man ist einfach cooler, wenn man älter ist. Ob Buchhaltung oder Umgang mit Kunden – solche Basics sind für uns keine Hürden, das kennen wir einfach. Erfahrung bedeutet auch, dass man selbstsicherer auftritt und sich mehr zutraut.
Tanja: Das funktioniert natürlich nur, wenn man bereit ist, permanent dazuzulernen. Und das Gute ist: Wir lernen beide gern.

Annette: Das stimmt. In dieser Hinsicht war es eine superspannende Zeit. Ich dachte manchmal, mir platzt der Kopf! Online-Veranstaltungen waren Anfang 2020 eine Nische, in der sich kaum einer auskannte. Der eigentliche Vorsprung war also nicht unsere Erfahrung, sondern vor allem die Bereitschaft und der Wille, uns einzufuchsen. Auf viele Fragen wussten wir zunächst keine Antworten. Aber wir wussten: Das kriegen wir raus.

Tanja: Wir arbeiten beide nach dem Pippi-Langstrumpf-Motto: Das hab ich ja noch nie gemacht, das wird bestimmt toll. Man muss sich halt auch trauen. Als ich jünger war, hatte ich auch schon jede Menge Geschäftsideen. Aber leider war ich damals ganz groß darin, sie mir selbst gegenüber kleinzureden. Das hat sich mit den Jahren geändert – und natürlich ist es ein großer Unterschied, ob man allein oder zu zweit gründet.

Wie lautet euer Fazit nach zwei Jahren?

Tanja: Ich kann nicht behaupten, dass ich schon immer Online-Veranstaltungen anbieten wollte. Aber ich wollte mit Annette zusammenarbeiten und eine Aufgabe haben, bei der ich Menschen weiterhelfen kann, indem ich mein Potenzial einbringe. Dass das so gekommen ist, bedeutet mir sehr viel. Es gab Zeiten, da hätte ich es nicht für möglich gehalten, dass es für mich beruflich noch mal richtig interessant wird.

Annette: Unser Business macht Spaß, ist spannend, herausfordernd und bereichernd. Wir dürfen zusammenarbeiten, haben ein klasse Team. Unsere Kunden sind toll und super zufrieden. Eigentlich unglaublich, wenn man bedenkt, dass das alles nicht geplant war.

ILONA

„Misserfolge können dich nur stärken. Wenn du das geschafft hast, schaffst du noch viel mehr!"

Es gibt drei Dinge, die Ilona antreiben: das Streben nach Erfolg, der Wunsch nach einer erfüllenden Aufgabe und die Lust zu lernen.

Darin unterscheidet sie sich nicht wesentlich von Annette und Tanja, von denen ich im vorigen Kapitel erzählt habe. Aber anders als die beiden hat ihr die Pandemie keineswegs in die Karten gespielt, ganz im Gegenteil.

Und auch ihr Werdegang ist ein komplett anderer. Bevor Ilona ihren fünfzigsten Geburtstag in nagelneuen Geschäftsräumen feierte (und davon träumte, hier auch ihren sechzigsten zeitgleich mit dem zehnten Betriebsjubiläum zu begehen), hatte sie bereits fünf Berufe gelernt ...

Jeder Schritt eine Motivation für den nächsten

Nach ihrem Hauptschulabschluss machte Ilona eine Ausbildung als Weberin beziehungsweise, wie es korrekterweise heute heißt, als Textilmaschinenführerin Weberei. Ziemlich bald merkte sie, dass sie mehr – vor allem mehr lernen und erreichen – wollte. Also entschloss sie sich mit zweiundzwanzig zu einer Umschulung zur Chemisch-technischen Assistentin.

„Anfangs dachte ich, da komme ich bestimmt nicht mit", erinnert sie sich, „denn alle anderen Teilnehmer dieser Umschulung hatten das Abitur." Aber die waren vielleicht nicht so motiviert wie Ilona. Jedenfalls schloss sie als eine der Besten ab, was ihr enormen Auftrieb gab. „Ich spürte: Ich habe Potenzial, da geht noch mehr."

Und es ging noch viel mehr!

Mit vierundzwanzig holte sie ihr Fachabitur nach, um direkt ein Studium anzuhängen. Bevor sie dreißig wurde, schloss sie es erfolgreich ab und war nun Diplom-Chemieingenieurin.

„Damals hatte ich das Gefühl, die Welt steht mir offen", erzählt sie. Jetzt sollte es so richtig losgehen mit der Karriere! In den folgenden Jahren arbeitete Ilona als Ingenieurin in verschiedenen großen Unternehmen – doch irgendwann spürte sie: Das war noch immer nicht das, wonach sie gesucht und wovon sie geträumt hatte.

Schlimmer als Überforderung: fehlende Wertschätzung

Mit Mitte vierzig begann Ilona nebenberuflich ein Zusatzstudium, das sie drei Jahre später als Master of Business Administration erfolgreich abschloss.

„Das war ein echt harter Brocken", sagt sie. „Ich ging jeden Samstag und jeden zweiten Freitag in die Schule, und jeden Abend nach Feierabend paukte ich den Stoff. Parallel dazu fanden auf der Arbeit große Umstrukturierungen statt. Bei all dem habe ich mich total verausgabt. Am Ende hatte ich zwar meinen Master in der Tasche, aber ich rutschte auch ins Burn-Out."

Schuld daran war weniger die Doppelbelastung als vielmehr die Tatsache, dass ihr Engagement vom Arbeitgeber weder gesehen noch honoriert wurde. „Ich hatte immer das Gefühl, dass ich alles tue, was nur möglich ist – aber Karriere machen die anderen. Harte Arbeit ist für mich kein Problem. Das hätte ich alles ertragen – aber nicht ohne die entsprechende Anerkennung."

Irgendwann ging dann gar nichts mehr. Sie war über ein Jahr krankgeschrieben, auf eine Klinikbehandlung folgte eine Reha. „Ich hatte viel Zeit zum Nachdenken und zum Überlegen, wie es weitergehen sollte", erzählt sie. Schon lange hatte sie den Wunsch verspürt, in die Selbstständigkeit zu gehen. „Irgendwie habe ich mich jahrelang selbst blockiert, weil ich dachte, als Chemieingenieurin ginge das nicht." Aber das war vor dem Burn-Out. Jetzt spürte sie, dass sie auf keinen Fall zurückwollte zu ihrem alten Arbeitsplatz, wo sie sich so ungerecht behandelt gefühlt hatte. Und auch in kein anderes Unternehmen, wo immer jemand sein würde, der ihr sagte, was sie tun oder lassen sollte. Nein, sie wollte ihren Erfolg selbst in die Hand nehmen und ihr eigener Chef sein. Doch in welchem Bereich? Das musste sie erst noch herausfinden.

„Mein eigenes Ding" – aber in einem bestehenden System

Um sich einen Überblick zu verschaffen, besuchte sie einen mehrtägigen Kurs zum Thema Selbstständigkeit in einem Gründerzentrum. Dort erfuhr sie von den Möglichkeiten und Vorteilen des Franchisings. „Dass man eine eigene Firma nicht aus dem Nichts heraus aufbaut, sondern auf der Basis eines funktionierenden und bewährten Konzeptes, hat mich sehr angesprochen", sagt Ilona.

Sie hat sich sofort daran gemacht, unter den zahlreichen Franchise-Unternehmen, die infrage kamen, dasjenige auszuwählen, das für sie am erfolgversprechendsten war. Schließlich entschied sie sich für eines, das Dienstleistungen rund um Grafik, Druck und Versand anbot. „Dass die Thematik für mich fachfremd war, schreckte mich nicht ab", erzählt sie. Sie machte – einmal wieder – eine Ausbildung, diesmal eine Online-Schulung zur Grafikdesignerin. „Der Franchisegeber hat das zwar nicht verlangt, aber mein Ziel war es ja nicht, irgendwas zu machen, sondern es auch gut zu machen." Das Thema lag Ilona – schließlich war Öl- und Acrylmalerei seit Jahren ihr Hobby. Und so erlernte sie ihren inzwischen fünften Beruf.

Neustart mit fünfzig – und ohne Plan B

Ilona führte intensive Gespräche mit dem Franchisegeber und dachte gründlich über das Ganze nach, bevor sie den Vertrag unterschrieb. Sie machte einen Businessplan, beantragte Gründerförderung und nahm einen Kredit für die sechsstellige Anfangsinvestition auf.

„Das war natürlich kein Pappenstiel und ein enormes persönliches Risiko, aber ich glaubte fest an den Erfolg. Es gab keinen Plan B."

Ihr Konzept und ihr Optimismus überzeugten auch die Bank, der Kredit war kein Problem.

Ihr Ehemann unterstützte sie bei alldem bedingungslos. Nicht nur mit Worten, sondern auch mit Taten, beispielsweise als es um die Renovierung und Einrichtung der Räumlichkeiten ging. Sie hatte lange gesucht, bis sie die richtigen fand. Groß sollten sie sein, keinesfalls beengt. An ihrem fünfzigsten Geburtstag feierte Ilona die Eröffnung. „Ich war sehr optimistisch", erinnert sie sich. Vor ihrem inneren Auge sah sie genau, wie es sein würde, hier in zehn Jahren auf den nächsten runden Geburtstag und den Erfolg des Unternehmens anzustoßen.

Doch es kam anders ...

Zunächst lief das Geschäft recht gut an. „Natürlich hätten die Zahlen besser sein können, aber sie waren okay, ich konnte davon leben. Bis Corona kam und die Umsätze total einbrachen."

Ilona hatte zwar etwas finanziellen Puffer einkalkuliert, aber der wurde immer kleiner. Neben den laufenden Betriebskosten hatte sie ja auch noch den Kredit abzubezahlen. „Das Ganze geriet zu einer echten Zitterpartie. Monat für Monat wurde die Lage schwieriger und ich fragte mich, wie lange ich durchhalten würde."

Irgendwann war der Entschluss unausweichlich: „Ich musste den Laden schließen", erzählt Ilona. „Aber das war leichter gesagt als getan, denn mit dem Franchisegeber hatte ich einen Zehnjahresvertrag unterschrieben – eine Kündigung war da nicht vorgesehen. Man wollte mich dazu zwingen, Insolvenz anzumelden, doch dann hätte ich auch meinen Privatbesitz verloren."

Den Kopf in den Sand zu stecken ist auch keine Lösung

Die Situation erschien ausweglos. Doch Ilona ließ sich nicht ins Bockshorn jagen und engagierte einen Anwalt, der auf Franchiserecht spezialisiert war. Und der schaffte das Unmögliche – das Unternehmen akzeptierte Ilonas Kündigung.

„Natürlich war ich froh darüber, aber trotzdem stand ich ja vor einem Scherbenhaufen und hatte echte Existenzängste. Die Schulden waren immer noch da. Ich hatte einen Mietvertrag, an den ich laut Vertrag noch jahrelang gebunden war, und teure Geräte geleast. Es gab so viele Probleme ... Ich kann kaum beschreiben, wie es mir damals ging. Es war furchtbar."

Drei unendliche Monate lang ging es nicht wirklich voran. Ilona war völlig am Boden. Doch nach und nach fand sie Lösungen. Die Vermieterin ließ mit sich reden, der Zufall verschaffte

Ilona einen neuen Job und sie fand sogar einen Abnehmer für den teuren Drucker.

„Das geschah aber alles nicht von selbst", betont sie, „sondern weil ich sehr aktiv war. Ich hätte ja auch den Kopf in den Sand stecken können, aber das hätte mich nicht weitergebracht. Stattdessen habe ich mit Hunderten Leuten darüber gesprochen, dass ich auf Arbeitssuche war. Von allein kommt eben nichts – auch kein Zufallsangebot."

Sie findet es wichtig, das Scheitern nicht als etwas zu betrachten, wofür man sich schämen muss. Es war ihr nicht peinlich, darüber zu reden. „Ich kann nur dazu raten, offen mit Misserfolgen umzugehen. Denn diese Offenheit erleichtert es auch anderen, darauf zu reagieren." Tatsächlich erlebte Ilona keine negativen Reaktionen, im Gegenteil – es gab ganz viel Unterstützung, auch von Leuten, bei denen sie niemals damit gerechnet hätte.

Nächstes Mal läuft es besser!

Ilona ist jetzt wieder angestellt. Die Bürotätigkeit hilft, die Rechnungen und Kreditraten zu bezahlen, wofür sie auch sehr dankbar ist. „Aber das ist definitiv kein Traumjob fürs Leben", sagt sie entschieden, „sondern lediglich eine Übergangslösung. Das Ende der Fahnenstange ist noch lange nicht erreicht."

Finanziell kommen Ilona und ihr Mann zurecht, auch wenn sie sich mehr einschränken müssen als früher.

Die Frage, ob sie es sich vorstellen kann, erneut den Schritt in die Selbstständigkeit zu wagen, beantwortet Ilona mit einem klaren Ja. „Allerdings nur ohne große Anfangsinvestition."

In der ersten Tiefphase nach der Schließung ihres Unternehmens dachte sie noch anders darüber. „Da glaubte ich: Das war's mit der Selbstständigkeit. Aber eine Freundin widersprach mir und sagte: Nein, das war es nur mit *dieser* Selbstständigkeit. Und damit hatte sie völlig recht."

Und dann bringt Ilona noch einen Vergleich, der absolut einleuchtet: „Auch Edison brauchte schließlich Tausende Versuche, bis er die Glühbirne entwickelt hatte. Hätte er beim dritten misslungenen Versuch aufgegeben, säßen wir noch heute im Dunkeln."

Scheitern als Chance? Fünf Fragen, fünf Antworten

Was bedeutet Scheitern für dich, Ilona?

Es ist eine Chance, aus Fehlern zu lernen und die richtigen Schlüsse daraus zu ziehen. Wäre ich beispielsweise nach meinem Burn-Out zurück in das Unternehmen gegangen, in dem ich so unglücklich gewesen war, hätte ich nichts dazugelernt. Stattdessen habe ich mich weiterentwickelt.

Was hast du aus der Selbstständigkeit gelernt?

Viele träumen davon, keinen Chef zu haben, der einem Vorschriften macht und Anweisungen gibt. So ging es auch mir. Aber wie ich heute weiß, war das eine sehr einseitige Perspektive. Auch ohne Chef vor der Nase gibt es Zwänge von außen – etwa Kunden, Lieferanten, Geschäftspartner, Termine, Wirtschaftslagen, Kostenentwicklungen. Das war für mich eine völlig neue Erkenntnis.

Du hast gesagt, beim nächsten Mal würdest du hohe Investitionen meiden. Was würdest du sonst noch anders machen?
Ich würde mit einem Business Coach zusammen an meinen Erfolgszielen arbeiten. Und meine Persönlichkeit weiterentwickeln. Das wäre eine Investition, die ich keinesfalls scheuen würde.

Du sagst, dass dir Erfolg schon immer wichtig war. Wie definierst du Erfolg?
Das hat sich mit den Jahren geändert. Früher war Erfolg für mich immer an irgendwelche Positionen gebunden. Davon bin ich heute weit entfernt. Mein Ziel ist es, glücklich und zufrieden zu sein. Und das bin ich, wenn ich eine Aufgabe habe, die mich erfüllt. Diese berufliche Erfüllung habe ich noch nicht gefunden – ich suche sie schon mein Leben lang. Aber es gibt sie irgendwo, da bin ich ganz sicher.

Gibt es für große Lebensveränderungen ein ideales Alter?
Das ist vermutlich Typsache. Ich habe schon immer gern neue Dinge ausprobiert und mich – vor allem beruflich – verändert. In meinen Augen ist lebenslanges Lernen etwas ganz Normales. Und das bleibt auch so, solange ich Träume und Pläne habe. Mein klares Ziel ist es, wieder ein eigenes Business aufzubauen. Idealerweise im Homeoffice. Dann hätte ich auch endlich genug Zeit für einen Hund – denn ein Vierbeiner als Büropartner, der gehört definitiv zu meinem Idealbild.

PAUL

„Warum sollte ich vorankommen, wenn ich schon genau da bin, wo ich sein will?"

Paul war ein mittelmäßiger Schüler. Ein Lieblingsfach hatte er eigentlich nicht. Seine Leistungen schwankten sehr – mal schrieb er in Mathe eine Fünf und in Deutsch eine Zwei, dann war es wieder umgekehrt. Am Ende des Schuljahres pendelten sich seine Noten meistens bei einer knappen Drei ein und wenn es dafür eng wurde, konnte er sich oft durch seine mündlichen Leistungen retten.

Denn eigentlich war Paul ein sehr aktiver Schüler. Er ging auch gerne zur Schule. Meistens jedenfalls.

„Wie gut ich in einem Fach abschnitt, hing ganz stark von den Lehrern ab", sagt er rückblickend. „Es gab einige, die schafften es spielend, mich für ein Thema zu begeistern. Und selbst wenn mir das Fach eigentlich gar nicht so lag, schrieb ich dann gute Noten. Anderen Lehrkräften merkte man an, wie sehr sie ihren Beruf hassten. Sie hatten keine Lust zu unterrichten, sie mochten keine Kinder, eigentlich zählten sie nur die Monate bis zur Rente. Logisch, dass ich in ihren Stunden total abschaltete."

Entgegen der Prophezeiungen seiner Eltern und auch vieler Pädagogen schaffte Paul sein Abitur. Okay, mit einem Dreierdurchschnitt, aber bestanden ist bestanden, oder? Er strebte ja kein Medizinstudium an.

Im Grunde erwartete niemand von ihm, dass er überhaupt studierte. Seine Mutter empfahl ihm eine Ausbildung als Verwaltungsfachangestellter. Das sei doch was Solides. Paul fand die Vorstellung gruselig. Er wollte mit Menschen zu tun haben, nicht mit Ordnern.

Sein Vater legte ihm nahe, ein Handwerk zu erlernen. Das habe goldenen Boden. Aber Paul wusste, wo seine Stärken lagen – und wo seine Schwächen. „Man kann zwar nicht gerade sagen, dass ich zwei linke Hände habe, aber ich habe drei Kreuze geschlagen, als ich in die siebte Klasse kam und damit der Werkunterricht für mich vorbei war", erzählt er.

Seine Schwester behauptet noch heute, Paul habe nur studiert, weil er sonst zu nichts zu gebrauchen war. Er grinst dazu nur gutmütig. Man kann ihn so leicht nicht reizen – was wiederum die perfekte Voraussetzung für den Beruf war, für den er sich dann entschied: Lehrer.

Den eigenen Vorbildern folgen

„Meine Eltern schlugen die Hände über dem Kopf zusammen, als ich ihnen von meinem Plan erzählte", sagt Paul. „Sie fanden, nur Einserschüler sollten diesen Beruf ergreifen. Ich sehe das anders. Eigentlich ist sogar das Gegenteil der Fall: Aus schlechteren Schülern werden oft bessere Lehrer. Weil sie sich in diejenigen hineinversetzen können, die nicht alles auf Anhieb verstehen. Die ein bisschen länger brauchen. Denen man alles klug und einleuchtend erklären muss."

Während ich mich mit Paul unterhalte, denke ich an die Lehrer, deren Unterricht ich einst über mich ergehen lassen musste. Es waren tolle Leute dabei, bei denen das Lernen richtig Spaß machte. Aber leider waren sie die große Ausnahme.

Paul merkt man an, dass er zu diesen seltenen Exemplaren gehört: Er ist ein pädagogisches Naturtalent. Man hört ihm gern und aufmerksam zu. Und er liebt seinen Beruf.

„Meine Eltern haben bald eingesehen, dass es die richtige Berufswahl war", erinnert er sich. „Wobei mein Vater noch lange daran zu knabbern hatte, dass ich mich ausgerechnet für das Grundschullehramt entschied. Er fand, das sei ein Frauenberuf."

Tatsache ist, dass in Grundschulen weibliche Lehrkräfte stark dominieren. In vielen Kollegien gibt es keinen einzigen Mann – und wenn, dann ist er der Schulleiter.

Das Bauchgefühl hat meistens recht

„Schulleiter." Wenn Paul dieses Wort ausspricht, klingt er irgendwie ... genervt. Und verbittert. „Elena lag mir ständig damit in den Ohren. Immer, wenn irgendwo im Umkreis die Position als Leiter einer Grundschule ausgeschrieben war, redete sie von nichts anderem. Ich solle mich unbedingt darauf bewerben. Das sei doch perfekt für mich. Ein wichtiger Schritt auf der Karriereleiter. Dabei hatte ich mit Karriere gar nichts am Hut. Ich war doch schon das, was ich sein wollte."

Seine Frau, eine ambitionierte Pharmareferentin, konnte einfach nicht verstehen, dass Paul keine höheren Positionen anstrebte. Er wollte einfach nur unterrichten. Kleinen Kindern das Lesen, Schreiben und Rechnen beibringen. Ihre Neugier für die Natur wecken, ihre Kreativität beflügeln, ihre Lust an Bewegung und Musik befeuern. Wenn sie ihn mit Fragen bombardierten, war er in seinem Element.

„Wäre ich Gymnasiallehrer gewesen, hätte sie mich wohl besser verstanden", glaubt Paul. „Das hätte ihren Ansprüchen eher entsprochen. Ich glaube, mein Beruf war ihr regelrecht peinlich."

Paul bewarb sich auf keinen der Schulleiterposten. Die Ehe mit Elena kriselte. Sie begann, ihn zu verspotten. „Meine Frau nannte mich den Mann, der nie Schulrat werden wird. Was ja auch den Tatsachen entsprach. Eher hätte ich mir einen Arm abgehackt, als in die Schulaufsichtsbehörde zu wechseln. Ich bin schließlich Lehrer, kein Verwaltungstyp."

Aber natürlich ist Paul auch kein Typ, der etwas so Unüberlegtes tut, wie sich den Arm abzuhacken. Und auch keiner, der seine Ehe den Bach runtergehen lässt, ohne wenigstens darum zu kämpfen. „Immerhin liebte ich Elena. Oder jedenfalls hatte ich sie einmal geliebt. Wir waren zu dem Zeitpunkt bereits über zwanzig Jahre verheiratet. So etwas wirft man doch nicht einfach weg."

Also ließ sich Paul auf einen Kompromiss ein ...

„Elena wollte, dass ich Karriere mache, so wie sie. Ich wollte unterrichten und das im Bereich Grundschule. Es gab nur eine Möglichkeit, beides unter einen Hut zu bringen: Ich bewarb mich auf eine freie Stelle am Studienseminar."

Er würde also weiterhin unterrichten – allerdings keine Abc-Schützen mehr, sondern Lehramtsanwärter.

„Zuerst fand ich den Gedanken wenig reizvoll, doch dann wurde mir klar, wie wichtig diese Aufgabe ist. Ich konnte dafür sorgen, dass die nächste Generation meinen Beruf genauso lieben würde wie ich selbst, indem ich meine Erfahrung weitergab an die jungen Menschen, die meine Arbeit demnächst fortsetzen würden."

Paul war kürzlich fünfzig geworden, gehörte inzwischen also längst zu den älteren Kollegen. Vielleicht war es wirklich Zeit für etwas Neues?

„Elena war natürlich begeistert. Sie hatte das Gefühl, sich durchgesetzt zu haben", sagt Paul. „Und sie bezeichnete mich nun als den Mann, der vielleicht doch irgendwann Schulrat wird. Ich ließ sie in dem Glauben – um des lieben Friedens willen."

Zurück zum Ursprung

Zwei Jahre lang zog Paul die Sache durch. Seine neue Aufgabe war eine interessante Herausforderung. Nicht unspannend. „Ich kann nicht mal behaupten, sie hätte mir keinen Spaß gemacht", sagt er, „aber mir fehlten die Kinder. Wenn bei einem Referendar der Groschen fällt, nickt er kurz und macht sich eine Notiz. Er bekommt keine strahlenden Augen. Kinder sind einfach anders. Echter. Sie können sich noch richtig für etwas begeistern und haben eine natürliche Freude am Lernen. Das tun sie vom Tag ihrer Geburt an – meistens so lange, bis ihnen die Schule diese Freude raubt. Durch Druck, Noten und langweiligen Unterricht. Meine Mission war es immer gewesen, ihre Lernfreude so lange wie möglich am Leben zu halten."

Nun saß er also nicht mehr kleinen, neugierigen Knirpsen gegenüber, sondern jungen Erwachsenen, die vor allem eins im Sinn hatten: einen guten Abschluss.

„Gut möglich, dass die meisten von ihnen gute Lehrerinnen und Lehrer geworden sind. Und vielleicht habe ich sogar einen gewissen Teil dazu beigetragen", gibt er zu. „Aber irgendwann reichte es mir. Ich wollte zurück in die Grundschule. Zu den strahlenden Augen, dem aufgeregten Fingerschnippen und den Millionen von Fragen."

Damit war leider auch das Ende seiner Ehe besiegelt. Elena verkraftete diesen „Rückschritt" nicht und reichte die Scheidung ein. Paul bedauerte das, aber zu seiner großen Überraschung merkte er bald, dass Elena ihm überhaupt nicht fehlte.

Sie hatten schon so lange nur noch nebeneinanderher gelebt, dass sich nach ihrem Auszug kaum etwas änderte. Außer dass er jetzt nicht mehr vegan essen musste und sie nicht mehr allabendlich an ihm herumnörgelte. Beides ließ sich verkraften.

Insgesamt wurde seine Entscheidung positiv aufgenommen. Viele Freunde und Bekannte bezeichneten ihn sogar als mutig. Paul selbst sieht das anders. „Was ist denn mutig daran, einen Berufswechsel rückgängig zu machen, wenn man merkt, dass man vorher glücklicher war? Das war im Grunde purer Egoismus."

Nun ja – Egoismus im besten Sinne des Wortes. Man könnte es auch „Selbstfürsorge" nennen. In jedem Fall war der Entschluss, in den Schuldienst zurückzukehren, die wichtigste Entscheidung seines Lebens.

Elena ist inzwischen übrigens mit einem Chirurgen verheiratet. Paul ist seit einigen Monaten mit einer Kollegin liiert, die ihren Beruf ebenso sehr liebt wie er.

„Wir sind beide so glücklich wie seit Jahren nicht mehr", sagt Paul. „Elena und ich haben wahrscheinlich nie richtig zueinander gepasst. Im Gegensatz zu meinem Beruf – der passt perfekt."

Paul-Praxis statt Peter-Prinzip

Kennst du das Peter-Prinzip? Es besagt, dass Menschen in ihrem Beruf so lange befördert werden, wie sie gut sind in dem, was sie tun. Wenn sie es dann nicht mehr sind, steigen sie nicht weiter auf, sondern bleiben in ihrer Position. Also dort, wo sie schlecht sind. Das ist dann das natürliche Ende ihrer Karriere. Aber vermutlich auch das Ende ihres Wohlergehens. Wem geht es schon gut in einem Job, der einen überfordert? Wo man nur kritisiert wird und keine Anerkennung bekommt? Und einfach nur die letzten paar Jahre bis zur Rente absitzt?

Paul hat dieses Prinzip durchbrochen. Dabei war er als Ausbilder im Studienseminar nicht einmal schlecht. Aber er spürte, dass es nicht das Richtige für ihn war. Und er entschied sich für den einzig denkbaren Schritt: zurück.

Wie viel besser ginge es vielen Menschen (und vermutlich auch Unternehmen), wenn das Peter-Prinzip durch die Paul-Praxis abgelöst würde? Wenn alle, die nach einer Beförderung merken, dass sie vorher besser und glücklicher waren, es so machen würden wie er?

Okay, es ginge vielleicht ein bisschen Prestige verloren. Und Gehaltseinbußen müssten auch in Kauf genommen werden. Aber: Na und? Sind Glück und Zufriedenheit nicht wichtiger?

LASS DICH BLOSS NICHT VERUNSICHERN! DAS BEDENKENTRÄGER-BULLSHIT-BINGO

Als hättest du nicht ohnehin schon genug Selbstzweifel, schaffen es gewisse Menschen in deinem Umfeld mit schlafwandlerischer Sicherheit, die kleinen Flämmchen deines (Über-)Muts sofort zu zertrampeln, kaum dass sie aufflackern.

Hey, lass dir das nicht bieten! Entlarve diese Bedenkenträger als das, was sie sind: als zaghafte Miesmacher, die es einfach nicht ertragen, wenn andere ordentlich Drive in ihr Leben bringen. Spiel lieber dein eigenes Spiel! Du wirst sehen, das ist viel lustiger.

Und das sind die Regeln: Kreuze alle typischen Mutkiller-Floskeln an, die du dir schon anhören musstest. Hast du eine Reihe – ganz gleich ob senkrecht, waagerecht oder diagonal – komplett, rufe laut „Bingo"! Und schon hast du gewonnen ... ⟶

Muss das denn sein?	Wirklich? In deinem Alter?	Dir geht's wohl zu gut.	Also mir wär das zu riskant.	Sei doch mal zufrieden!
Das klappt doch niemals.	Hast du da gar keine Angst?	Was da alles passieren könnte!	Hast du dir das gut überlegt?	Ich bin ja tolerant, aber ...
Und ich darf dir dann wieder aus der Patsche helfen?	Sei doch mal realistisch!	Du warst schon immer ein Träumer.	Tja, das musst du selbst wissen. Aber ...	Das war aber schon immer so.
Meinst du, die Welt wartet ausgerechnet auf dich?	Die paar Jahre bis zur Rente schaffst du noch.	Was glaubst du denn, wer du bist?	Na, du bist ja mutig!	Traust du dir das wirklich zu?
Überlass das lieber den Jüngeren.	Schraub deine Ansprüche lieber zurück!	Und was, wenn du es bereust?	Weißt du eigentlich, wie alt du bist?	Nicht dein Ernst!

Und dann ersetze jede einzelne Miesmacher-Phrase durch einen Mutmach-Motivationsspruch deiner Wahl.

Zum Beispiel:

- Ich schaffe das!
- Das wird so cool!
- Ich freu mich schon drauf!
- Endlich kann ich zeigen, was ich draufhabe!
- Zu alt? So ein Unsinn!
- Ich krieg das schon hin!

Bitte fortsetzen:

....

....

....

....

....

....

....

....

....

....

....

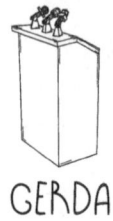

GERDA

„Eigentlich hatte ich ja schon meinen Traumjob. Sollte ich den einfach riskieren?"

Bevor ich zu Gerdas Geschichte komme, erzähle ich ein wenig von meiner eigenen. Als Studentin jobbte ich während der Semesterferien bei einem namhaften Töpfe-und-Pfannen-Hersteller am Fließband. In Schichtarbeit. Und ich muss sagen: Es ist gut, dass ich diesen Teil der Arbeitswelt kennengelernt habe. Jeder sollte eine derartige Erfahrung machen. So etwas erdet einen.

Der Job war eintönig und anstrengend zugleich. Immer dieselben Handgriffe, und alles musste rasend schnell gehen. Zum Glück hatte ich nette Kolleginnen und meine beste Freundin jobbte ebenfalls dort – ich weiß nicht, ob ich sonst durchgehalten hätte.

Wie die Frauen, die dort fest arbeiteten, es schafften, vor und nach den Schichten noch einen kompletten Haushalt zu stemmen, war mir allerdings ein Rätsel. Ich war nach Feierabend nur noch reif für die Couch und hatte nicht einmal mehr genug

Power, um irgendwas zu lesen. Weder einen Krimi noch eins meiner Unibücher (die schon gar nicht!).

Umso mehr freute ich mich, als mir nach meiner Zwischenprüfung an der Uni ein kleiner Job als studentische Hilfskraft angeboten wurde. Adieu Fließband – hallo Flurnamen!

Jawohl – meine Stelle war angesiedelt in einem sprachwissenschaftlichen Forschungsprojekt mit dem schönen Namen „Hessisches Flurnamenarchiv", und wenn du jetzt glaubst, das wäre langweilig gewesen, bist du schiefgewickelt. Namenkunde ist voll spannend! Vor allem, wenn man die amtlichen Namen von Wegen, Wiesen, Weiden, Wüstungen und anderen Flurstücken mit den Dialektversionen und außerdem noch mit den historischen Schreibweisen aus alten Quellen vergleicht. Ehrlich!

Glaubst du nicht? Sei's drum, ich jedenfalls fand es hochinteressant. Aber darum geht es hier gar nicht. Sondern darum, dass ich in diesem Projekt Gerda kennengelernt habe.

Ein Plan – aber keine Strategie

Gerda ist ein paar Jahre älter als ich, hatte damals schon ihren Studienabschluss in der Tasche, war verheiratet und hatte Kinder – und doch hatten wir so viel gemeinsam, dass wir uns rasch anfreundeten.

Die Arbeit in dem Projekt machte uns beiden Spaß, obwohl keine von uns eine wissenschaftliche Karriere anstrebte. Ich wollte nach dem Studium Werbetexte und Bücher schreiben, während Gerda von einem festen Fulltime-Job in der Universitätsverwaltung träumte. „So etwas war schon immer genau mein Ding", sagt sie.

Das Problem daran waren die Stichwörter „fest" und „Fulltime". Denn zu diesem Zeitpunkt hatte sie nur eine Halbtagsstelle – und die war befristet. Wie im Grunde fast alle Stellen für wissenschaftliche Mitarbeiterinnen und Mitarbeiter.

„Als Geisteswissenschaftlerin einen tollen Job zu finden, das war Ende der Achtziger generell unrealistisch", sagt sie. „Nicht mal im Lehramt gab es damals freie Stellen. Ich hatte keine echte Strategie für meine Karriere, aber immerhin einen Plan B: Falls das mit dem festen Job an der Uni nichts würde, konnte ich immer noch zurück in die Gastronomie gehen. Schließlich hatte ich schon mein komplettes Studium durch Bedienen finanziert."

Dann wurde eine Funktionsstelle als Frauenbeauftragte der Hochschule ausgeschrieben. Was bedeutet, diese Position konnte nicht von außen besetzt werden, sondern nur von einer Mitarbeiterin, die bereits an der Uni beschäftigt war. So wie Gerda. Sie bewarb sich – und bekam den Job.

Das hieß aber nicht, dass ihre ursprüngliche Stelle im Forschungsprojekt einfach wegfiel. Nein, dafür wurde als Ausgleich eine Vertretung finanziert. Gerda bewarb sich auch darauf – und vertrat sich fortan einfach selbst. Schwupps, hatte sie aus einer halben Stelle eine ganze gemacht. Sie hatte wirklich großes organisatorisches Talent in Sachen Wissenschaftsverwaltung!

Eine Hinterbänklerin startet durch

Ein paar Jahre später – ich hatte die Universität bereits verlassen und arbeitete als Werbetexterin – wurde das hessische Gleichstellungsgesetz reformiert, und aus Gerdas Funktionsstelle wurde eine feste Einrichtung. Nach Ende des Flurnamenprojektes bewarb sie sich parallel dazu auf eine halbe Stelle als Dekanatsreferentin und erreichte damit das, was wenige Jahre zuvor noch unerreichbar erschienen war: Sie hatte zwei halbe unbefristete Stellen, sprich: einen festen Fulltime-Job an der Universität. In der Wissenschaftsverwaltung. Genau das, wovon sie geträumt hatte! „Ich dachte, das bleibt jetzt so bis zur Rente", erzählt sie rückblickend. „Und damit wäre ich auch voll zufrieden gewesen."

Doch dann kam die Sache mit der Politik dazwischen ...

Gerda war schon länger bei den Grünen aktiv und engagierte sich beispielsweise im Landesfrauenrat und in der Landesarbeitsgemeinschaft Hochschule. Als sie gefragt wurde, ob sie für das Gießener Stadtparlament kandidieren wolle, kam das dennoch recht unerwartet. Sie trat an, allerdings auf einem hinteren Listenplatz, sodass sie es – wenig überraschend – zunächst nicht ins Stadtparlament schaffte. Doch zwei Jahre später rückte sie für ein Ratsmitglied nach, das weggezogen war. „Ich war nun Stadtverordnete, zuständig für die Themen Soziales und Schule. Eine typische Hinterbänklerin", erinnert sie sich.

Bei der nächsten Wahl erzielten die Grünen ein grandios schlechtes Ergebnis, was zu einigen Rücktritten innerhalb der Partei führte – und schwupps war Gerda etwas, womit sie nie gerechnet hatte: nämlich Fraktionsvorsitzende.

„Eigentlich bin ich ja kein Oppositionsmensch, sondern liebe es zu gestalten. Aus Prinzip gegen etwas zu stimmen, was ich eigentlich gut finde, nur weil der Vorschlag von einer anderen Partei kommt, das ist mir zuwider. Stadt geht vor Partei! Leider denken nicht alle in der Politik so", sagt sie.

Mit ihrem offenen und pragmatischen Stil führte Gerda einen Wandel herbei – innerhalb ihrer Fraktion, aber auch insgesamt im Stadtparlament. Sie gestaltete die Oppositionsarbeit immer mit Blick auf die Themen, um die es ging – unabhängig von potenziellen Koalitionspartnern oder gegnerischen Lagern. Es ging ihr um die Sache. Das war zwar nicht immer leicht, entsprach aber ihrer Überzeugung.

Der Weg, für den sie sich entschieden hatte, erwies sich als erfolgreich: Das nächste Wahlergebnis fiel deutlich besser aus und Gerda wurde Bürgermeisterin – in einer Jamaika-Koalition.

Volles Risiko

„Anfangs hatte ich Zweifel, ob ich das überhaupt schaffe", erzählt sie. „Andererseits war das eine sehr verlockende Aufgabe, der ich mich stellen wollte."

Doch was würde aus ihrem Job an der Uni? „Einen so schönen und erfüllenden Arbeitsplatz aufzugeben, fiel mir extrem schwer. Ich habe da echt mit mir gerungen."

Das Risiko war enorm. Schließlich setzte Gerda in diesem Moment ihren Traumjob aufs Spiel! Und das mit achtundvierzig Jahren. Wäre sie nach nur einer Amtszeit von fünf Jahren im Stadtparlament abgewählt worden, hätte sie keinen Anspruch auf ein Ruhegehalt gehabt. Und der Weg zurück zur Uni wäre ihr ebenfalls verschlossen gewesen. Sie hätte sich also mit Mitte fünfzig völlig neu orientieren müssen.

Dachte sie jedenfalls. „Als ich ging, war ich davon überzeugt, damit wäre die Tür für immer geschlossen. Dass mir der damalige Hochschul-Präsident die Stelle freigehalten hat, wusste ich zu dem Zeitpunkt noch nicht. Er tat das freiwillig – inzwischen sieht das Gesetz es sogar so vor."

Theoretisch könnte Gerda also auch heute noch in die Universitätsverwaltung zurückkehren, denn rein formell ist sie weiterhin nur beurlaubt.

Doch so weit wird es wohl nicht kommen. Gerda wurde mehrfach wiedergewählt und ist inzwischen seit unglaublichen achtzehn Jahren im Stadtparlament. „Theoretisch hätte ich bereits 2018 in Pension gehen können", sagt sie, „aber mit sechzig fühlte ich mich dafür noch zu jung. Ich bin nach wie vor motiviert und es gibt noch viel zu tun."

Eine weitere Amtszeit schließt sie jedenfalls nicht aus. „Ich gehöre nicht zu denjenigen, die auf den Ruhestand warten, um endlich das tun zu können, wovon sie träumen. Denn ich habe ja eigentlich immer schon genau das gemacht, was ich wollte."

Was für ein wunderbares Fazit für eine Karriere, die einfach so passiert ist – doch die man nicht besser hätte planen können.

Plötzlich Bürgermeisterin: Wie ist das eigentlich so als Politikerin?

Gerda, als du deinen Traumjob an der Uni verlassen hast, um in die Politik zu gehen, stand für dich viel auf dem Spiel. Warum bist du das Risiko eingegangen?
Es wäre einfach inkonsequent gewesen, über Jahre in der Opposition so viel aufzubauen und dann zu kneifen. Als Fraktionsvorsitzende war ich ja quasi prädestiniert für den Posten als Bürgermeisterin. Und ich wollte mich ja auch politisch einbringen. Es liegt mir, Verantwortung zu übernehmen und Entscheidungen zu treffen. Und außerdem – das Leben ist nun mal voller Risiken.

Hattest du Existenzängste?
Nein, das nicht. Ich war mir sicher, irgendeinen Job würde ich wieder finden. Wenn nicht an der Uni, dann eben woanders.

Als du Bürgermeisterin wurdest, warst du achtundvierzig Jahre alt. Würdest du sagen, das war genau das richtige Alter für so einen Schritt?
Absolut – als die Kinder kleiner waren, wäre das nicht gegangen. Ich habe zwar schon immer überdurchschnittlich viel gearbeitet, aber nun kamen noch viel mehr Termine dazu, oft abends und an den Wochenenden. Zehn Jahre früher hätte ich das niemals

geschafft. Und zehn Jahre später? Womöglich hätte ich es auch dann noch gewagt, aber das wäre dann vielleicht zu spät gewesen für einen völlig neuen Beruf.

Inwiefern zu spät?

Es dauert ein paar Jahre, bis man das nötige Wissen zusammengetragen hat, das man in der Kommunalpolitik eben braucht. Das ist keine Frage der Intelligenz oder der Lernbereitschaft, sondern es geht rein um die Kenntnis der Fakten. Etwa darüber, wie Kindergärten finanziert werden, wie viele es davon in unserer Stadt gibt und wo, wer die Träger sind, wie Abwassergebühren strukturiert sind und das Klärwerk funktioniert – um nur ein paar Beispiele zu nennen. Es geht da auch um Personalrecht und viele weitere Aspekte.

Natürlich gibt es für all diese Bereiche Experten, aber wer politische Verantwortung trägt, muss die Informationen, die diese Experten liefern, verstehen und beurteilen können, um fundierte Entscheidungen zu treffen.

Es dauert ein bis zwei Jahre, bis man sich in all diese Themen so richtig eingefuchst hat.

Warst du von der Komplexität dieser Aufgaben überrascht?

Das sind im Grunde alle, die neu in diesem Job sind. Wie anspruchsvoll die Arbeit in der Kommunalpolitik tatsächlich ist, kann man sich von außen gar nicht richtig vorstellen. Aber vielleicht war es ja gut, dass ich vorher gar nicht so genau wusste, was auf mich zukam. So ist es ja bei vielen Dingen – auch beim Heiraten und Kinderkriegen ...

Ich habe meine Entscheidungen allerdings nie bereut. Weder die zu heiraten noch Mutter oder Politikerin zu werden.

Wie hat deine Familie eigentlich auf deinen Wechsel in die Politik reagiert?

Meine Familie hat immer voll hinter mir gestanden. Ohne die Unterstützung meiner Mutter und meines Mannes wäre vieles nicht möglich gewesen. Mein Mann hat schon vorher, als ich noch an der Uni tätig war, seine eigene Stelle reduziert, um mich zu entlasten.

Hättest du je gedacht, dass deine politische Karriere so lange dauern würde?

Das war absolut nicht vorherzusehen. Zunächst war ich Bürgermeisterin in verschiedenen Koalitionen – nach Jamaika kam eine rot-grüne und schließlich eine Kenia-Koalition -, inzwischen bin ich nur noch Stadträtin, allerdings mit denselben Aufgaben und Zuständigkeiten wie zuvor. Das war eine Frage der Mehrheiten. Außerdem bin ich inzwischen auch innerhalb der eigenen Partei zurück in die zweite Reihe getreten. Ich bin jetzt Mitte sechzig, da war es Zeit für einen Generationenwechsel.

Warum hast du eigentlich nie angestrebt, in die Landes- oder gar Bundespolitik zu gehen?

Ich war selbst davon überrascht, wie viel Spaß mir die Kommunalpolitik macht. Gesetze werden ja woanders beschlossen, in den Kommunen werden sie „bloß" umgesetzt. Aber das ist ja gerade das Spannende! Hier geht es darum, abzuwägen, wie man diese Gesetze konkret anwendet. Und zwar so, wie es vor Ort sinnvoll und angemessen ist. Wir sind ganz nah dran am Menschen und können unheimlich viel gestalten. Eigentlich ist Kommunalpolitik die Königsdisziplin.

KERSTIN

„Bei der Berufswahl erzählt einem kein Mensch, wie schwierig die Work-Life-Balance wird ..."

Als ich meine Freundin Kerstin kennenlernte, waren wir beide Anfang dreißig und hatten jeweils ein knapp zweijähriges Kind. Weitere Parallelen fanden sich viele, von gemeinsamen Hobbys bis hin zu einem ganz ähnlichen Humor. (Kennst du *Wahrscheinlich guckt wieder kein Schwein* von K. F. Wächter? Schau's dir an! Unbedingt!) Wir merkten schnell, dass wir auf einer Wellenlänge waren.

Was dagegen ziemlich unterschiedlich verlief, war unser beruflicher Werdegang – genauer gesagt die Art und Weise, wie sich die Mutterschaft darauf auswirkte. Wir leben nun mal in einer Gesellschaft, in der es Frauen überlassen bleibt, Beruf und Familie unter einen Hut zu kriegen (oder eben nicht), während Männer trotz wachsender Kinderschar unbeirrt Karriere machen. Da erzähle ich dir sicher nichts Neues. Erstaunlich finde ich vor allem, dass dieser Spagat auch in typischen „Frauenberufen" verlangt wird ...

Aber ich greife vor. Eins nach dem anderen.

Im Vergleich zu Kerstin hatte ich es relativ einfach. Um flexibler zu sein, hatte ich mich in der Phase der Familienplanung bewusst selbstständig gemacht. Die Hürde dafür lag relativ niedrig. Kunststück, in einem Job, für den man nicht mehr als einen Tisch, einen Stuhl und einen Computer braucht.

Kerstin dagegen hatte die klassische Babypause eingelegt und plante, wieder voll durchzustarten, wenn ihre Tochter etwas älter war. Anders war das in ihrem Job nicht machbar. Kerstin hatte nach der Mittleren Reife eine Ausbildung zur Krankenschwester gemacht. Nach einer Zusatzqualifikation wurde sie mit gerade mal zweiundzwanzig Jahren Stationsleiterin in der Urologie. Ein paar Jahre später wechselte sie auf die chirurgische und neurochirurgische Intensivstation. „Ich hatte geplant, noch eine Weiterbildung zur OP-Schwester zu machen", erzählt sie, „aber dazu kam es dann nicht mehr."

Babypause – und dann?

Zuvor hatte sie sich nie Gedanken darüber gemacht, ob und inwiefern eine Schwangerschaft ihren beruflichen Werdegang beeinflussen würde. Sie war sich sicher, das schon irgendwie hinzukriegen. Als es dann so weit war, erkannte sie, dass dieses „irgendwie" geradezu utopisch war. Die Welt hätte anders ausgesehen, wenn sie sich hätte ein Au-pair leisten oder auf die Unterstützung der Großmütter bauen können. Doch Kerstins Mutter wohnte nicht gerade um die Ecke, die Schwiegereltern ebenso wenig, und so war sie mehr oder weniger auf sich selbst gestellt, denn ihr Ehemann war beruflich stark eingespannt und konnte die Kinderbetreuung nur ab und an übernehmen.

So schaffte es Kerstin nach einer Weile gerade mal, hin und wieder eine Wochenendschicht oder einen Nachtdienst im Krankenhaus zu übernehmen.

„Mehr war nicht drin", erzählt sie rückblickend. „Selbst wenn ich für meine Tochter einen Kindergartenplatz gefunden hätte, bevor sie drei wurde, wäre es damit nicht getan gewesen. Die Öffnungszeiten solcher Einrichtungen passen einfach nicht zum üblichen Schichtbetrieb einer Klinik. Frühdienst beginnt nun mal um sechs Uhr morgens, Spätdienst endet um neun Uhr abends."

Betriebskindergärten waren damals, um die Jahrtausendwende, noch eine Seltenheit, genauso wie flexible Arbeitszeitmodelle. Und Einrichtungen, in denen Kinder auch mal übernachten können, mögen zwar in Skandinavien Standard sein, hierzulande gelten sie als exotisch und sind entsprechend selten.

Was heißt hier eigentlich Kindergarten?

Verwendest du auch noch das Wort „Kindergarten", obwohl man heute eigentlich „Kita" sagt? Es ist aber auch wirklich ein entzückender Begriff! Klingt so fröhlich und nach Sonne. Man sieht die lieben Kleinen förmlich draußen herumspringen und gedeihen! Sogar im Englischen heißt es „kindergarten", und so sagt man es weltweit in vielen Ländern.

Tatsächlich nannte man im späten 18. Jahrhundert die ersten Vorschuleinrichtungen noch „Strickschule" oder „Spielschule" – nicht zu vergessen die wenig heimeligen Bezeichnungen wie „Kinderasyl" oder „Kleinkinderbewahranstalt".

Den Begriff „Kindergarten" prägte der Pädagoge Friedrich Fröbel, ein Schüler Pestalozzis, der 1840 in seiner thüringischen Heimat den „Allgemeinen Deutschen Kindergarten" stiftete. Und er meinte es sogar im doppelten Sinne wörtlich: Es sollte eine ideale Welt für Kinder sein. Und in diesem Paradies war auch ein echter Garten vorgesehen, in dem jedes Kind ein eigenes Beet betreute, um Verantwortung zu lernen, aber auch um zu beobachten und zu erkennen, dass jede Handlung Folgen hat – negative, etwa vertrocknete Pflanzen, ebenso wie positive, sprich: eine reiche Ernte.

Zwar wurden die Fröbel'schen Kindergärten 1851 im reaktionären Preußen verboten, weil man sie für sozialistisch und atheistisch hielt, doch das konnte ihrer Erfolgsgeschichte keinen Abbruch tun.

Machen wir einen Zeitsprung in die zweite Hälfte des vorigen Jahrhunderts. Eigentlich wäre ich Ende der Sechziger reif für den Kindergarten gewesen, aber damals gab es bei uns auf dem Land nicht genug freie Plätze, und so gehöre ich zu den wenigen Menschen, die nie selbst Kindergartenkind waren. Meine etwas jüngeren Brüder hatten da mehr Glück.

Ich erinnere mich, dass das Öffnungsangebot seinerzeit dem Konzept der Teilzeitbetreuung entsprach. Das heißt, über Mittag mussten die Kinder abgeholt werden. Viele besuchten die Einrichtung nur vormittags, aber immerhin war sie auch nach der Pause für ein paar Stunden geöffnet. Mit anderen Worten: Den Morgen konnten Mütter zum Einkaufen und Kochen nutzen, den Nachmittag für die restliche Hausarbeit. An Berufstätigkeit war unter diesen Bedingungen nicht wirklich zu denken. Als mein Sohn und zeitgleich auch Kerstins Tochter im Kindergartenalter waren, sah die Sache schon ein bisschen besser aus. Die meisten Kitas boten eine Ganztagsbetreuung an, inklusive

Mittagessen und Ruhepause. Eine gute Sache für berufstätige Eltern – sofern sie keine exotischen Arbeitszeiten hatten, so wie Kerstin als Krankenschwester.

Schon damals – genauer gesagt seit 1996 – galt übrigens der Rechtsanspruch auf einen Kindergartenplatz, allerdings erst ab dem vollendeten dritten Lebensjahr. Theoretisch jedenfalls. Praktisch gab es teilweise lange Wartelisten und auch mit drei wurden Kinder nur unter der Bedingung aufgenommen, dass sie trocken waren.

Der Rechtsanspruch auf frühkindliche Förderung in einer Tageseinrichtung oder in der Kindertagespflege ab dem vollendeten ersten Lebensjahr wurde erst 2013 gesetzlich festgeschrieben, und zwar im Achten Sozialgesetzbuch (Kinder- und Jugendhilfegesetz), §24. Das ist jetzt knapp zehn Jahre her, doch noch immer gibt es nicht genug Plätze für alle Kinder. Seufz.

Seit 2015 werden in Deutschland übrigens auch 24-Stunden-Kitas gefördert. Noch sind sie allerdings eine Seltenheit und werden erst zaghaft genutzt. Dabei gibt es doch viele Eltern, die im Schichtdienst arbeiten, etwa in Krankenhäusern und bei Rettungsdiensten, bei Polizei und Feuerwehr, in der Gastronomie oder in Produktionen mit Rund-um-die-Uhr-Betrieb. Vor allem für Alleinerziehende ist eine Betreuung zu sehr flexiblen Öffnungszeiten enorm wichtig. Dennoch gelten Mütter und Väter hierzulande für gewöhnlich noch als Rabeneltern, wenn sie das Angebot einer Nacht-Kita in Anspruch nehmen.

In Skandinavien dagegen gehört das Konzept schon zum Alltag. Überdies haben Erzieherinnen und Erzieher dort eine akademische Ausbildung: Sie studieren Lehramt mit Schwerpunkt Kindergartenpädagogik.

Auch Schulkinder werden in Skandinavien vor Unterrichtsbeginn und nach Unterrichtsende betreut. Oder etwa in den Ferien.

Ein wichtiges Thema für berufstätige Eltern, denn allein die Sommerferien „kosten" für gewöhnlich schon einen kompletten Jahresurlaub.

Kreativität ist nun gefragt

Kerstin lebte damals mit ihrer Familie auf einem Bauernhof. Der lag zwar ziemlich weit im Hinterland, bot dafür aber umso mehr Platz.

„Daraus hätte man durchaus etwas machen können. Wir haben sogar davon gesprochen, hier irgendwann mal eine Tagespflegeeinrichtung zu eröffnen." Aber das waren Gedankenspielereien – richtig konkret sind diese Pläne nie geworden.

Immerhin schnupperte Kerstin für einen Tag in die Arbeit eines mobilen Pflegedienstes hinein. „Ein Bekannter hatte sich gerade mit so einem Angebot selbstständig gemacht und ich fuhr einfach mal eine Tour mit, um zu sehen, ob das was für mich war."

Es blieb bei diesem einen Tag. Kerstin war überzeugt: Das war nichts für sie. „Ich wollte zurück ins Krankenhaus", sagt sie.

Doch dann geschahen zwei Dinge: Sie wurde erneut schwanger. Und ihr Mann verließ die Familie.

Das passierte natürlich nicht gleichzeitig, aber führte dazu, dass Kerstin im Alter von achtunddreißig Jahren bei der Betreuung einer Sechsjährigen und einer Zweijährigen überwiegend auf sich alleine gestellt war.

„Da war dann natürlich an einen Wiedereinstieg in den Beruf erst mal nicht zu denken", sagt sie. Nicht einmal die vereinzelten Nacht- oder Wochenendschichten im Krankenhaus kamen mehr infrage. Schließlich konnte sie ihre Töchter nicht alleinlassen.

„Das erzählt einem bei der Berufswahl natürlich niemand – dass das ganze Modell nur funktioniert, solange man entweder Single oder zumindest kinderlos bleibt und schon gar nicht alleinerziehend ist. Von wegen *typischer Frauenberuf* ...“

Erst als die älteste Tochter in die Schule kam und die jüngere stundenweise im Kindergarten eingewöhnt wurde, konnte Kerstin wieder an eine Rückkehr in den Beruf denken. Und das natürlich nur in den stark eingeschränkten Zeiten, in denen sie nicht als Mutter gefordert war.

„Im Krankenhaus war das unter diesen Bedingungen nicht möglich“, erzählt sie. „Daher bewarb ich mich bei einem mobilen Pflegedienst – und wurde genommen. Zunächst arbeitete ich nur zwei Stunden täglich, und als die Kinder älter wurden, steigerte ich nach und nach bis auf Vollzeit.“

Die Beständigkeit des Provisoriums

Moment – mobile Altenpflege, war das nicht genau das, was Kerstin nach einem Schnuppertag ausgeschlossen hatte? „Eigentlich schon“, gibt sie zu. „Aber immerhin handelte es sich hier um einen alteingesessenen, gut organisierten Anbieter. Außerdem sollte das Ganze ja nur vorübergehend sein.“

Aber wie sagt schon der Volksmund: Nichts ist beständiger als ein Provisorium.

„Damals hätte ich mir nicht vorstellen können, den Job auf Dauer zu machen. Der Einstieg war wirklich hart.“

Für Kerstin, die die Arbeit im Krankenhaus gewohnt war, bedeutete die mobile Pflege eine riesige Umstellung. „Allein schon, was die Ausstattung betrifft, war es dort – vor allem in der Intensivstation – wie im Paradies. Man macht die Schränke auf und greift einfach zu: Cremes, Lotionen, Verbandmaterial, alles, was man braucht, ist da. Vor Ort bei den Patienten zu

Hause fehlte es dagegen oft am Nötigsten", erinnert sich Kerstin. Anfangs erbettelte sie im Bekanntenkreis und in der Nachbarschaft sogar Handtücher, Waschlappen, Schlafanzüge und Unterwäsche. „Zum Teil herrschte bei den Patienten große Armut. Und einige hatten nicht mal Angehörige, die ihnen solche Dinge hätten besorgen können."

Generell war es für sie ungewohnt, mutterseelenallein unterwegs zu sein und entsprechend viel Verantwortung zu tragen. „Da kann man nicht mal eben den Alarmknopf drücken oder das Reanimationsteam rufen. Wenn ein Patient hinfällt, muss man zusehen, wie man ihn wieder auf die Beine und ins Bett bekommt. Im Krankenhaus sind im Nullkommanichts drei Leute da, die mit anpacken. Rückblickend war das purer Luxus."

Doch man gewöhnt sich an alles. Das tat auch Kerstin. Mit den Jahren stockte sie ihre Stunden auf, doch ihr eigentlicher Plan blieb unverändert: Eines Tages wollte sie zurück ins Krankenhaus wechseln und dort die Karriere fortsetzen, die sie vor inzwischen über zehn Jahren unterbrochen hatte.

Keine OP-Schwester, aber Pflegeexpertin für Wundbehandlungen

Doch dann erfuhr Kerstin von einer Kollegin, dass der Pflegedienst, für den sie arbeiteten, plante, den Bereich Wundmanagement auszubauen.

Wunden waren ein Thema, mit dem Kerstin innerhalb kürzester Zeit meinen Kreislauf zum Schlappmachen bringen konnte. Allein schon, wenn sie darüber sprach (was sie gerne tat), wurde mir ganz anders. Zeigte sie mir dazu noch Fotos aus Lehrbüchern oder Tutorials, konnte ich für nichts garantieren. Sie zog mich gern damit auf und ich gebe zu, ich bin da wohl etwas überempfindlich. Jedenfalls könnte ich ihren Job niemals machen! Kerstin dagegen hatte ein regelrechtes Faible für diesen Bereich. „Gleich meine erste Station nach der Schwesternausbildung war auf der septischen Chirurgie. Dort habe ich mich total wohlgefühlt – das ist genau mein Thema", sagt sie.

Eine Vorliebe, die ich so gar nicht nachvollziehen kann. Was ich dafür umso besser verstehe, ist ihr Entschluss, sich in diesem Bereich weiterzuqualifizieren. Genauer gesagt machte sie eine Ausbildung als Pflegeexpertin Wund-, Stoma- und Kontinenzmanagement. Klingt kompliziert und anspruchsvoll – und das ist es auch. Die Ausbildung umfasste insgesamt fünfundzwanzig Fächer, von Psychoonkologie über Kommunikationstraining bis zu Rechtslehre.

„Ich hatte die Wahl, das Ganze kompakt oder berufsbegleitend zu machen", sagt Kerstin. „Also entweder ein halbes Jahr am Stück oder über zweieinhalb Jahre verteilt." Sie entschied sich für die zweite Variante. „Ein halbes Jahr lang von meinen Kindern getrennt zu sein und sie nur an den Wochenenden zu sehen, dazu konnte ich mich nicht durchringen. Dafür waren sie noch zu klein. Und mein Ex-Mann hätte die Betreuung für so eine lange Zeit auch nicht übernehmen können."

Berufsbegleitend, das bedeutete: Vier Wochen arbeiten, eine Woche Schulung, wieder vier Wochen arbeiten, dann zwei Wochen Schulung – und so fort.

Klingt stressig? War es auch. Ich habe Kerstin in dieser Zeit relativ selten getroffen. Denn in den Wochen, die sie zu Hause war und arbeitete, musste sie parallel auch lernen, Präsentationen vorbereiten und Hausarbeiten schreiben.

Das hält man nur durch, wenn man es unbedingt will. Und das tat sie!

Die Mühe lohnt sich!

„Langfristig wollte ich raus aus der täglichen Pflege", sagt sie. „Diese Arbeit ist auf Dauer sehr anstrengend und geht auch gewaltig aufs Kreuz, obwohl wir ja allerhand Tricks kennen und die richtigen Griffe beherrschen. Aber ich konnte mir einfach nicht vorstellen, das bis zur Rente zu schaffen – auch rein körperlich nicht."

Dennoch fiel es ihr anfangs sehr schwer, wieder die Schulbank zu drücken. Die erste Woche war sehr hart und Kerstin überlegte sogar, das Ganze wieder aufzugeben.

„Ich war damals Mitte vierzig. Seit fünfundzwanzig Jahren hatte ich nicht mehr so lange am Stück stillsitzen, geschweige denn so viel Input aufnehmen und lernen müssen. Das war eine enorme Umstellung."

Aber sie zog es dennoch durch. Und es lohnte sich! Nachdem sie mit achtundvierzig die Ausbildung beendet hatte, wurde sie von ihrem Arbeitgeber komplett für die Tätigkeit als Pflegeexpertin freigestellt. Statt Patienten zu waschen, ihnen Kompressionsstrümpfe anzuziehen, Medikamente zu verabreichen und sie zu mobilisieren, gehörten nun neue Aufgaben zu ihrem Alltag: Sie beriet und schulte Patienten sowie ihre Angehörigen, machte Wundvisiten, erarbeitete Therapievorschläge, richtete Wundboxen, beschaffte Rezepte, Materialien und Hilfsmittel ...

Das hätte sie auch bis zur Rente weitergemacht, wenn sich nicht alles zum Negativen verändert hätte.

Noch ein Hindernis? Nur her damit!

Ein Unternehmen funktioniert immer nur so gut, wie die Führung es zulässt. Oder, wie es so schön heißt: Der Fisch stinkt vom Kopf her.

In Kerstins Fall war das Betriebsklima eigentlich immer sehr angenehm und kollegial gewesen. Doch dann gab es einen Wechsel in der Führungsebene, und danach wehte ein neuer Wind.

„Bald herrschte eine große Unzufriedenheit", erzählt Kerstin, „auch bei mir. So wurde zum Beispiel unsere Zertifizierung als Wundzentrum ausgebremst, weil die Pflegedienstleistung nicht wollte, dass dafür eine Stabsstelle eingerichtet wurde. Es ging dabei um Macht, nicht um die Sache."

Mit anderen Worten: Das einst so angenehme Klima war nun total verseucht. „Es war nicht mehr auszuhalten. Ich musste da raus."

Kerstin erwog die unterschiedlichsten Möglichkeiten. Sie hätte zu einem anderen Pflegedienst wechseln können. Oder doch zurück ins Krankenhaus. „Ich hatte sogar überlegt, meine Englischkenntnisse aufzubessern und mich im amerikanischen Medical Center zu bewerben", sagt sie.

Natürlich grübelte sie nicht nur im stillen Kämmerlein, sondern tauschte sich mit anderen aus dem Team aus. Vor allem mit einer Kollegin und einem Kollegen traf sie sich öfter. „Wir heulten uns gegenseitig aus – und fingen an, herumzuspinnen, wie es wäre, einen eigenen Pflegedienst zu eröffnen. Nach einer Weile wurde uns klar: Das waren keine Fantastereien mehr, wir meinten das tatsächlich ernst."

Mit viel Erfahrung noch mal neu beginnen

Von der Idee bis zur Eröffnung im Sommer 2020 dauerte es rund anderthalb Jahre. „Erst mal machten wir ein Gründercoaching und schrieben einen Businessplan. Dann beantragten wir einen Kredit, der auch bewilligt wurde. Von da an wurde es ernst. Es gab noch viel zu tun, bevor es losging: Wir brauchten einen Namen, ein Logo und passende Unternehmenskleidung, außerdem Fahrzeuge, Räumlichkeiten – und vor allem Kunden ..."

Das war der Zeitpunkt, an dem sich ihre Pläne allmählich herumsprachen. „Zunächst haben wir nur wenigen Leuten davon erzählt. Als wir die Katze dann aus dem Sack ließen, gab es sehr viel Zuspruch. In unserem Umfeld fanden es alle super und standen hinter uns."

Selbst Kerstins Mutter sprach ihr Mut zu, auch wenn sie wohl diejenige war, die sich am meisten Sorgen machte. „Ich glaube, sie hatte mehr schlaflose Nächte deswegen als ich selbst", sagt Kerstin.

Ganz ohne Risiko war der Schritt nämlich nicht. Wäre das Projekt gescheitert, hätten die drei Gründer mit einem gewaltigen Schuldenberg dagestanden. Und das wäre für Kerstin in besonderem Maße zum Problem geworden. „Schließlich bin ich zehn Jahre älter als die beiden anderen. Als wir mit den Planungen loslegten, war ich fünfundfünfzig, inzwischen bin ich siebenundfünfzig. Mir wäre also weniger Zeit geblieben, nach einer eventuellen Pleite beruflich neu zu starten und meine Schulden abzuzahlen. Auch unser Bankberater bezeichnete mich aufgrund meines Alters als größtes Risiko."

Dass sie arbeitslos werden könnte, fürchtet sie dagegen nicht. Mit ihrer Qualifikation würde sie auf jeden Fall wieder einen guten Job finden. „Zumal im Pflegebereich gerade händeringend nach Fachkräften gesucht wird", sagt sie. „Auch wir brauchen dringend Verstärkung!"

Und das ist natürlich ein gutes Zeichen. Anderthalb Jahre nach der Eröffnung hat der neue Pflegedienst bereits dreizehn Mitarbeiterinnen und Mitarbeiter.

„Anfangs befürchteten wir, nicht genügend Kunden zu finden. Wir hatten sogar so kalkuliert, dass wir uns in den ersten Monaten unsere Gehälter aus dem Unternehmenskredit hätten auszahlen können. Doch das war zum Glück nicht notwendig."

Und ich gehöre zu denjenigen, die sagen dürfen: „Ich wusste es von Anfang an!" Selten hat es mich so gefreut, recht zu behalten ...

Kerstin hält es mit Henry Ford: „Zusammenkommen ist ein Beginn, Zusammenbleiben ein Fortschritt, Zusammenarbeiten ein Erfolg."

Wie lautet deine Bilanz nach anderthalb Jahren Planung und anderthalb Jahren auf dem Markt, Kerstin? Würdest du es wieder tun?

Ich glaube schon. Es gibt unterm Strich sehr viel Positives. Beispielsweise dass wir keinen Chef mehr vor der Nase haben. Niemand kann uns zwingen, uns von unverschämten Kunden auf der Nase herumtanzen zu lassen. Wenn es uns zu bunt wird, setzen wir uns zusammen, beraten und entscheiden, ob wir diesen Kunden behalten wollen.

Andererseits kann es durchaus auch Vorteile haben, wenn eine übergeordnete Instanz sagt, wo es langgeht. Eine klare Ansage von oben auszuführen ist im Grunde einfacher, als sich im Leitungsteam auseinanderzusetzen und zusammenzuraufen. Aber wenn ich die Wahl hätte, würde ich mich wieder für diesen Weg entscheiden.

Heißt das, ihr passt gar nicht so gut zueinander wie erwartet?

In der Planungsphase hatten wir zunächst ein gemeinsames Problem, das wir lösen wollten, und dann ein gemeinsames Ziel. Jetzt und auf lange Sicht kommt es darauf an, dass wir gut kooperieren. Wie in dem Henry-Ford-Zitat: „Zusammenkommen ist ein Beginn, Zusammenbleiben ist ein Fortschritt, Zusammenarbeiten ein Erfolg." Das trifft bei uns perfekt zu.

Tatsächlich sind wir wirklich sehr verschieden, sowohl charakterlich als auch, was die Arbeit betrifft. Da haben wir teilweise unterschiedliche Herangehensweisen und Prioritäten. Das bedeutet aber zugleich, dass wir uns gegenseitig super ergänzen.

Würdest du sagen, es war der richtige Moment für den Schritt in die Selbstständigkeit?

Absolut, ja – auch wenn unsere Eröffnung mitten in den Corona-Lockdown fiel, was beispielsweise die Materialbeschaffung enorm erschwerte.

Aber in unserem früheren Job hätten wir es einfach nicht mehr ausgehalten. Und selbst wenn: Noch später hätte ich es garantiert nicht mehr gewagt.

Und früher? Hättest du es dir da vorstellen können?

Ich habe, als ich jünger war, darüber nachgedacht, das schon – aber als die Kinder kleiner waren, hätte ich das alles nicht durchgezogen. Auch nicht die Ausbildung zur Pflegeexpertin. Und eine Unternehmensgründung umso weniger. Inzwischen sind beide Töchter erwachsen, führen eigene Haushalte und verdienen ihr eigenes Geld. Ich bin sozusagen nur noch für mich selbst verantwortlich. Das beeinflusst natürlich so weitreichende Entscheidungen sehr stark.

Hättest du so einen Schritt früher im Leben gehen können, was hättest du anders gemacht als heute?

Ich hätte mich auf jeden Fall im Bereich Betriebswirtschaft, Verwaltung und Steuern weitergebildet, um da einen größeren Überblick zu haben. Oder eine Ausbildung zur Pflegedienstleitung gemacht.

Jetzt kommt so etwas für mich nicht mehr infrage. Momentan ist auch einfach die Zeit dafür nicht da. Aufgrund des Personalmangels im Pflegebereich haben wir nicht all unsere offenen Stellen besetzt und müssen auch selbst noch oft einspringen. Die Einsätze bei den Pflegetouren, auch abends und am Wochenende, sind anstrengend. Da fehlt einfach die Zeit und die Muße für weitere Fortbildungen. Wenn ich mal einen freien Samstag habe, dann genieße ich das und lasse es mir gut gehen. Das ist auch etwas, was man erst mit den Jahren lernt.

SIEGFRIED

„Geld ist nicht alles. Hauptsache, ich habe Spaß an der Arbeit – und kann wieder lachen!"

Wie definierst du eigentlich den Begriff „Karriere"? Ganz neutral betrachtet ist damit ja der berufliche Werdegang eines Menschen gemeint. Im Allgemeinen verstehen die meisten von uns darunter allerdings den – häufig schnellen – Weg nach oben. Beruflicher Aufstieg dank Können, Qualifikation und manchmal auch Connections. Damit verbunden sind mehr Geld, mehr Anerkennung, mehr Status.

Was beim Thema Karriereleiter keine Rolle zu spielen scheint, sind Glück und Zufriedenheit. Genauer gesagt: Es wird davon ausgegangen, dass jeder Aufstieg zugleich auch glücklicher macht.

Auch Siegfried dachte lange, das wäre so.

Vom Gesellen zum Produktionsleiter

Siegfrieds beruflicher Aufstieg begann ganz klassisch – mit einer Berufsausbildung. Er ist gelernter Universalfräser. Sein

Ausbildungsbetrieb – ein namhaftes Industrieunternehmen – übernahm ihn nach bestandener Gesellenprüfung. Er bekam einen interessanten Job in der Entwicklungsabteilung. Doch Siegfried wollte mehr erreichen. Mit Mitte zwanzig besuchte er die Abendschule und machte eine Weiterbildung zum Industriemeister.

„Schon damals hat mich meine Frau Kirsten in allem voll unterstützt. Während der Weiterbildung war ich so gut wie nie für sie da – tagsüber habe ich gearbeitet, abends war Unterricht, am Wochenende musste ich lernen", erinnert er sich. „Vor den Prüfungen hat Kirsten mich immer abgehört – am Ende dachte ich, sie könnte sogar selbst daran teilnehmen und bestehen."

Mit Ende zwanzig bekam Siegfried – immer noch in seinem Ausbildungsbetrieb – eine Meisterstelle. Als seine Abteilung, die Stanzerei, zehn Jahre später ausgegliedert wurde, entschied er sich, dem bisherigen Vorgesetzten treu zu bleiben und ihm in das neu gegründete Unternehmen zu folgen.

„Dieser Mann hat mich immer sehr motiviert und auch gefördert. Ich habe ihm absolut vertraut und hatte großen Respekt vor seinem enormen technischen Wissen", sagt Siegfried.

Auch in dem neuen Unternehmen stieg Siegfried auf der Karriereleiter immer weiter nach oben. Zunächst als Abteilungsleiter. Dann erkrankte ein Kollege und er übernahm auch dessen Abteilung. Und schließlich noch eine weitere. Bald wurde er zum Produktionsleiter befördert. Mit Ende vierzig hatte Siegfried also richtig viel Verantwortung. Er war stolz darauf, dass man ihm so viel zutraute und er die vielen Aufgaben souverän meisterte.

Irgendwann schied sein langjähriger Chef aus Altersgründen aus und ein neues Team leitete die Firma. Auch Siegfried stieg weiter auf – er wurde zum Betriebsleiter ernannt.

„Das war das Höchste, was ich in meinem Job erreichen konnte. Danach käme höchstens noch die Selbstständigkeit, doch in dieser Hinsicht hatte ich keinerlei Ambitionen – das finanzielle Risiko ist einfach zu groß."

Er war also mit Anfang fünfzig an der Spitze seiner persönlichen Karriereleiter angekommen. Also alles perfekt. Oder?

Bis es nicht mehr weiterging

Die Aufgaben wurden nicht weniger, sondern mehr. „Unser Unternehmen eröffnete einen weiteren Standort in Tschechien. Ich war jeden Monat für ein paar Tage dort", erzählt er. „Außerdem befand sich der gesamte Mittelstand in dieser Zeit in einer großen Krise. Das Damoklesschwert Insolvenz schwebte permanent über uns. Es waren harte Zeiten."

Siegfried tat, was er konnte. Er arbeitete immer mehr – mindestens sechzig Stunden pro Woche. „Ich konnte einfach nicht Nein sagen", sagt er rückblickend, „und dachte, wenn meine Vorgesetzten mir noch mehr Arbeit zutrauen, wäre das eine Form der Anerkennung. Heute denke ich anders darüber."

Freie Wochenenden waren seinerzeit eine Seltenheit für ihn, oft fuhr er sogar noch sonntagsmorgens in die Firma.

Bis er nicht mehr konnte.

„Angefangen hatte alles mit Schlaflosigkeit. Mir ging nachts jedes Problem aus der Firma durch den Kopf. Anfangs schlief ich nur unruhig, bald fast gar nicht mehr. Hinzu kamen Gewichtsprobleme. Ich habe immer mehr zugenommen. Und mich im privaten Bereich total abgekapselt. Geburtstage, Treffen mit Freunden – das war mir alles zu viel."

Du ahnst es vermutlich schon: Siegfried steuerte mit Volldampf auf ein Burn-Out zu. Er selbst sah das allerdings nicht kommen. Statt sich zu schonen, arbeitete er sogar noch mehr.

Erst als er eines Tages nach einem längeren Kundentelefonat auflegte und von einer Sekunde auf die nächste nicht mehr wusste, mit wem er gerade gesprochen hatte und worüber, wurde ihm klar, dass etwas ganz und gar nicht in Ordnung war! Siegfried war damals siebenundfünfzig.

Was heißt hier Burn-Out?

Burn-Out ist eine Form der Depression, ausgelöst durch chronische Erschöpfung.

Faktoren, die ein Burn-Out fördern:
- Angst um den Arbeitsplatz
- Fehlender Ausgleich in der Freizeit
- Fremdbestimmtheit
- Innerbetriebliche Konflikte
- Langweilige Routinen
- Schlechtes Betriebsklima
- Schlechtes Zeitmanagement
- Unerfüllbare Vorgaben
- Unfähigkeit, Nein zu sagen
- Unrealistische Ziele

Typische Warnsignale:
- Energielosigkeit
- Entscheidungsunfähigkeit
- Erhöhte Infektionsanfälligkeit
- Erhöhtes Risiko für Suchterkrankungen
- Erhöhtes Unfallrisiko

- Gedächtnisprobleme
- Konzentrationsprobleme
- Müdigkeit und Erschöpfung
- Noch mehr Engagement
- Schlafprobleme
- Sozialer Rückzug
- Unzufriedenheit

Akute Symptome:
- Bitterkeit
- Gleichgültigkeit
- Innere Leere
- Nachlassende Leistungsfähigkeit
- Psychosomatische Symptome (wie Kopf- und Rücken-schmerzen, Engegefühl in der Brust oder Übelkeit)
- Ruhelosigkeit
- Schwächegefühl
- Verlust an Empathie
- Verzweiflung
- Zynismus

Und jetzt?

Als Siegfried erkannte, dass es so nicht weiterging, verein-barte er einen Termin beim Hausarzt, der ihn sofort aus dem Verkehr zog. „Die Krankschreibung war die erste Maßnahme. Außerdem bekam ich Medikamente, damit ich endlich wieder schlafen konnte, und später auch welche gegen Depressionen – denn mein Burn-Out war nichts anderes als eine mittelschwere Depression."

Heute weiß Siegfried, dass er viel früher zum Arzt hätte gehen sollen. Und dass das Glück, innerhalb weniger Wochen einen Termin bei einer guten Psychologin zu bekommen, so etwas wie ein Lottogewinn war.

„Ohne professionelle Hilfe hätte ich es nicht geschafft, aus der Depression wieder rauszukommen – dazu steckte ich schon viel zu tief drin", sagt er. Denn Partnerin oder Freunde können zwar unterstützen, aber nicht therapieren. Damit wären sie überfordert.

Vor allem die sechswöchige Reha hat ihn enorm weitergebracht. Die Aktivitäten dort reichten von verschiedenen Sportarten und Musik- oder Kunsttherapie bis hin zu Gruppen- und Einzelgesprächen, bei denen es, wie Siegfried sich gut erinnert, teilweise heftig zur Sache ging.

Alles zusammengenommen half ihm zurück ins Leben. Aber es war ein langer Weg, man braucht viel Geduld.

Dass ihm sein damaliger Chef bereits nach sechs Wochen eine Mail schrieb und androhte, wenn Siegfried nicht sofort wieder zur Arbeit komme, müsse er Insolvenz anmelden, findet Siegfried auch rückwirkend mehr als schofel. „Das gab mir einen Stich", sagt er. „Ich lag ja schon am Boden – dann auch noch nachzutreten, ist das Letzte."

Generell lernte Siegfried in dieser Phase seine wahren Freunde kennen. „Das sind nicht so viele, wie man vielleicht denkt. Gemeinsam feiern ist leicht. Zueinander stehen, wenn's unbequem wird, ist eine andere Sache. Da bleiben nur diejenigen übrig, denen man wirklich wichtig ist." Eine durchaus lehrreiche Erfahrung.

Insgesamt war Siegfried anderthalb Jahre lang krankgeschrieben. In dieser Zeit meldete sein Arbeitgeber tatsächlich Insolvenz an. Als er wieder fit war, musste er sich also zum ersten Mal in seinem Berufsleben komplett neu orientieren.

Neuer Job, neues Glück?

Den Bewerbungsmarathon konnte sich Siegfried sparen, denn er bekam ganz unerwartet ein Jobangebot. „Zwar nicht als Betriebsleiter, sondern als Projektleiter, aber immerhin. Die Aufgabe war interessant – es sollte eine komplett neue Fertigung aufgebaut werden. Für mich eine spannende Herausforderung."

Mit seinen neuen Kollegen kam Siegfried gut zurecht. Sie schätzten seinen Fleiß und sein Können. Aber bald ging es schon wieder so los wie vor dem Burn-Out. Man wälzte immer mehr Arbeit auf ihn ab. „Ich sah das zwar als Bestätigung, aber die Alarmglocken im Hinterkopf machten sich leise bemerkbar."

Dann kam Corona. Siegfried und Kirsten mussten ihren Italien-Urlaub abbrechen, und danach änderte sich im Betrieb für Siegfried alles. „Plötzlich versetzte man mich in die Nachtschicht und ich durfte nicht mehr an Meetings teilnehmen – angeblich, um die Infektionsgefahr zu reduzieren. Schließlich hätte ich das Virus ja aus Italien mitgebracht haben können."

Aber dass man nicht ewig ansteckend bleibt, wusste man schon zu Beginn der Pandemie. Siegfried auf Dauer zu behandeln wie einen Aussätzigen, ergab keinen Sinn. Und er begann, sich immer unwohler zu fühlen.

Nach zwei Jahren in diesem Unternehmen – Siegfried war zu dem Zeitpunkt neunundfünfzig Jahre alt – entschied er sich zu kündigen. „Das passierte ganz spontan, aus dem Bauch heraus", sagt er. „Ich spürte einfach: Jetzt ist Schluss. Nicht mal Kirsten wusste vorher Bescheid."

Als er es ihr abends gestand, hatte er durchaus ein wenig Bauchweh, aber ihre Reaktion war solidarisch wie immer. Sie hatte ja längst gemerkt, dass das Stresslevel wieder von Tag zu Tag anstieg, und war im Grunde sehr erleichtert. Genau wie Siegfried.

Als er seinem besten Freund von seiner Entscheidung erzählte, sagte der sogar: „Ich bin stolz auf dich!" Denn auch er hatte gespürt, dass sich Siegfried wieder zu verändern begann.

Zu alt für einen Neuanfang?

Siegfried war klar, dass er in seinem Alter kaum wieder eine so gut bezahlte Position finden würde wie die, die er gerade aufgegeben hatte. Aber das wollte er auch gar nicht mehr. „Diesen Stress, die hohe Verantwortung, das hatte ich lange genug. Ich wollte lieber einen Job, der mir Spaß macht."

Zunächst war er ein ganzes Jahr lang arbeitslos. Was nicht gerade optimistisch macht, wenn man auf die Sechzig zusteuert. „Ich als Arbeitgeber hätte mich vermutlich auch nicht eingestellt. Wenn jemand schon mit dreiundsechzig vorzeitig in Rente gehen will – und das war damals mein Plan –, dann lohnt sich ja nicht mal die Einarbeitung."

Es war seine Beraterin im Arbeitsamt, die ihm den nötigen Schubser gab, indem sie fragte, was er denn in seiner Freizeit mache. Da musste Siegfried gar nicht lange überlegen: Er fährt viel Rad und bastelt auch gerne daran herum. Daraufhin schlug ihm die Beraterin vor, es doch mal in einer Fahrradwerkstatt zu probieren.

Wie der Zufall es wollte, war exakt eine Woche später eine Stellenanzeige in der Zeitung: Fahrradladen sucht Werkstattleiter.

Siegfried bewarb sich – und bekam den Job.

Er strahlt regelrecht, wenn er von der Fahrradwerkstatt erzählt. Er liebt es, wieder echtes Werkzeug in der Hand zu haben – und direkten Kontakt mit Kunden.

„Es gefällt mir einfach super dort", sagt er. „Ich bin wirklich glücklich. So gut ging es mir schon seit Jahrzehnten nicht mehr."

Wenn das kein wahres Karriere-Highlight ist!

Interview mit Siegfried: Einmal Burn-Out und zurück

Siegfried, du verdienst heute deutlich weniger als früher. Nagt das an dir?
Überhaupt nicht. Geld ist nicht alles. Zusammen mit meiner Frau verdiene ich immer noch so viel, dass wir unseren Lebensstil nicht ändern müssen. Zumal wir eh nicht verschwenderisch sind. Außerdem: Was nützt alles Geld der Welt, wenn man sein Lachen verloren hat?

Trotzdem war es doch ein gewaltiges Risiko, mit Ende fünfzig Knall auf Fall zu kündigen – und das ohne neuen Job in Aussicht ...
Anfangs war ich tatsächlich sehr optimistisch, dass sich schon eine Möglichkeit auftun würde. Aber nach einem Jahr Arbeitslosigkeit kommt man schon ins Zweifeln, ob diese Entscheidung richtig war. In meinem Alter sind neue Chancen nicht so dicht gesät. Aber zum Glück hat sich ja dann alles zum Guten gewendet.

Hast du dem Glück auf die Sprünge geholfen?
Na ja, man darf natürlich nicht zu verbohrt sein. Hätte ich nur nach gut bezahlten Abteilungsleiter-Jobs in meiner alten Branche gesucht, säße ich vermutlich heute noch zu Hause. Man muss flexibel sein und in alle Richtungen denken. Bei meinem Job in der Fahrradwerkstatt bin ich ja Quereinsteiger und lerne tagtäglich neue Dinge dazu, was ich total spannend finde. Heute sind Zweiradmechaniker und Zweiradmechatroniker ja echte Ausbildungsberufe – so etwas gab es zu meiner Lehrzeit noch gar nicht. Mein Chef ist zwanzig Jahre jünger als ich, aber er fördert mich,

so wie es damals mein erster Vorgesetzter getan hat. Ich besuche auch viele Lehrgänge und habe Spaß daran, ab und an im Verkauf auszuhelfen. Mein neuer Job ist sehr spannend und vielseitig.

Mit anderen Worten: Du würdest die Entscheidung wieder genauso treffen?

Absolut. Ich denke sogar, ich hätte schon viel früher mal den Arbeitgeber wechseln sollen. Über drei Jahrzehnte mit denselben Leuten zusammenzuarbeiten, das ist arg einseitig. Es hätte mir gutgetan, einmal andere Gesichter und auch andere Strukturen kennenzulernen. Zum Glück habe ich ja trotz allem meine Flexibilität nicht verloren.

Ketzerische Frage: Brauchtest du das Burn-Out vielleicht als Arschtritt?

Ganz ehrlich: Burn-Out und Depressionen sind etwas Schlimmes, das wünsche ich keinem. Ich hoffe wirklich, andere erkennen die Symptome früher. Aber ich hab den Arschtritt tatsächlich gebraucht, sonst hätte ich womöglich nie etwas verändert!

Früher gehörte ich offen gestanden selbst zu denjenigen, die wenig Verständnis für so etwas hatten. Die dachten, man müsse sich nur zusammenreißen. Das liegt vielleicht auch an der Branche – dem männerdominierten Handwerk. Da will keiner vor Kollegen Schwäche zeigen. Mentale Probleme werden ignoriert und vertuscht. Umso schlimmer werden sie dann.

Erst in der Reha begriff ich, was Burn-Out wirklich ist. Andere hatten sogar schon Selbstmordversuche hinter sich. Im Vergleich dazu war ich ja noch glimpflich weggekommen.

Was ist eigentlich aus deinen Plänen geworden, mit dreiundsechzig vorzeitig in Rente zu gehen?
Wenn mir die Arbeit weiterhin so viel Freude macht, kommt das nicht infrage! Ich habe richtig Lust, länger zu bleiben. Okay, irgendwann muss man ja in Rente gehen. Aber danach noch stundenweise auszuhelfen, kann mir keiner verbieten. Das könnte ich mir gut vorstellen.

SONJA

„Das Worst-Case-Szenario hat mich nicht erschreckt. Notfalls hätte ich eben von vorn angefangen."

Als ich Sonja vor gut zehn Jahren kennenlernte, sah ich eine taffe Geschäftsfrau vor mir. Sympathisch, schick, straight. Als hätte sie sich – passend zu ihrem sportlichen, aber sehr sicheren Fahrstil – immer auf der Überholspur des Lebens befunden. Umso erstaunter war ich, als sie mir von ihren beruflichen Anfängen erzählte.

Mit zwanzig schon am Ende der Karriereleiter?

Nach der Mittleren Reife machte Sonja eine Ausbildung zur Zahnarzthelferin. Das war Ende der Siebzigerjahre, damals hieß der Beruf noch so – heute sagt man zahnmedizinische Fachangestellte (ZFA), der Job ist allerdings der gleiche geblieben.

Warum sie sich für diesen Weg entschieden hat, kann Sonja im Nachhinein gar nicht mehr so genau sagen. Garantiert nicht, weil man da so gut verdient – nur ein Beruf ist noch schlechter bezahlt, nämlich der als Frisör:in. Eher weil sie in dieser Praxis so schnell und unkompliziert einen Vertrag bekam und es mit den Bewerbungen als Chemielaborantin beziehungsweise technische Zeichnerin nicht geklappt hatte. „Vom Berufsbild selbst hatte ich keine Ahnung, ich war ja auch erst fünfzehn – nennen wir es jugendliche Naivität", sagt sie.

Schon während der Lehre war ihr klar, dass sie damit auf Dauer nicht zufrieden sein würde. Also legte sie nach der Ausbildung direkt nach und absolvierte eine Weiterqualifikation zur zahnmedizinischen Fachassistentin (ZMF).

„Das war damals ein ganz neues Berufsbild – ich war im allerersten Kurs, der dafür in unserer Region angeboten wurde", erinnert sie sich. „Ich wollte unbedingt mehr aus mir machen. Deshalb fand ich es ganz furchtbar, dass es danach keine weiteren Aufstiegschancen in meinem Beruf mehr gab."

Heute hätte sie noch die Möglichkeit gehabt, sich zur Prophylaxeassistentin, Praxismanagerin oder Dentalhygienikerin weiterzubilden, doch das gab es in den Achtzigern alles noch nicht. Und somit hatte Sonja karrieretechnisch das Ende der Fahnenstange erreicht. Mit gerade mal zwanzig Jahren. Doch dabei sollte es nicht bleiben.

Mit Mitte zwanzig kommt die Sache ins Rollen

Sonja beschloss, das Abendgymnasium zu besuchen. Tagsüber arbeiten, abends lernen, das war ganz schön fordernd. Aber es lohnte sich, denn drei Jahre später hatte sie das Abitur in der Tasche!

Danach blieb sie erst einmal in ihrem Job. Es gefiel ihr ja eigentlich in der Zahnarztpraxis, und dank der Fortbildung verdiente sie auch gar nicht so schlecht.

Was sich für ihr weiteres Leben allerdings als wesentlich entscheidender erwies als der Verdienst oder das Abitur, war eine

Fortbildung, die sie rein interessehalber besuchte. „Genauer gesagt, weil einer unserer Chefs uns alle dorthin schickte. Damals war das Thema Rhetorik noch nicht in aller Munde, doch er war ganz begeistert davon. Und ich dann auch."

Sonja fand die Materie so spannend, dass sie anschließend noch viele weitere solcher Seminare besuchte. Sehr zur Freude ihres Chefs, der sie darin – auch finanziell – unterstützte. „Damals ahnte ich es natürlich noch nicht, aber diese Rhetorik-Seminare haben vieles ins Rollen gebracht, was später in meinem Berufsleben wichtig wurde", sagt sie.

Dass Sonja trotzdem noch viele weitere Jahre in der Zahnarztpraxis blieb, hat auch damit zu tun, dass sie Mutter wurde: Sie bekam Zwillinge, einen Sohn und eine Tochter, die mit einer Behinderung zur Welt kam. „Und ab da war es dann vorbei mit dem Herumexperimentieren – wichtig war nur, den Lebensunterhalt für uns drei sicherzustellen."

Mit Ende dreißig eine neue Karriere!

Nachdem Sonja die Zwillinge ein paar Jahre lang allein betreut hatte, heiratete sie Ende der Neunziger den Vater ihrer Kinder. Die Ehe hielt zwar nur wenige Jahre, aber die nutzte sie.

„Eines Morgens wachte ich auf und dachte: Wenn du in deinem Leben noch was ändern willst, dann solltest du genau jetzt damit anfangen. Damals war ich neunundreißig", erzählt sie.

Obwohl es rein gar nichts mit ihrem ursprünglichen Beruf zu tun hatte, entschied sie sich für ein BWL-Studium. „Ich hatte schon immer ein Faible dafür, mit Zahlen zu jonglieren. Und die Betriebswirtschaft reizte mich, weil es dabei immer auch darum geht, Prozesse zu optimieren. Selbst in der Zahnarztpraxis hätte es so einiges zu verbessern gegeben, aber da galten nun mal die hergebrachten Hierarchien: Die Ärzte waren die Chefs und hatten das Sagen. Als Betriebswirtin versprach ich mir viel mehr Einfluss. Außerdem sah ich da ein großes Entwicklungspotenzial für mich."

Sie studierte berufsbegleitend – zweimal pro Woche abends und natürlich am Wochenende.

„Dass ich damals verheiratet war, bot mir einen sicheren Rahmen. Es war für mich wichtig zu wissen: Die Kinder sind gut versorgt, die Betreuung ist geregelt."

Nach ihrem Abschluss verließ sie die Praxis und startete einen neuen Karriereabschnitt in einem mittelständischen Handwerksunternehmen – einer Tischlerei mit dreißig Angestellten. „Zuerst war ich Office Managerin, dann kaufmännische Leiterin, am Ende stellvertretende Geschäftsführerin", sagt Sonja. Und dieser Aufstieg gelang ihr innerhalb von sechs Jahren.

Mit Ende vierzig dann der Schritt ins Ungewisse

Sonja liebte ihren Job. Sie fand das Unternehmen toll, in dem sie arbeitete, und sie mochte ihren Chef.

„Ich verstand mich richtig gut mit ihm", sagt sie. „Aber letztendlich war es sein Unternehmen, nicht meins. Auch wenn ich den Titel stellvertretende Geschäftsführerin trug, hatte seine Stimme bei Entscheidungsprozessen mehr Gewicht. Das hat mich zunehmend gestört, denn ich wurde immer wieder ausgebremst und konnte viele meiner Ideen nicht umsetzen, obwohl sie dem Unternehmen gutgetan hätten."

Irgendwann wurde ihr klar: Entweder machte er sie zur Mitgeschäftsführerin oder sie würde gehen.

„Er ließ sich nicht darauf ein, also kündigte ich. Und das ohne einen konkreten Plan in der Tasche."

Doch den entwickelte sie schnell. Denn eins stand fest: Einen so tollen Arbeitgeber würde sie eh nicht wieder finden.

Deshalb wollte sie lieber gar nicht mehr angestellt sein. Mit anderen Worten: Sie beschloss kurzerhand, sich selbstständig zu machen. Und zwar als betriebswirtschaftliche Beraterin für kleine Handwerksbetriebe. Da kannte sie sich aus und sah jede Menge Bedarf.

Nun musste es schnell gehen. Schließlich war sie wieder alleinerziehend mit inzwischen Teenager-Zwillingen. Doch konnte sie es unter diesen Voraussetzungen wirklich wagen, in die Selbstständigkeit zu gehen? Sie musste immerhin den Lebensunterhalt für drei Personen verdienen.

„Die endgültige Entscheidung fiel an einem Abend, als ich mit Freunden meine Situation diskutierte. Eine Freundin versprach mir bis zum Lebensende einen Schlafplatz auf ihrer Couch, falls das Ganze schiefgehen würde. Und ein Freund sagte, er würde mir dann täglich eine warme Mahlzeit bezahlen. Ich würde also irgendwie zurechtkommen."

Nun musste nur noch die Versorgung der Zwillinge gesichert sein. Sonja rief ihren Ex-Mann an und sagte: „Ich mache mich selbstständig. Wenn das nicht funktioniert, musst du die Kinder nehmen." Seine Antwort war kurz, aber entscheidend: „Okay!"

Also zögerte sie nicht länger und legte los. „Im schlimmsten Fall hätte ich alles verloren und noch mal von vorne anfangen müssen, aber das hat mich nicht erschreckt. Ich wusste, auch das würde ich schaffen."

Aber das musste sie gar nicht, denn das Worst-Case-Szenario trat nicht ein. Auch wenn ihr neues Business am Anfang eher stockend startete.

„Ich war im Bereich Handwerk gut vernetzt und dachte, die rennen mir jetzt die Bude ein. Aber das war eine Illusion. Das Handwerk ist ein insgesamt eher konservativer Bereich. Beratung – das finden die meisten kleinen Unternehmer überflüssig.

Von wegen: Das brauchen wir nicht, das machen wir alles selbst."
Auch auf ihr gutes Netzwerk konnte sie nicht bauen. Ob in der
Handwerkskammer, in Arbeitskreisen, bei ehemaligen Lieferanten und Geschäftspartnern – überall begegnete man ihr nun
unter neuem Vorzeichen. Sonja war nun nicht mehr die stellvertretende Geschäftsführerin eines mittelständischen Handwerks-
betriebs, sondern Einzelunternehmerin. Sie hatte gehofft, ihre
Kontakte würden als Multiplikatoren fungieren, doch weit gefehlt.
Für gewöhnlich hieß es: „Toll, dass du das anbietest. Das ist ja
auch ganz wichtig – für andere Handwerker. Aber nicht für uns."

Mit anderen Worten: Sie hatte erst einmal keine Aufträge.
Diese Phase überbrückte sie, indem sie freiberuflich für ihren
ehemaligen Chef und als Schwangerschaftsvertretung für einen
anderen Bekannten arbeitete. Nicht gerade das, was sie sich erhofft hatte, aber es finanzierte die Miete und brachte Essen auf
den Tisch.

Dass sie schließlich die Kurve hin zur Unternehmensbe-
ratung bekam, verdankt Sonja dem Bundes-Förderprogramm
„Unternehmenswert Mensch". Passend dazu begann sie erneut,
sich weiterzubilden – diesmal im Coaching-Bereich.

„Betriebswirtschaftliche Zahlen sind wichtig für den unter-
nehmerischen Erfolg, ganz ohne Zweifel. Aber es sind eben
die Menschen, die diese Zahlen produzieren. Deshalb habe ich
meinen Schwerpunkt verlagert, und zwar hin zum mitarbeiter-
orientierten Führen. Was ich anbiete, ist menschenzentrierte Beratung. Dabei geht es auch um Kommunikationsoptimierung."
Womit sich der Kreis schließt zu den Rhetorik-Seminaren, die
sie vor vielen Jahren als junge Zahnarzthelferin besucht hat.

„Kommunikation ist nun mal das mächtigste Mittel, das wir
haben, um Dinge zu erreichen – und um mit Konflikten umzugehen. Wenn Kommunikation gelingt, ist schon viel gewonnen."

Mit Anfang sechzig eine Powerfrau mit vielen Stärken

Die Fortbildungen, die Sonja im Laufe der Zeit gemacht hat, sind inzwischen kaum noch zu zählen. Sie ist unter anderem Fachwirtin in Vertrieb und Marketing, NLP- und System-Coachin, Mediatorin, Referentin und Speakerin.

Als Dozentin unterrichtet sie die künftigen Betriebswirte fürs Handwerk und hat sogar teilweise die Unterrichtsmodule selbst geschrieben.

Was sie ihren Studierenden mit auf den Weg geben will, ist der Fokus auf die Menschen. Dass in der Personalführung nur erfolgreich ist, wer sieht, welche Bedürfnisse die Mitarbeitenden haben.

„Oder wie es Gandhi formuliert hat: Sei du selbst die Veränderung, die du dir wünschst."

Sieht ganz so aus, als wäre Sonja diesem Motto konsequent gefolgt. Ganz schön beeindruckend, oder? Und dabei – zumindest theoretisch – so einfach. Zur Nachahmung empfohlen!

Interview: „Man ist nie zu alt für eine Veränderung"

Sonja, du hast dich in deinem Leben permanent weitergebildet und beruflich neue Dinge gewagt. Was hat dich dazu motiviert?

Anfangs war es der Wunsch, Karriere zu machen. Ich wollte mir Aufstiegsmöglichkeiten sichern. Später verschob sich dann der Fokus. Es ging mir irgendwann mehr darum, Einfluss auf unternehmerische Prozesse zu nehmen. Zu meinem Schritt in die Selbstständigkeit motivierte mich der Wunsch, eigene unternehmerische Ideen verwirklichen zu können.

Das hört sich an, als wärst du sehr strategisch vorgegangen.

Anfangs war das auch so. Die Entscheidung für das BWL-Studium habe ich durchaus aus strategischen Gründen getroffen. Doch für die meisten meiner anderen Weiterbildungen habe ich mich eher aus Faszination für das Thema entschieden. Etwa für die Frage, weshalb uns Veränderungen oft so schwerfallen – und warum wir sie dennoch wagen ...

Dass aus Weiterbildungen, die ich primär interessehalber gemacht habe, dann manchmal auf beruflicher Ebene ein neuer Geschäftszweig geworden ist, ergab sich rein zufällig.

Dein Schritt in die Selbstständigkeit war ein echtes Risiko. Hattest du keine Angst?

Ich habe das Risiko gesehen, aber ich habe mich von der Angst nicht lähmen lassen. Was mir in solchen Situationen hilft, ist mein Urvertrauen ins Leben. Auch in mich selbst. Ich wusste immer, ich kriege das schon irgendwie hin. Vielleicht nicht immer so, wie ich es ursprünglich geplant hatte, aber das ist nicht schlimm. Und wenn etwas schiefgeht, handele ich nach dem Motto: hinfallen, aufstehen, Krone richten, weitergehen. Übrigens: Mut in der Angst wird meistens belohnt, davon bin ich überzeugt.

Was hätte denn im schlimmsten Fall passieren können?

Dass ich in finanzielle Schwierigkeiten gerate. Aber das kannte ich bereits. Ich hatte schon Phasen, in denen ich mir selbst so gut wie nichts gegönnt habe, Hauptsache, es ging den Kindern gut. Manchmal wusste ich kaum, wovon ich die nächste Miete bezahlen sollte. Aber ich habe immer daran geglaubt: Wenn sich etwas so gut anfühlt, muss es irgendwann erfolgreich sein. Und so kam es dann ja auch.

Was die Durststrecken für mich leichter gemacht hat, ist die Tatsache, dass ich nicht so sehr an materiellen Dingen hänge. Natürlich freue ich mich, dass ich eine schöne Wohnung habe. Ich finde sie super und genieße es, darin zu leben. Aber wenn ich sie mir nicht mehr leisten könnte, dann wäre das eben so. Nur um einen bestimmten Lebensstandard halten zu können, würde ich mich niemals verbiegen. Das wäre schlimmer für mich als der Verlust von Luxus und Besitz.

Und das hätte dir nichts ausgemacht?
Nicht viel. Und das finde ich sehr beruhigend. Denn die Angst vor finanziellem Rückschritt kann fatal sein. Je vermögender jemand ist, desto größer diese Angst. Das gilt auch für Frauen, die in einer unglücklichen Ehe bleiben, um nicht aus ihrem hübschen Einfamilienhaus in eine Sechzig-Quadratmeter-Wohnung umziehen zu müssen. Lieber finden sie sich mit Lieblosigkeit oder sogar Gewalt und Unterdrückung ab. Das kann ich nicht nachvollziehen.

Hattest du denn einen Plan B?
Ja: zwei gesunde Hände und eine immense Berufs- und Lebenserfahrung. Für meine Kinder hätte ich alles gemacht. Notfalls auch Toiletten geputzt oder Burger umgedreht. Nur eins hätte ich nie gemacht: Mein Wissen unter Wert verkauft.

Und trotz des finanziellen Risikos hast du bei der Unternehmensgründung kräftig investiert, oder?
Wenn schon, denn schon. Halbherzigkeit liegt mir nicht. An einer professionellen Außendarstellung hätte ich nie gespart – und ich habe sogar eine professionelle Imageberatung in Anspruch genommen. Das war, rückblickend gesehen, genau die richtige

Entscheidung. Um mir das leisten zu können, habe ich nicht nur einen Kredit aufgenommen, sondern auch Versicherungen aufgelöst und Schmuck verkauft. Manchmal muss man eben auch Geld in die Hand nehmen, das man eigentlich gar nicht hat. Auf lange Sicht zahlt sich das aus.

Gibt es so etwas wie ein ideales Alter für einen Neuanfang?
Grundsätzlich finde ich, man ist nie zu alt für eine Veränderung. Manche fangen mit achtzig an zu studieren. Da gibt es kein Limit. Schwierig wird es, wenn man Verantwortung für andere trägt, sprich Kinder. Die von einem abhängig sind und nicht für sich selbst sorgen können.
Dieser Aspekt spielte in all meinen Überlegungen eine große Rolle. Es gab Zeiten, da habe ich meine eigenen Wünsche und Ziele auf Eis gelegt und keine Experimente gewagt, weil die Kinder Vorrang hatten.
Aber die Zeit hat für mich gearbeitet, und als die Kinder größer wurden, war wieder mehr möglich.
Vielleicht ist das auch der Grund dafür, dass das mittlere Alter für Veränderungen besonders prädestiniert ist. Und der Eintritt ins Rentenalter wird wieder so ein Meilenstein sein. Viele, die zuvor beruflich stark eingespannt waren, können dann endlich das tun, wofür sie vorher nie Zeit hatten. Oder einfach das Nichtstun genießen. Auch etwas, was man viel zu selten macht …

ES MUSS NICHT IMMER DIE WUNDERKIND-KARRIERE SEIN: PROMINENTE SPÄTZÜNDER, DIE MUT MACHEN

Wir sind es gewohnt, Rekorde der Jugend zu feiern: Der jüngste Wimbledon-Sieger. Die gerade mal sechzehnjährige Weltumseglerin. Der achtjährige Abiturient. Die jüngste jemals gewählte Bundestagsabgeordnete ... So etwas geht durch die Medien und ist in aller Munde.

Mir tun dann manchmal die Eltern dieser kleinen Genies leid. Muss ganz schön schwierig sein mit so einem Wunderkind.

Aber ein bisschen ungerecht finde ich diesen Jugendwahn schon: Ist jemand hochbegabt oder zumindest besonders talentiert, äußert sich das eben automatisch schon in einer frühen Lebensphase. Ist es etwa ein Verdienst, jung zu sein? Ich meine, jeder von uns war mal acht. Oder sechzehn.

Die eigentliche Kunst ist es doch, durchzuhalten. Die Hoffnung nicht zu verlieren. Trotz Misserfolgen weiter an sich zu glauben. Und in späten Jahren so richtig durchzustarten. Das muss man erst mal schaffen!

Als Ausgleich für all die medienpräsenten Frühstarter hier mal eine Reihe prominenter Spätzünder. Und damit es nicht so leicht ist, verrate ich die jeweiligen Namen erst am Ende. Dann kannst du miträtseln. Viel Spaß!

Die Modedesignerin, die erst Eisprinzessin und dann Journalistin war

Sie nahm zwar an den US-amerikanischen Meisterschaften im Eiskunstlauf teil, verpasste aber die Olympiateilnahme. Daraufhin hängte sie die Schlittschuhe an den Nagel und wurde Journalistin bei der *Vogue*.

Erst im Alter von vierzig Jahren eröffnete sie ihr eigenes Modestudio in New York und machte sich einen Namen mit ihren extravaganten Designs.

Ahnst du schon, wen ich meine? Okay, mit diesem Hinweis wird's noch leichter: Sie entwarf nicht nur das Eislaufkostüm, in dem Nancy Kerrigan 1994 olympisches Silber gewann, sondern auch Hochzeitskleider für Promis wie Jennifer Lopez, Victoria Beckham und Heidi Klum.

Ist der Groschen jetzt gefallen?

Ja klar, es ist: Vera Wang

Der Unbekannte, der zum Oscarpreisträger wurde

Der Sohn eines deutschen Vaters und einer österreichischen Mutter stammt aus einer Schauspielerfamilie und entschied sich „mangels anderer Ideen" ebenfalls für diesen Beruf. Auf erste Theaterengagements folgten allerhand Film- und Fernsehrollen, überwiegend in deutschen, französischen, australischen und britischen Produktionen.

International bekannt wurde er erst mit dreiundfünfzig Jahren, als er nach Hollywood ging und für seine Rolle als SS-Mann Hans Landa in *Inglourious Basterds* den Oscar als bester Nebendarsteller erhielt.

Muss ich noch mehr sagen?

Ich wusste, du erkennst ihn: Es ist Christoph Waltz

Die Farmerin, die Geschichte(n) schrieb

Ihr Leben lang schrieb die Farmerstochter und spätere Ehefrau eines Farmers ihre Erlebnisse auf, doch veröffentlicht wurden diese erst, als sie schon fünfundsechzig war. Ihre Tochter hatte sie dazu gedrängt, ihre Geschichten einem Verlag anzubieten – der das Manuskript jedoch zunächst ablehnte. Erst nachdem sie es zu einem Kinderbuch umgearbeitet hatte, wurde es veröffentlicht. Es entstand eine ganze Buchreihe, die sogar verfilmt wurde, unter anderem mit Michael Landon und Melissa Gilbert.

Du kennst die Serie? Klar, es ist *Unsere kleine Farm (Little House on the Prairie)*. Auf den Namen der Autorin kommst du nicht? Dann erinnere dich doch einfach an den der zweitältesten Tochter, die immer wieder auch als Erzählerin auftritt.

Richtig, es ist: Laura Ingalls Wilder.

Der Tankwart, der ein Imperium gründete

Der Gesuchte hatte in seinem Leben schon allerhand Jobs ausgeübt, unter anderem als Eisenbahn-Heizer und als Versicherungsmakler.

Irgendwann übernahm er eine Tankstelle und bot seinen Kunden als besonderes Extra auch selbst zubereitete Brathähnchen an. Die wurden bald so beliebt, dass er seine Tankstelle um ein Motel-Restaurant erweiterte.

Fast zehn Jahre lang perfektionierte er die Rezeptur, bevor er mit zweiundsechzig Jahren eine Franchise-Kette gründete, die seine berühmten Hähnchen inzwischen weltweit anbietet.

Klar, es handelt sich um Kentucky Fried Chicken. Und den Gründer kennst du auch – sein lachendes Gesicht ziert noch heute das Unternehmenslogo.

Sein Name lautet: Harland Sanders.

Die fliegende Erotik-Königin

Mit fünfzehn wurde sie hessische Meisterin im Speerwurf, mit sechzehn Au-pair-Mädchen in England, mit siebzehn absolvierte sie eine Ausbildung in Hauswirtschaft, mit achtzehn bestand sie ihren ersten Flugzeugführerschein. Es folgten zwei Kunst-flugprüfungen und eine Anstellung als Pilotin.

Auch im Krieg setzte sie ihre Überführungsflüge fort und geriet dabei mehrfach unter Beschuss. 1945 kam sie in britische Kriegs-gefangenschaft, danach durfte sie nicht mehr als Pilotin arbeiten.

Ihr neues Betätigungsfeld war ein völlig anderes. Viele Frau-en wollten in der schwierigen Nachkriegszeit auf keinen Fall schwanger werden und lieber verhüten. Die Gesuchte gab Info-broschüren heraus und verkaufte Kondome. Im Alter von drei-undvierzig Jahren gründete sie dann den ersten Sexshop der Welt, der so hieß wie sie selbst.

Okay, das war wirklich leicht, findest du nicht?

Natürlich handelt es sich um: Beate Uhse.

Der Mann, der die Nudel revolutionierte

Als der Gesuchte 1910 in Taiwan geboren wurde, gehörte das Land noch zum Kaiserreich Japan.

Als Unternehmer – anfänglich in der Bekleidungsindustrie, später in der Lebensmittelbranche – war er zunächst eher glücklos. Dann beobachtete er im Nachkriegsjapan Menschen in einer Warteschlange vor einem Nudelsuppen-Imbiss. Da kam ihm die Idee seines Lebens! Und er erfand die Instantnudeln. Da war er bereits achtundvierzig.

Er vermarktete seine Erfindung im eigenen Lebensmittel-konzern, und die Instantnudeln wurden zum weltweiten Erfolg.

Sein Motto: „Frieden herrscht, wenn Nahrung ausreicht." Ein weiser Satz.

Um ihn zu würdigen, wurden nicht nur Museen in Ikeda, Yokohama und Hongkong gegründet, er erhielt auch den „Or-den der aufgehenden Sonne" – eine Ehre, die wohl keinem von uns je zuteilwerden wird. Aber Nudeln dürfen wir alle essen!

Keine Ahnung, wie der Erfinder heißt? Macht nichts, ich wusste es bis eben auch nicht. Aber die Geschichte ist spannend, oder?

Der Gesuchte heißt: Momofuku Ando.

Die Ärztin, die Europa organisiert

Die Frau, um die es hier geht, studierte zunächst Archäologie, dann Volkswirtschaftslehre und schließlich Medizin, worin sie auch promovierte.

Zwischen 1987 und 1999 bekam sie sieben Kinder und ...

Okay, ich glaube, jetzt ahnst du schon, wen ich meine. Obwohl es ja danach mit ihrer Karriere erst richtig losging – in der Politik. Zunächst im niedersächsischen Landtag. Im Alter von siebenundvierzig Jahren ging sie nach Berlin und wurde Familienministerin, später Arbeitsministerin und Verteidigungsministerin. 2019, mit einundsechzig Jahren, wurde sie zur EU-Kommissionspräsidentin gewählt. Daraufhin listete das *Time Magazine* sie unter den hundert einflussreichsten Persönlichkeiten des Jahres 2020 auf.

Na klar, du weißt, wer es ist: Ursula von der Leyen.

Der Bauernsohn, der lief und lief und lief

Dieser Mann liebte den Laufsport schon in seiner Jugend. Doch dann hatte er mit seiner Arbeit als Kleinbauer mehr als genug zu tun – für Sport blieb da keine Zeit.

Nach dem Tod seiner Frau zog er mit seinen Kindern von Indien nach Großbritannien und nahm erst dann sein Lauftraining wieder auf.

Er wurde Mitglied der Laufgruppe „Sikhs in the City" und absolvierte im stolzen Alter von neunundachtzig Jahren in London seinen ersten – aber nicht letzten – Marathonlauf. Drei Jahre später stellte er mit fünf Stunden, vierzig Minuten und vier Sekunden in Toronto einen Weltrekord für seine Altersklasse auf.

Ebenfalls in Toronto bestritt er im Jahr 2011 als erster Hundert-jähriger diese Distanz. Damit ist er der bislang älteste Marathon-läufer – ein Rekord, der es nur deshalb nicht ins Guinnessbuch geschafft hat, weil er sein Alter nicht dokumentieren konnte. Falls seine Angaben stimmen, feierte er 2021 seinen hundert-zehnten Geburtstag.

Beeindruckend, oder? Auch wenn du diesen Athleten bis-her nicht kanntest, ihn solltest du dir merken.

Sein Name: Fauja Singh.

Und das ist dann auch die perfekte Überleitung zum nächsten Teil dieses Buches, denn mit dem Laufen geht es darin direkt weiter ...

TEIL 3

ARABISCH, BOXEN, COSPLAY? NEUE LEIDENSCHAFTEN

ES MUSS NICHT IMMER EIN KREUZWORTRÄTSEL SEIN

Ich gebe es zu: Ich bin eine Langweilerin. Ich träume weder von einem Fallschirmsprung noch von Abenteuerreisen. Ich habe auch keine aufregenden neuen Hobbys, sondern nur unspektakuläre alte: Seit meiner Kindheit liebe ich es, zu lesen und im Chor zu singen. Tadaaaa – das war's. Nicht gerade sensationell, oder? Macht nichts. Mir genügt das.

Wobei – eigentlich stimmt das so nicht. Denn seit ein paar Jahren ist mein stubenhockerisches Leben ein klein wenig ... bewegter geworden. Ja, tatsächlich! Ich habe den Sport für mich entdeckt. Ich, die einst bei den Bundesjugendspielen den Schlagball fünf Meter rückwärts warf. Die nie einen Tausend-Meter-Lauf schaffte, ohne zwischendurch stehen zu bleiben und ein bisschen auszuruhen. Und die außer Völkerball mit den Nachbarskindern auf der Straße keine Ballspielart mochte. Inzwischen laufe ich (im Schneckentempo, aber immerhin!), mache Fitness und trainiere Cantienica. Für Menschen, die seit jeher sportlich sind, mag das nicht sonderlich beeindruckend wirken, aber für mich ist es geradezu revolutionär.

Dass ich erst im Alter von fünfzig damit angefangen habe, ist zwar recht spät, aber auch sinnvoll. Denn eigentlich treibt man Sport ja, um fit und beweglich zu bleiben. Wozu also sich quälen, wenn man noch jung und daher sowieso noch fit und beweglich ist? Na? Siehste! Und während andere mit fünfzig schon allerhand Bänderrisse hinter sich haben, die sie sich beim Training zugezogen haben, ist bei mir noch alles wie neu. Sozusagen.

Dass man nie zu alt ist, um mit etwas Neuem anzufangen, haben mir die Frauen in meiner Familie vorgelebt. So machte meine Mutter in ihren mittleren Jahren erst die Chorleiterprüfung, und kaum war ich zu Hause ausgezogen, wurde mein ehemali-

ges Zimmer umfunktioniert: Jetzt stehen dort ihre Nähmaschine und eine Kirchenorgel.

Darüber wunderte ich mich kein bisschen. Hatte doch schon meine Oma bewiesen, dass es in der Mitte des Lebens auch hobbymäßig erst so richtig losgeht. Mit über fünfzig besuchte sie einen Schwimmkurs, nahm Unterricht bei einem Kunstmaler und schrieb ein Buch über ihre Kindheit in den 1920er-Jahren.

Im Vergleich ist mein bisschen Sport nicht gerade erzählenswert. Ganz anders als die neuen Leidenschaften, von denen mir meine Interviewpartner:innen berichtet haben. Und wie bereits angekündigt, geht es auch direkt sportlich los.

ANKE

„Das Laufen hat mich total verändert. Manchmal habe ich mich selbst überholt ..."

Als der Mittelstreckenläufer Thomas Wessinghage 1982 in Athen Europameister über 5000 Meter wurde, ahnte Anke noch nicht, dass dieser Mann mehr als zwei Jahrzehnte später ihr Leben völlig verändern würde. Und indirekt dann auch meins.

Ähnlich wie ich gehörte Anke nie zu denjenigen, die schon immer sportlich waren. Im Gegenteil.

„Ich hatte als Kind einen Leistenbruch. Operiert musste er zwar nicht werden", erzählt sie, „aber der Arzt empfahl mir, lieber keinen Sport zu treiben. Meine Eltern erlaubten mir daraufhin nicht, in die Turnstunde zu gehen."

Und irgendwann war der Zug dann abgefahren. Anke konnte, untrainiert wie sie war, mit den sportlicheren Jugendlichen nicht mehr mithalten.

Als Erwachsene probierte sie zwar mehrfach den Einstieg, etwa im Turnverein oder in einer Laufgruppe, aber das war wenig erfolgreich. „Ich hatte überhaupt keine Kondition und bin den anderen immer hinterhergehechelt. Das war ziemlich frustrierend. Warum konnten die das so gut und ich gar nicht?"

Das Problem war, dass man sogar in Laufgruppen, die „für Anfänger" ausgeschrieben waren, mindestens eine Stunde durchhalten musste. Echte Einsteiger hatten da leider überhaupt keine Chance.

Von Null auf Zweiundvierzig

2004 lief im SWR-Fernsehen eine dreiteilige Dokumentation über Menschen, die für einen Marathon trainierten. Unter anderem wurde ein über sechzigjähriger, stark übergewichtiger Architekt aus Berlin vorgestellt, der quasi bei null anfing. Sein Arzt hatte ihm dringend nahegelegt, zu trainieren, denn sonst drohe ihm demnächst ein Herzinfarkt. Diese Warnung zeigte Wirkung – der Mann fing an zu laufen, trainierte über ein Jahr lang, nahm stark ab und absolvierte den New-York-Marathon in knapp über vier Stunden.

„Ich war völlig fasziniert von dieser Geschichte", sagt Anke. „Und ich dachte mir: Wenn der das schafft, dann kriege ich das auch hin. Schließlich war ich erst fünfundvierzig. Außerdem wollte ich ja eigentlich schon immer laufen."

Da traf es sich gut, dass der SWR eine Aktion zur Vorbereitung auf den Mainz-Marathon 2005 ins Leben rief. Ebenso wie in der zuvor ausgestrahlten Doku sollten die Teilnehmer dabei einem Plan von Thomas Wessinghage folgen – du erinnerst dich, ich erwähnte ihn eingangs. Mittlerweile war der einstige Mittelstreckeneuropameister Doktor der Medizin sowie Professor für Prävention und Gesundheitsmanagement.

Das Projekt hieß passenderweise *Von Null auf Zweiundvierzig*, und wer sich online dafür registrierte, bekam monatlich einen Trainingsplan zugeschickt. Es meldeten sich über 12.000 Menschen an – eine beeindruckende Zahl. Allerdings sind davon letztendlich nur 1.200 im nächsten Jahr den Mainz-Marathon tatsächlich mitgelaufen, also gerade mal zehn Prozent. Woher kam diese enorme Abbrecherquote?

„Der Trainingsplan war enorm hart", erinnert sich Anke. „Gleich im ersten Monat standen wöchentlich vier Trainingseinheiten auf dem Programm – dreimal eine halbe Stunde und einmal fünfzig Minuten. Für Einsteiger, die vorher überhaupt nicht gelaufen sind, ist das sehr krass."

Hört sich wirklich heftig an. Ich glaube nicht, dass ich das durchgehalten hätte!

Ich frage Anke, wie sie das geschafft hat. „Ich wollte es einfach unbedingt", erwidert sie. Allerdings hatte sie auch das Glück, dass es ihr während der Trainingsphase körperlich gut ging – sie hatte weder Schmerzen noch sonstige Beeinträchtigungen. „Ich bin nicht sonderlich leistungsorientiert beim Sport", sagt Anke. „Wenn mir mal was wehgetan hat, dann habe ich eben an dem Tag mit angezogener Handbremse trainiert. Ich könnte mich nie dazu zwingen, über die Schmerzgrenze hinauszugehen. Das Laufen soll schließlich gut für die Gesundheit sein und nicht das Gegenteil bewirken."

Leider musste Anke größtenteils alleine trainieren. Sie hatte sich anfangs zwar Mitstreiter gesucht, aber nach und nach sind alle weggebrochen, weil sie Probleme mit Knie, Hüfte oder dem Herzen bekamen. Nur Anke zog den Plan durch, der von Monat zu Monat härter wurde. „Immer, wenn ich dachte, ich schaffe es einigermaßen, kam der neue Plan für die nächsten vier Wochen, und der war dann noch viel härter als der vorige."

Im neunten Trainingsmonat hieß es sechsmal pro Woche laufen, wobei die kürzeste Strecke fünfzig Minuten dauerte und die längste hundertfünfzig Minuten.

Anke hielt durch. „Zur großen Überraschung meiner Familie",
erzählt sie. „Mein Mann und meine beiden Kinder haben mich
zwar von Anfang an unterstützt, aber so richtig dran geglaubt,
dass ich es schaffe, hat keiner von ihnen." Doch das tat sie! Anke
lief den Mainz-Marathon bis ins Ziel!

Danach schwor sie sich, diese hart erarbeitete Kondition nie
wieder ganz zu verlieren. Dann wäre ja alles umsonst gewesen!

Von der Anfängerin zur Trainerin?

Zwar trainierte Anke nicht mehr so oft wie vor dem Marathon,
aber zwei- bis dreimal pro Woche ging sie auch weiterhin laufen.
Das tat ihr gut.

Dann wurde sie aus ihrem Umfeld immer häufiger um Tipps
gebeten. Sie hatte es doch schließlich geschafft!

„Ich fand das eine heikle Angelegenheit. Schließlich hatte
ich keinerlei Legitimation als Trainerin. Ich wollte nichts falsch
machen und auch keine Ratschläge erteilen, die sich dann womöglich als schädlich entpuppt hätten."

Also machte sie sich auf die Suche nach einer passenden
Weiterbildung, wurde aber zunächst nicht fündig. Bis sie zufällig auf einen Bericht über einen Lauftherapeuten stieß. „Da
wusste ich: Mensch, genau das ist es!"

Im Internet entdeckte sie das Deutsche Lauftherapiezent-
rum in Bad Lippspringe. Dessen Leiter, Alexander Weber, war
ein emeritierter Psychologieprofessor und selbst passionierter
Läufer, der die positiven Auswirkungen des Laufens auf die
Psyche selbst erfahren hatte. Sein Zentrum hatte er nach US-
amerikanischem Vorbild aufgebaut, wo die Lauftherapie als me-
dizinisches Heilmittel anerkannt ist.

Um sich dort um einen Ausbildungsplatz bewerben zu
können, musste man mehrere Bedingungen erfüllen: nämlich

mindestens einen Zehn-Kilometer-Lauf absolviert haben und in einem sozialen Beruf ausgebildet oder alternativ im sozialen Bereich ehrenamtlich tätig gewesen sein. Für Anke kein Problem, denn sie konnte ja den Mainz-Marathon vorweisen und hatte lange beim Kinderschutzbund am Kinder- und Jugendtelefon gearbeitet. Mit anderen Worten: Sie war dabei!

Der lange Weg zur Lauftherapeutin

Ankes Kurs startete im April 2009 und dauerte anderthalb Jahre. Einmal im Monat fuhr sie für ein langes Wochenende nach Bad Lippspringe, was jeweils zweimal acht Stunden Fahrt bedeutete. Außerdem stand im Sommer ein einwöchiges Kompaktseminar an der Nordsee auf dem Programm.

„Das war ziemlich aufwendig, auch finanziell. Insgesamt hat mich die Ausbildung über 7.000 Euro gekostet – inklusive Fahrt, Übernachtung, Essen und Ausbildungsgebühr", sagt sie. „Aber das hat sich gelohnt. Ich hatte das Gefühl, mir damit etwas wirklich Gutes zu tun."

In der Gruppe fühlte sie sich auch rundum wohl – altersmäßig war sie sehr gemischt. „Die jüngste Teilnehmerin war vierunddreißig, der älteste achtundsechzig. Ich lag mit meinen fünfzig Jahren genau mittendrin."

Die Kursinhalte waren sehr vielseitig und reichten von Kommunikationspsychologie bis Ökotrophologie, zu den Ausbildungsmodulen gehörten beispielsweise „Projekt- und Methodenkompetenz", „Handlungskompetenz in laufrelevanten Problem- und Krisensituationen" oder „Der Mensch als biologisches System".

„Was das Laufen selbst betrifft, lautete das Mantra: Laufe so, dass du auch morgen noch Spaß daran hast", sagt Anke. Das beinhaltete auch einen wesentlich sanfteren Einstieg für Untrainierte als nach dem Wessinghage-Programm, das sie als extrem hart empfunden hatte.

Die Ausbildung endete nicht nur mit einer mündlichen Prüfung, es musste auch eine mindestens sechzigseitige Abschlussarbeit geschrieben werden. Anke wählte das Thema „Die Schwierigkeit beim Rollenwechsel: Wie aus einer guten Bekannten eine Kursleiterin wurde" – denn davon konnte sie ein Lied singen. Sie hatte in ihrem Heimatort einen Kurs angeboten und dabei erlebt, dass einige Teilnehmer, die sie aus anderen Zusammenhängen kannte, ihre Rolle als Leiterin nicht ohne Weiteres akzeptierten. „Sie versuchten, mir in meine lauftherapeutischen Anleitungen reinzureden. Oder sie akquirierten ungefragt zusätzliche Teilnehmer, obwohl der Kurs längst voll war und wir bereits gestartet hatten. Das führte zwangsläufig zu Konflikten. Eine Person hat den Kurs sogar beleidigt verlassen. Bei allen anderen ist es mir gelungen, mich zu behaupten. Dass die Teilnehmer zwei bis drei Treffen brauchen, um mir voll zu vertrauen und sich auf das Konzept einzulassen, bin ich inzwischen gewohnt, das ist normal."

Aus Spaß wird ein Job, der noch mehr Spaß macht

Du siehst, spätestens ab hier wird klar, dass dieses Kapitel ebenso gut in Teil zwei dieses Buches gepasst hätte, in dem Beruf und Karriere im Mittelpunkt stehen. Andererseits hat Ankes Laufkarriere ja als reines Hobby angefangen. Und außerdem hätte ich dir damit die ganze Überraschung verdorben ...

Tatsache ist, dass sie nie vorhatte, eine Laufschule zu eröffnen. „Hätte mir das vor zwanzig Jahren jemand prophezeit, hätte ich darüber gelacht." Damals gehörte sie noch zu denjenigen, die erfolglos versuchten, mit anderen Läufern mitzuhalten. Inzwischen bringt sie Menschen, die bisher nie trainiert haben, das Laufen bei.

„Von den anderen fünfundzwanzig Teilnehmern der Ausbildung hatten viele den Plan, sich als Lauftherapeuten selbstständig zu machen – bei den meisten hat es nicht geklappt. Dass es bei mir so gekommen ist, hat viel mit Glück und Zufall zu tun."

Durch eine Empfehlung kam sie in Kontakt mit einer Selbsthilfegruppe für Menschen mit Depressionen. Dort rannte sie mit ihrem Angebot offene Türen ein, und bald bildete sich unter ihrer Anleitung die erste Laufgruppe.

Darüber entwickelten sich dann weitere Kontakte, beispielsweise mit einer Klinik, der Lebenshilfe oder dem Bündnis gegen Depression. So ergab eins das andere und es entstanden immer weitere Laufgruppen für psychisch beeinträchtigte Menschen, für die das Konzept der Lauftherapie ja ursprünglich gedacht ist.

Wenig später gründete Anke dann ihre Laufschule. „Ich musste dem Kind ja einen Namen geben und mein Angebot anmelden." Und seitdem läuft es. Und läuft und läuft und läuft ...

Neben den Gruppen für Menschen mit Depressionen bietet Anke auch weitere Laufkurse an, hin und wieder auch Einzelcoachings. Auf diesem Weg habe ich ihre Methode kennengelernt und kann bestätigen, dass sie funktioniert. Sogar ich, die früher überhaupt keine Ausdauer hatte und davon überzeugt war, dass Laufen einfach nichts für mich ist, schaffte es nach einem halben Jahr, eine Stunde am Stück zu joggen. Zwar sehr langsam, aber ich will ja auch keine Rekorde brechen. Für mich ist das ein Riesenerfolg.

Und für Anke ebenfalls: „Bei meinen Infoveranstaltungen, die jedem neuen Kurs vorausgehen, sitzen mir regelmäßig Menschen gegenüber, die sich nicht vorstellen können, auch nur fünf Minuten am Stück zu laufen. Und wenn sie dann so weit sind und eine halbe oder sogar ganze Stunde durchhalten, dann sind sie mit Recht stolz. Und auch ich empfinde das als sehr erfüllend."

Inzwischen ist Anke zweiundsechzig und hat schon sehr viele Menschen ins Laufen gebracht. Ihre Abbrecherquote ist extrem gering, sie liegt bei unter fünf Prozent. „Das motiviert mich sehr", sagt Anke.

Sie hat nach der Lauftherapie noch zwei weitere Ausbildungen absolviert und ist jetzt auch ärztlich geprüfte Gesundheitsberaterin und Hypnotherapeutin. Doch den Plan, außerdem noch psychologische Heilpraktikerin zu werden, hat sie doch lieber ad acta gelegt.

„Laufen – das ist einfach mein Metier. Und ich kann nur jedem raten: Wenn dich etwas begeistert, dann mach's einfach. Probiere es aus. Alter spielt keine Rolle."

Von wegen schwaches Geschlecht ...

Wusstest du, dass Frauen erst seit 1972 offiziell beim Marathon starten dürfen und 1984 in Los Angeles erstmals bei den Olympischen Spielen?

Zuvor glaubte man (genauer gesagt: Mann), der schwache weibliche Körper sei so einer enormen Belastung nicht gewachsen.

Davon ließ sich die damals zwanzigjährige amerikanische Läuferin Kathrine Switzer jedoch nicht abhalten. Ihr Motto: „Das Leben ist zum Mitmachen da, nicht zum Zuschauen." Heimlich startete sie – mit dicker Kleidung und Wollmütze getarnt – unter dem abgekürzten Namen K. V. Switzer 1967 beim Boston Marathon. Und obwohl man ihr während des Rennens auf die Schliche kam und ihr die Startnummer abreißen wollte, schaffte die Laufpionierin es als erste Frau offiziell ins Ziel!

Sie gründete später eine weltweite Lauf-Community von und für Frauen mit dem Namen „261 fearless" – eine Anspielung auf ihre berühmte Startnummer von 1967, die seitdem beim Boston Marathon nicht mehr vergeben wird, höchstens an sie selbst. Wie zum Beispiel fünfzig Jahre nach ihrem spektakulären ersten Lauf, als sie im Alter von siebzig Jahren erneut am Boston Marathon teilnahm. Diesmal völlig legal.

TANJA

„Bisweilen muss man etwas machen, bevor man es sich leisten kann, sonst passiert es nie!"

Was gehört zu deinen schönsten Kindheitserinnerungen? Ist es das erste Himbeereis des Sommers? Das Herumtoben mit den Geschwistern? Oder der Tag, an dem du dein liebstes Haustier bekamst? Bei mir sind es die Spieleabende mit der ganzen Familie an Weihnachten, die Samstagabende im Bademantel bei *Am laufenden Band* oder *Wetten, dass ..?* und natürlich der Urlaub an der See.

Auch Tanja erinnert sich gern an Familienurlaube – allerdings nicht am Wasser, sondern darauf. „Als ich klein war, waren wir in den Ferien immer zum Segeln auf dem IJsselmeer. Ich weiß noch genau, wie harmonisch es dabei zuging, obwohl wir dort ja zu viert auf relativ engem Raum waren. Zu Hause herrschte immer Hektik, doch auf dem Boot war alles viel entspannter."

Wenn Tanja ans Segeln denkt, dann verbindet sie das mit Ruhe und Freiheit. Und mit Seemannsliedern, die sie schon damals gerne sang. „Ich hatte zwei Lieblingsplätze an Bord", erzählt sie. „Einer war am Steuer, der andere auf dem Vorschiff. Dort saß ich gern mit einem Buch – wenn der Seegang zu wild war, wurde ich eben angeschnallt."

Nicht mehr mitfahren, sondern selber segeln

Als Tanja älter wurde, verbrachte sie immer seltener ihre Urlaube mit den Eltern. Vorbei die herrlich entspannte Zeit auf dem Boot. „Im Studium kannte ich niemanden, der segelte. Ich dachte lange Zeit, das sei ein Hobby meiner Eltern gewesen, nicht meins", sagt sie.

Erst viel später, als sie schon eine eigene Familie hatte, erinnerte sie sich daran, wie schön das damals gewesen war, und machte ihren ersten Segelschein. „Dafür überredete ich Mann und Kind zu einem Sommerurlaub auf Elba, denn dort gab es eine tolle Segelschule. Ich lernte auf einer kleinen Jolle in einer Bucht. Das war ein echtes Anfänger-Programm, aber ich hatte einen Riesenspaß." Mit anderen Worten: Sie war wieder angefixt.

In den folgenden Jahren machte sie einen Segelschein nach dem anderen. „Es gibt zwei wichtige Scheine, die man braucht, um bestimmte Motorleistungen fahren zu dürfen – einen für Binnengewässer und einen für die offene See", erklärt sie. Doch dabei bliebt es nicht, denn sie wollte einfach alles über Schiffsführung, Navigation, Ausrüstung und Sicherheit lernen, was es zu wissen gab.

„Ich wollte unangreifbar sein. Diese Vorsicht ist typisch Frau", glaubt sie. „Viele Männer sind nach dem ersten kleinen Schein schon mit einem großen Boot im Mittelmeer unterwegs und halten sich für den King – doch das kann ziemlich gefährlich sein, wenn die Erfahrung fehlt."

Die drei größten Gefahren beim Segeln

Kollisionen

Kollisionen können Lecks in der Bordwand verursachen. Dann gilt: Schnell das Wasser wieder aus dem Schiff!

Feuer an Bord

Hier gilt es, sofort zu löschen. Rausrennen wie aus einem brennenden Haus – das funktioniert auf dem Wasser nicht.

Mensch über Bord

Ebenfalls sehr gefährlich. Das Rettungsmanöver ist nicht einfach und muss gut eingeübt sein.

Zu den größten Fehlern vieler Freizeitsegler gehört das Ignorieren des Alkoholverbots. Denn das gilt nicht nur für die Person am Steuer, sondern für alle, die Decksarbeiten machen. Und auch für Passagiere ist es riskant: Wer getrunken hat, geht leichter über Bord ...

Noch immer gilt Segeln als typischer Männersport. So war es auch kein Zufall, dass die Hafenmeister ihre Rechnungen grundsätzlich an Tanjas Mann adressierten, obwohl der überhaupt keinen Segelschein hatte.

Trotzdem – oder vielleicht gerade deshalb – begann Tanja von einem eigenen Boot zu träumen ...

Eine Frau wird Kapitänin

Die erste Fahrt, für die sie alleine als Skipperin verantwortlich war, hatte Tanja eigentlich gar nicht geplant. Ursprünglich sollte ihr Vater, der erfahrene Segler, mit dabei sein. Doch der wurde krank und fiel aus.

„Das Boot war gechartert, es herrschte super Wetter, also entschied ich: Wir machen das einfach!" Mit von der Partie waren ihr Mann und ihre Schwester. „Ich war unglaublich aufgeregt – schließlich war ich ja nicht nur für mich und das Boot, sondern auch für die anderen verantwortlich." Alles lief bestens und die Nervosität machte einem anderen Gefühl Platz: Stolz.

Von da an war Tanja immer häufiger mit gecharterten Booten unterwegs.

„Das erste Mal mit Freunden auf dem Mittelmeer, dann das erste Mal rausgefahren auf die offene Nordsee – jedes neue Abenteuer war ein wichtiger Schritt und jedes Mal war ich wieder aufgeregt", sagt Tanja. Respekt vor dem Wasser ist immer angebracht. „Die See ist nicht nur gefährlich, wenn's ruppig ist, sondern auch bei schönem Wetter. Es kann ja auch jederzeit etwas kaputtgehen, was man dann reparieren muss. Man sollte nicht nur vom Segeln etwas verstehen, sondern auch von der Technik im Schiff."

Wenn nicht jetzt, wann dann?

Irgendwann wurde der Wunsch nach einem eigenen Boot immer größer. „Ich habe jahrelang gezögert – eigentlich wollte ich warten, bis ich genug Geld übrig habe", sagt Tanja. „Dann ist meine Oma gestorben – mit sechsundneunzig Jahren. Und ich dachte: Wer weiß, ob ich selbst so ein hohes Alter erreiche? Der nächste Gedanke war: Wie lange kann ich wohl noch auf einem Boot herumkraxeln? In zehn Jahren bin ich vielleicht nicht mehr gelenkig und auch nicht mutig genug."

Damals war Tanja dreiundfünfzig. Der Zeitpunkt war perfekt für einen neuen, großen Schritt. Von ihrem Mann hatte sie sich inzwischen getrennt, der erwachsene Sohn war ausgezogen, Haustiere und Zimmerpflanzen, um die sie sich hätte kümmern müssen, besaß sie auch nicht mehr, ihre Eltern waren noch sehr fit ... Tanja empfand in dieser Lebensphase eine große Leichtigkeit – und eine echte Aufbruchstimmung. „Zum ersten Mal seit Langem hatte ich das Gefühl, machen zu können, was immer ich will. Und ich wollte ein Boot kaufen!"

Viele in ihrem Umfeld fanden, chartern sei doch viel flexibler. Aber Tanjas Vater verstand sie.

Natürlich war mit diesem Schritt ein finanzielles Risiko verbunden, auch wenn sie sich für ein gebrauchtes Boot entschied, das sie notfalls wieder verkaufen konnte. Tanja musste, um es bezahlen zu können, an ihre Reserven gehen. „Eigentlich konnte ich es mir zu dem Zeitpunkt gar nicht wirklich leisten. Denn so ein Boot bringt hohe Folgekosten mit sich, von Hafengebühren über Wartung und Reparaturen bis zu Ersatzteilen. Aber ich vertraute darauf, dass das alles schon irgendwie klappen würde. Ich wollte nicht mehr warten. Es musste einfach sein."

Und sie hat ihre Entscheidung keine Sekunde lang bereut. „Klabunde – das Boot heißt nach meiner verstorbenen Oma – ist wunderschön!", schwärmt Tanja, und man spürt, dass es um ihr Herzensthema geht. „Gecharterte Boote sind toll – aber ein eigenes ist noch viel toller. Sobald ich es betrete, fühle ich mich zu Hause."

Tanja liebt es, auf ihrem Boot zu sein. Dort zu übernachten, die Wochenenden zu verbringen, oft mit Freunden oder ihrem neuen Partner, und, ja, sogar dort zu arbeiten. Letzteres macht sie immer öfter, denn kaum hatte sie sich für den Kauf entschieden, startete sie auch geschäftlich voll durch – von ihrer

Unternehmensgründung gemeinsam mit Annette habe ich ja schon in einem früheren Kapitel berichtet. Dass beides zeitlich zusammenfiel, war zwar ein Zufall, aber für Tanja fühlte es sich so an, als müsste das alles so sein.

Das Boot liegt übrigens am IJsselmeer – dort, wo sie einst mit den Eltern und ihrer Schwester die Sommerurlaube verbracht hat. Ist es nicht herrlich, wenn sich ein Kreis schließt?

Interview mit einer Seglerin: „Je älter ich werde, desto besser kenne ich mich selbst."

Als du dein Boot Klabunde gekauft hast, warst du Mitte fünfzig. Und du hast deine Entscheidung damit begründet, dass du in zehn Jahren vielleicht zu alt dafür wärst. Gibt es also eine Altersobergrenze für lebensverändernde Entscheidungen?
Grundsätzlich nicht. Ich bin sicher, man kann in jedem Alter neue Dinge ausprobieren. Aber für manche gibt es eben körperliche Limits. Auch fürs Freizeitsegeln braucht man eine gewisse Kondition und Beweglichkeit. Und ich wollte einfach nicht so lange warten, bis ich fürs Segeln nicht mehr fit genug bin.

Kann das Alter sogar ein Vorteil sein?
Auf jeden Fall. Man kennt sich selbst einfach besser, als wenn man jung ist. Da kommen eher Zweifel auf und man fragt sich: Will ich das wirklich? Lohnt es sich beispielsweise, ein Klavier anzuschaffen und in Unterricht zu investieren? Was, wenn ich die Lust daran verliere? Oder in meinem Fall eben: Lohnt es sich, ein Segelboot zu kaufen? Aber ich wusste ja: Das ist etwas, was ich wirklich von ganzem Herzen will.

Viele haben dir geraten, bei gecharterten Booten zu bleiben, weil das flexibler sei. Ist da was dran?

Für mich gilt das Gegenteil. Auf dem eigenen Boot bin ich viel flexibler. Beispielsweise bei Sturm. Da denke ich mir: Okay, dann bleibe ich eben im Hafen und räume den Schrank auf. Hat man aber für viel Geld ein Boot gechartert, ist das sehr, sehr ärgerlich. Ein verlorenes Wochenende, sozusagen.

Was hat dich das Segeln generell fürs Leben gelehrt?

Zwei Dinge: Nichts geht über gute Vorbereitung! Das praktiziere ich übrigens nicht nur auf dem Boot, sondern auch im Beruf. Ich bin sozusagen ein Vorbereitungs-Junkie. Aber gleichzeitig darf man beim Segeln nicht zu sehr darauf fixiert sein, was man sich vorgenommen hat, weil man ja vom Wetter abhängig ist. Da ist es immer gut, einen Plan B zu haben. Man muss auf dem Wasser nach der Natur leben und kann nicht den eigenen Willen durchsetzen.

Als Kind hast du am Segeln vor allem die entspannte Atmosphäre und die Freiheit geliebt. Ist das noch immer so?

Absolut. Und ich liebe es, mit wechselnden Crews unterwegs zu sein. Oft habe ich Freunde und Bekannte mit dabei, die noch nie gesegelt sind. Mir macht es einen Riesenspaß, ihnen zu zeigen, wie toll das ist. Segeln ist auch ein geniales Coaching, gerade für Frauen. Man kann dabei an die eigenen Grenzen gehen, Ängste überwinden und mutiger werden. Und natürlich diese unglaubliche Freiheit entdecken. Es gibt nichts Schöneres.

ANNETTE, SIMONE UND ANDERE SPORTSKANONEN

„In unserem Alter weiß man einfach besser, wie man tickt – und was einem guttut"

Bleiben wir beim Thema Sport. Ein weites Feld, ich weiß. Es reicht von American Football bis Zumba. Oder von Aikido bis Zehnkampf. Oder von Aquarobic bis Zirkusartistik. Oder ... aber lassen wir das. Du weißt, was ich meine.

Im mittleren Lebensalter wird Sport für viele ein Thema. Manche entdecken ihn wieder, andere trainieren seit frühester Jugend und bleiben bis ins hohe Alter dabei, und wieder andere fangen um die fünfzig überhaupt erst so richtig damit an. So wie Anke, ich – und einige andere meiner Interviewpartner:innen.

Vielleicht findest du dich in dem einen oder anderen Beispiel wieder? Oder fühlst dich inspiriert? Möglicherweise auch zu etwas völlig anderem? Falls ja, lass es mich wissen! Ich freue mich über Leser:innenpost!

Annettes Ziel: Eine „zähe Alte" werden

Annette wünschte sich zu ihrem fünfzigsten Geburtstag Geld. So weit, so unspektakulär. Spannend ist vielmehr, wofür sie es ausgeben wollte: Nämlich für eine persönliche Trainerin. Genauer gesagt eine persönliche Triathlon-Trainerin!

„Ich habe das bewusst überall rumerzählt, um mich quasi dazu zu verpflichten. Der Druck von außen erhöht die Verbindlichkeit. Und wenn ich die Sache am Ende doch nicht durchgezogen hätte, dann hätte ich das Geburtstagsgeld eben gespendet", erzählt sie.

Jeder tickt da natürlich anders. Annettes Mann beispielsweise trainiert immer für sich alleine und hat auch überhaupt keine Lust auf Wettkämpfe. Ansporn von außen braucht er dafür nicht. Das ist eben Typsache.

Annette dagegen hatte das Thema Sport jahrelang schleifen lassen. Sie wusste zwar, dass sie sich mehr bewegen sollte, aber irgendwie waren andere Dinge immer wichtiger. „Dann habe ich irgendwann das Schwimmen für mich entdeckt. Im Freibad sind mir die unglaublich fitten Ü70-Frauen aufgefallen, die ihre Bahnen zogen. Und ich sagte mir: Ich will auch mal so eine zähe Alte sein."

Neben diesen positiven Vorbildern gab es auch ein paar Negativbeispiele in ihrem Umfeld. Menschen, die nur unwesentlich älter als sie, aber schon fast unbeweglich waren. So wollte sie keinesfalls werden!

Daraufhin entschied sie sich, mit dem Training anzufangen. „Meine Motivation war: die Lebensqualität verbessern und die Restlaufzeit verlängern", sagt sie.

Und dafür lohnte sich auch das teure Training und die Investition in die nicht gerade billige Ausrüstung. „Jeder von uns hat im Leben schon für so viel Mist Geld ausgegeben, warum also nicht dafür?", argumentiert sie zu Recht. „Schließlich tut es mir gut!"

Kurz nach ihrem Geburtstag legte sie los. Das erste große Ziel war ein Wettkampf, der ein gutes halbes Jahr später stattfand. „Zwischendurch habe ich zur Vorbereitung einige kleinere Volksläufe mitgemacht", erzählt Annette. „Ich war etwas über zwei Jahre lang richtig gut dabei, habe regelmäßig trainiert und einige Wettkämpfe auf der Sprint-Distanz bestritten."

Primär ging es Annette darum, den Sport als Routine in ihrem Leben fest zu verankern. Die Wettkämpfe betrachtete sie als Vehikel, um sich selbst zu motivieren. So setzte sie sich nach dem ersten Triathlon-Wettkampf mit ihrer Trainerin zusammen und sie überlegten gemeinsam, welche neuen Ziele sie sich setzen könnte, um am Ball zu bleiben. Weil sie noch nie zehntausend Meter am Stück gelaufen war, bestritt sie beispielsweise im gleichen Herbst noch einen Zehn-Kilometer-Volkslauf. Im Jahr darauf nahm sie am Hamburg-Triathlon teil, für den sie ihre Freiwasser-Angst überwinden musste.

„Für die darauffolgende Saison hatte ich mir ein tolles Programm zusammengestellt und mich auch schon überall angemeldet – doch dann wurde wegen Corona alles abgesagt." Das bremste sie regelrecht aus. „Ich habe dann einfach die Kurve nicht mehr gekriegt, die Motivation war weg", sagt sie.

Damit löste sich auch das mittelfristige Ziel, nämlich die olympische Distanz, zunächst einmal in Luft auf.

Parallel dazu nahm ihr neues Business, die Organisation von Online-Veranstaltungen, über das ich schon in einem früheren Kapitel geschrieben habe, an Fahrt auf. Entsprechend hatte sie weniger freie Zeit zum Trainieren. „Wobei das ja eigentlich eine Ausrede ist – es ist immer Zeit da, wenn man wirklich will", sagt Annette. Sie hat fest vor, wieder ernsthaft loszulegen und hat sich auch schon für einen Wettkampf angemeldet. Zum Glück muss sie nicht mehr bei null anfangen, denn ihr Leben ist noch immer viel sportlicher als früher – sie trainiert bloß nicht mehr so intensiv wie in der Phase vor den Wettkämpfen. „Ich habe eine gute Grundfitness. So könnte ich beispielsweise aus dem Stand acht Kilometer laufen oder zwei Kilometer schwimmen – das wäre vor der Zeit mit der persönlichen Trainerin unmöglich gewesen."

Der Plan ist, das Training wieder auszubauen. „Dass ich überhaupt damit angefangen habe, war für mich eine absolut lebensverändernde Erfahrung", sagt sie. Und vor allem eine Leistung, die höchsten Respekt verdient, wie ich finde!

Triathlon? Also Ironman, oder wie?

Die Sportart Triathlon besteht aus drei Disziplinen: Schwimmen, Radfahren, Laufen – in dieser Reihenfolge. Am spektakulärsten ist natürlich die Langdistanz, die du vielleicht vom berühmten Ironman Hawaii kennst. Aber natürlich ist diese Variante für Einsteiger nicht machbar. Es gibt unterschiedliche Arten von Triathlon-Wettkämpfen, zum Beispiel:

Disziplin/Distanz	Schwimmen	Radfahren	Laufen
Super-Sprint	250–500 m	2–10 km	1,6–3,5 km
Sprint	500–750 m	20 km	5 km
Olympisch	1,5 km	40 km	10 km
Mitteldistanz	1,9 km	90 km	21,1 km
Langdistanz	3,8 km	180 km	42,195 km

Die Sprintdistanz wird übrigens auch als Volkstriathlon bezeichnet, während die Langdistanz – auch Ironman genannt, obwohl das strenggenommen ein Markenname ist – nur den Allerhärtesten vorbehalten ist. Oder jedenfalls war das mal so. Inzwischen ist selbst der Ironman zum Massenevent mutiert, sodass die Allerhärtesten das toppen müssen: beim Ultra-Triathlon, also Wettkämpfen in doppelter, dreifacher, fünffacher oder gar zehnfacher Langdistanz. Grundgütiger ...

Simone träumt nicht mehr vom Surfen – sie tut es!

Surfen war für Simone immer der Inbegriff von Freiheit. Schon als sie noch weit weg von der Küste lebte, hegte sie den Wunsch, das eines Tages auszuprobieren. Während eines Dänemark-Urlaubs sollte es dann endlich so weit sein. „Aber das Wetter machte einen Strich durch die Rechnung", erzählt sie. „Es herrschte durchgehend Flaute – das Brett hat sich kein bisschen bewegt."

Sollte es also einfach nicht sein?

Oh, doch! Denn als sie Mitte fünfzig war, verschlug sie das Schicksal an die Ostsee. Seit sie dort wohnt, kann sie sich über mangelnde Gelegenheiten nicht mehr beklagen.

„Ich machte damals eine ziemlich schwere Zeit durch und wollte mir etwas Gutes tun. Etwas, was mir so richtig Spaß machte und wobei ich mich austoben konnte. Und so meldete ich mich in einem Surfkurs an."

Als sie anfing, herrschten nicht gerade perfekte Bedingungen, um zum ersten Mal aufs Brett zu steigen. Regen, Kälte, unruhige See – das alles machte ihr zu schaffen. „Ich kämpfte mich durch, weil ich es ja unbedingt wollte. Und am dritten Tag lief es dann auf einmal besser."

Das größte Problem war nicht einmal das Gleichgewicht, sondern es waren die ungewohnten Bewegungsabläufe. „Irgendwann bekommt man einfach ein Gefühl dafür", sagt sie. „Natürlich bin ich unzählige Male im Wasser gelandet, aber dafür erlebte ich auch jede Menge Glücksmomente. Deshalb habe ich weitergemacht."

Und schon gerät sie ins Schwärmen: „Für mich ist Wasser ein Element, das unglaublich beruhigt. Und wenn man dann auf dem Brett steht und eins wird mit Wind und Wellen, dann vergisst man alle Probleme und Krisen des Alltags."

Wenn sie dann hinterher mit den anderen Kursteilnehmern noch ein bisschen zusammensaß, konnten die ihr ansehen, wie glücklich sie war, so sehr strahlte sie.

Dass sie in dieser Gruppe eine der Ältesten war, machte ihr nicht das Geringste aus. „Der Besitzer der Surfschule ist selbst schon sechzig und kennt unheimlich viele, die erst in höherem Alter angefangen haben und jetzt richtig gut surfen", sagt Simone. „Ich kann nur jedem, der Lust dazu hat, raten, es einfach mal auszuprobieren. Surfen ist auch gar nicht so teuer, man braucht nicht mal eine eigene Ausrüstung, sogar den Neoprenanzug kann man ausleihen."

Und was das Ausprobieren neuer Sportarten betrifft, hat auch Simone selbst noch viel vor. Neulich ist sie zum ersten Mal Kajak gefahren, was sie zwar anstrengend fand, aber auch „einfach traumhaft". Außerdem hat sie einen Kletterpark besucht und war hellauf begeistert. Das Nächste, was sie ausprobieren möchte, ist Drachenfliegen. Und ich wette, auch dabei wird sie einen Riesenspaß haben. Ich wünsche es ihr jedenfalls von Herzen.

Noch mehr sportliche Inspiration gefällig?
Bitte sehr!

„Eigentlich habe ich den Tanzkurs nur besucht, um bei der Hochzeit meiner Tochter den Vater-Braut-Tanz einigermaßen über die Bühne zu kriegen. Aber dann hat mir das so gut gefallen, dass ich dabei geblieben bin. Am meisten Spaß machen mir die Zwanziger-Jahre-Tänze Charleston und Lindy Hop. Dabei kann ich wunderbar abschalten. Außerdem ist Tanzen ein großartiges Herz-Kreislauf-Training." *Ingo*

„Als ich dreiundvierzig war, habe ich das Kickboxen für mich entdeckt. Dabei fühle ich mich fit und stark. Zuerst habe ich für mich allein trainiert, mithilfe einer App. Nach etwa einem Jahr habe ich mich in einem Kickboxstudio angemeldet. Der Trainer war richtig beeindruckt von dem, was ich schon drauf hatte. Was ich allerdings nicht kann: so richtig mit einer anderen Person kämpfen. Das möchte ich aber auch gar nicht. Mir geht es um den Spaß, die Fitness und ums Stress-Abbauen." *Derya*

„Ich habe mit Ü40 mit Yoga begonnen – ein echtes Klischee, ich weiß. Aber für mich wie geschaffen. Bis dahin hatte mir Sport nicht mal ansatzweise Spaß gemacht. Das, was andere daran so mögen, ist genau das, was ich daran hasse: das Gefühl des Ausgepowertseins. Beim Yoga bin ich selbst nach einer sehr sportlichen und anstrengenden Stunde nicht k. o., sondern energiegeladen und zugleich total ruhig. Seit ich Yoga mache, habe ich ein besseres Körpergefühl und bin auch viel entspannter." *Christine*

„Als ich Anfang vierzig war, habe ich angefangen, Salsa zu tanzen und das auch vier Jahre lang betrieben. Es hat mir wirklich viel Spaß gemacht. Das Problem waren entweder mangelnde Tanzpartner oder übergriffige Anbaggerer. Darauf hatte ich irgendwann keine Lust mehr. Deshalb habe ich Salsa aufgegeben und bin zu Jazzdance und Zumba gewechselt. Das geht auch alleine." *Lara*

„Ich liebe die Natur und vor allem das Wasser. Zum Segeln komme ich in letzter Zeit viel zu selten, also habe ich mir letztes Jahr ein Faltkajak gekauft. Das ist zwar kein echter Ersatz fürs Segeln, aber macht mir überraschend viel Spaß. Außerdem kostet es wenig Geld und Aufwand. Perfekt für mich!" *Marc*

„Ich kam über einen Bekannten zum Bogenschießen. Zuerst habe ich diese Sportart belächelt, denn ich bin mehr so der Typ, der sich gerne auspowert beim Training. Aber dann war ich total begeistert. Das Schießen mit Pfeil und Bogen entspannt total. Außerdem fördert es die Wahrnehmungsfähigkeit und die Konzentration. Hätte ich nie gedacht. Und jetzt habe ich mit Ende fünfzig ein neues Hobby." *Patrick*

„Ich war lange auf der Suche nach einer Sportart, die mir wirklich gefällt, und habe auch alles Mögliche ausprobiert, von Fitnessstudio bis Yoga – aber der Funke ist nie übergesprungen. Als ich Mitte vierzig war, hat mich eine Freundin dazu überredet, mit ihr auf dem Wannsee rudern zu gehen. Und das ist es! Diese Harmonie der Bewegungen, wenn man ein paar Schläge gemeinsam gerudert ist und den Takt gefunden hat, dazu das Wasser in greifbarer Nähe, frische Luft und im besten Fall auch Sonne ... und dabei richtig auspowern können. Einfach toll! Inzwischen gibt es in meinem Leben keine Woche mehr, in der ich keinen Sport treibe – dabei war ich jahrzehntelang ein echter Sportmuffel ..." *Heike*

„Ich habe mit Ü40 den Sport für mich entdeckt und trainiere inzwischen sechs- bis siebenmal pro Woche. Meine Lieblingsdisziplinen sind sportliches Radfahren und Krafttraining. Seit einigen Jahren ziehe ich begeistert Kraft und Energie daraus." *Sandra*

„Ich war vierundvierzig, als ich begonnen habe zu klettern. Nach einer längeren Pause möchte ich dieses Hobby jetzt wieder aufleben lassen. Oder vielleicht bouldere ich auch nur? Mal sehen. Ob man auch gesichertes Bäumeklettern als Hobby etablieren kann? Das würde mir nämlich sehr gefallen! Am Klettern mag ich vor allem, dass ich es genau so machen kann, wie es für mich richtig ist. Ich verspüre da keinen Leistungsdruck." *Britta*

Und das ist nur eine kleine Auswahl möglicher Sportarten. Hey, da wird doch wohl auch die passende für dich dabei sein? Ich wünsche dir jedenfalls viel Spaß! Mögen wir alle gut gelaunte „zähe Alte" werden! ☺

FRANK

„Wenn man aus purem Zufall eine neue Leidenschaft entdeckt, sollte man sie pflegen!"

Frank hielt sich von klein auf für absolut unmusikalisch. Er war, im Gegensatz zum Rest seiner Familie, zu einhundert Prozent talentfrei. Franks Mutter arbeitete als Klavierlehrerin, seine Schwestern sahnten bei Wettbewerben einen Preis nach dem anderen für ihr Geigen- und Querflötenspiel ab, und sein Vater mit der wunderbaren Bassstimme hätte als Ivan-Rebroff-Imitator durchstarten können (was er allerdings nur auf Familienfeiern und bei ähnlichen Anlässen tat).

Frank kam sich unter all diesen musikalischen Überfliegern wie ein Alien vor. „Eine Zeit lang glaubte ich wirklich, man hätte mich bei der Geburt in der Klinik verwechselt. Ich hatte das Gefühl, in der falschen Familie gelandet zu sein."

Bis zur Pubertät tat er alles, um zu beweisen, dass wenigstens ein Funke Musikalität in ihm steckte. Er klimperte auf dem Klavier herum, wenn seine Mutter gerade keine Schüler hatte, und meldete sich im Schulchor an – doch das Resultat war immer dasselbe. „Lass mal lieber", hieß es jedes Mal. Meistens kombiniert mit einem Seufzen, das so viel bedeutete wie: hoffnungsloser Fall.

Irgendwann gab Frank dann auf. Genauer gesagt: Er rebellierte. „Ich zog mich mehr und mehr in mein Zimmer zurück, und um das ganze klassische Geigen-, Flöten- und Klaviergedudel im Haus zu übertönen, hörte ich laute Rockmusik."

Seine Eltern ließen ihn gewähren. Irgendwie schienen sie Mitleid mit ihm zu haben, weil die Tür zur wunderbaren Welt der Musik für ihn verschlossen blieb. Einzige Einschränkung: Während seine Mutter unterrichtete, musste er die Musik leiser stellen oder Kopfhörer aufsetzen.

„Ich entschied mich meistens für die Kopfhörer und drehte die Musik so laut auf, dass mir der Schädel dröhnte", erinnert sich Frank. „Ein Wunder, dass ich mir dabei keinen Hörschaden zugezogen habe."

Trommelwirbel, bitte

Irgendwie erscheint es ihm wie eine Laune des Schicksals, dass er mit Mitte zwanzig Leyla wiederbegegnete. Leyla war eine Klavierschülerin seiner Mutter gewesen und als Kind hatte er sie inbrünstig gehasst. Blöde Streberin, hatte er sie in Gedanken genannt. Seine Mutter dagegen bezeichnete Leyla als ihre fleißigste und talentierteste Schülerin. „Im Nachhinein wird mir klar, dass ich wohl eifersüchtig auf diese Anerkennung war", sagt Frank heute. Jedenfalls waren diese Gedanken wie weggeblasen, als er Leyla nun wiedertraf. Die beiden verliebten sich und heirateten.

„Als Leyla schwanger wurde, witzelten wir darüber, wie hoch die Wahrscheinlichkeit für ein musikalisches Wunderkind ist – beziehungsweise für eine musikalische Null", sagt Frank. Inzwischen war er als Informatiker erfolgreich, hatte seinen eigenen Weg gefunden und machte sich nichts mehr daraus, dass er weder einen Ton halten noch Noten lesen konnte. „Dafür sind meine Schwestern zum Beispiel völlig unsportlich, während ich ziemlich gut trainiert und fit bin."

Der gemeinsame Sohn Noah schien von beiden die besten Gene geerbt zu haben, denn er war sowohl musikalisch als auch sportlich. Frank ging mit ihm zum Kinderturnen, später feuerte er ihn beim Fußball an und beim Schwimmen. Leyla meldete ihn bei der musikalischen Früherziehung an und brachte ihm selbst auf dem Klavier erste Etüden bei. Sehr zur Freude von Franks Mutter. Sie versprach Noah, ihm zum zehnten Geburtstag ein Instrument seiner Wahl zu schenken. „Sie hätte wohl mit allem gerechnet, von Harfe bis Saxophon. Aber dass ihr Goldjunge mit der musikalischen Ader und der glockenhellen Gesangsstimme sich ausgerechnet für ein Schlagzeug entscheiden würde, hat meine Mutter dann doch mehr als überrascht."

Sie versuchte zwar, dem Jungen stattdessen eine Trompete oder eine Gitarre schmackhaft zu machen, doch er blieb unbeirrbar – und versprochen war schließlich versprochen.

Das Schlagzeug nahm in Noahs Zimmer so viel Raum ein, dass der Weg vom Schrank zum Bett fortan einem Hindernislauf glich.

„Leyla war nicht begeistert, aber sie glaubte fest daran, die Liebe zum Schlagzeug wäre nur eine Phase. Tja, da irrte sie sich gründlich. Noah übte jeden Tag. Zuerst einfach vor sich hin, doch als wir merkten, dass es ihm ernst damit war, suchten wir einen Lehrer für ihn und er bekam Unterricht. Er wurde richtig gut und spielte bald sogar in der Schulband."

Nach einer Weile bekam das Schlagzeug einen neuen Platz im Keller, wo Noah den größten Teil seiner Freizeit verbrachte.

Wie der Sohn, so der Vater

Als Noah fünfzehn war, brach er sich beim Fußballspielen den rechten Arm. „Er wurde übel gefoult und fiel unglücklich darauf", erzählt Frank. „Das Ganze war sehr schmerzhaft und die Genesung langwierig. Der Knochen war nicht glatt gebrochen, sondern gesplittert. Er konnte monatelang nicht spielen – weder Fußball noch Schlagzeug."

Die bereits bezahlten Unterrichtsstunden bei Noahs Schlagzeuglehrer würden also ungenutzt verfallen. Es sei denn ...

„Es war eine ganz spontane Idee. Aus einer Laune heraus schlug ich vor, diese Stunden zu übernehmen. Noah fand das lustig und Leyla geradezu absurd – schließlich wusste jeder, dass ich der unmusikalischste Mann der Welt war."

Doch bald spürte Frank, dass das wohl ein lebenslanger Irrtum gewesen war. Denn das Schlagzeugspielen machte ihm nicht nur einen Riesenspaß, es fiel ihm auch leicht.

„Eric, der Schlagzeuglehrer, fand, ich sei ein Naturtalent", sagt Frank. „Ich konnte es selbst kaum glauben. Von wegen, völlig unbegabt. Ich hatte es bloß all die Jahre nicht mit dem richtigen Instrument probiert."

Am Schlagzeug kommt es ja vor allem auf Rhythmusgefühl an und auf eine gute Koordination von Händen und Füßen. Wenn alle vier Extremitäten etwas anderes tun sollen, ist das für viele eine ganz schöne Herausforderung. Manche scheitern ja schon bei simplen Übungen, wenn sie beispielsweise mit der rechten Hand einen Kreis in die Luft zeichnen sollen und mit der linken eine Acht. Probier es doch einfach mal aus. Na? Gar nicht so einfach!

Für Frank dagegen waren solche Dinge schon immer ein Kinderspiel. Er hätte bloß nicht gedacht, dass diese Begabung ihm bei einem Instrument weiterhelfen würde.

In den nächsten Wochen belagerte Frank den Partykeller und übte in jeder freien Minute. Er wollte so viel lernen wie möglich, bevor Noahs Arm geheilt war.

Als es dann endlich so weit war, merkte Frank, dass er überhaupt keine Lust hatte, sein neues Hobby aufzugeben. Und weil Noahs Schlagzeuglehrer komplett ausgebucht war, suchte er sich einen eigenen.

Das erste Konzert

„Alle anderen Schüler, die mir in der Musikschule über den Weg liefen, waren zwischen fünf und fünfzehn – ich mit meinen fünfzig Jahren fiel da echt aus der Reihe. Andererseits fühlte ich mich so jung und lebendig wie schon lange nicht mehr!"

Nach einer Weile – er war inzwischen ein leidlich guter Drummer – stellte er anlässlich Leylas fünfzigstem Geburtstag eine Partyband zusammen, bestehend aus ihm selbst und ein paar Freunden und Nachbarn. „Wir spielten die großen Hits aus unserer Jugend. Depeche Mode, U2, Queen, Police, Duran Duran, Huey Lewis & the News … bunt gemischt. Das kam super an."

Und vor allem machte es allen Beteiligten so viel Spaß, dass sie nach der Feier einfach weitermachten. „Wir wurden eine klassische Garagenband – nur eben dreimal so alt wie üblich", sagt Frank und lacht. „Natürlich brauchten wir auch einen Namen. Noah schlug vor, uns *Broken Arms* zu nennen. Schließlich hatte ja alles mit seinem Gipsarm angefangen."

Demnächst feiert Franks Schwester ihre Silberhochzeit. Dafür hat sie die *Broken Arms* gebucht!

Frank grinst. „Nichts gegen ein Flötenquartett, aber wenn es ums Abfeiern geht, ist es vielleicht doch nicht das Richtige." Übrigens plant er ein ausgedehntes Schlagzeugsolo – bei Beat It, passenderweise. Und Noah wird den Gesangspart übernehmen.

Den Spruch „Lass mal lieber" hat Frank übrigens schon lange nicht mehr gehört. Und wenn es nach ihm ginge, müsste der auch verboten werden. „Wer weiß, wie viele Talente da draußen unerkannt schlummern, bloß weil sie in ihrer Kindheit ausgebremst worden sind", sagt er. Dass es bei ihm anders gekommen ist, hat er ja nur einem groben Foul zu verdanken. „Das Leben ist manchmal ganz schön verrückt", findet Frank. „Es kommt darauf an, aus den absurdesten Zufällen das Beste zu machen. Neu entdeckte Leidenschaften nicht nur zu pflegen, sondern auch zu genießen. Und das ist keine Frage des Alters!"

Die 10 besten Anfänger-Stücke zum Schlagzeug-Üben

AC/DC: *Highway to Hell*
Liquido: *Narcotic*
Lady Gaga: *Stupid Love*
Ed Sheeran: *Perfect*
The Cranberries: *Zombie*
Michael Jackson: *Billie Jean*
Eminem: *Without Me*
Green Day: *Boulevard of Broken Dreams*
Roxette: *Listen to Your Heart*
Imagine Dragons: *Radioactive*

Online findest du jede Menge Tutorials für Anfänger, in denen es weitere Tipps und genaue Anleitungen gibt!

FELIX, DAGMAR UND ANDERE KREATIVE

„Es ist einfach ein tolles Gefühl, mit den eigenen Händen etwas Schönes zu erschaffen."

Ersetzen wir das Wort „Hobby" durch „Freizeitgestaltung", kommen wir direkt zum Thema Kreativität. Denn etwas zu gestalten, das macht einfach stolz und zufrieden. Sei es ein Strickpulli, ein Gemälde oder ein Schmuckstück. Und Musik ist für viele von uns ohnehin ein enormer Glücksfaktor – ob wir sie passiv konsumieren, uns dazu bewegen oder eigenhändig musizieren.

Ich selbst habe meine Strick- und Häkelphase schon vor dreißig Jahren beendet (wer weiß, ob ich jemals wieder darauf zurückkomme?), und was das Basteln im weitesten Sinne betrifft, bin ich ein echtes Antibeispiel. Um nicht zu sagen: Ich hasse es von Herzen!

Umso mehr beeindruckt es mich, wie kreativ viele meiner Interviewpartner:innen sind – und das auf unglaublich vielfältige Art und Weise. Lies selbst!

Felix erbt – und entdeckt eine neue Leidenschaft

Mit Basteln, Werken und Handarbeiten hatte Felix noch weniger am Hut als ich. Seine Freizeit verbrachte er bis vor einigen Monaten am liebsten ... mit Arbeit. „Über Jahre hinweg war ich häufiger in der Firma anzutreffen als zu Hause", sagt er. „Doch als Projektmanager in einem großen Logistikunternehmen bin ich eben sehr gefordert und ich liebe meinen Job."

Seine Frau Marina liebt er jedoch noch mehr, und als sie anfing, sich um seine Gesundheit zu sorgen, änderte Felix sein stressiges Leben total. Seine stark übergewichtige und unsportliche Mutter war gerade an einem Herzinfarkt gestorben, das nahm ihn sehr mit und machte ihm Angst. Denn auch er schleppte mehr als nur ein paar Pfunde zu viel mit sich herum. „Fast Food war ab sofort tabu, ich schraubte meine Arbeitszeit auf ein normales Maß zurück und unternahm nach Feierabend gemeinsam mit Marina lange Spaziergänge und Radtouren."

Und siehe da, Felix wurde wie von selbst immer schlanker. Bald passten ihm seine Klamotten nicht mehr und er musste sich fast komplett neu einkleiden.

Nur seine geliebten Hemden wollte er nicht hergeben. „Bei uns stand noch die alte Nähmaschine meiner Mutter herum – meine Schwestern wollten sie nicht, also habe ich sie mitgenommen, als wir das Erbe aufteilten", erzählt Felix. „Da beschloss ich, meine Hemden selbst enger zu nähen."

Marina amüsierte sich sehr über seine ersten Fehlversuche. Doch Felix ließ sich davon nicht abschrecken. Er besuchte einen Nähkurs, schaute sich auf YouTube Tutorials an und übte fleißig.

„Ich bekam es tatsächlich hin", sagt er stolz. „Was mich aber noch mehr überraschte: Das Nähen machte mir großen Spaß!"

Marina belächelte sein neues Hobby zwar noch immer, doch das hörte auf, als er ihr zum Geburtstag ein selbst genähtes Sommerkleid schenkte, das er sogar selbst entworfen hatte.

„Sie war total hin und weg!", sagt Felix. „Jetzt nennt sie mich ihren ganz persönlichen Modedesigner." Und er hat schon eine schicke Tunika für sie in Arbeit – die gibt's dann zu Weihnachten ...

Dagmar wird kreativ – auf Umwegen

Nicht jedes neue Hobby, das man ausprobiert, wird sofort zur neuen Leidenschaft. Davon kann Dagmar ein Lied singen. Beziehungsweise eben nicht, denn sie ist – im Gegensatz zum Rest ihrer Familie – nicht besonders musikalisch. Vor allem hapert es bei ihr am Rhythmusgefühl.

Deswegen erwies sich auch der Salsa-Tanzkurs, den sie mit Anfang vierzig besuchte, als ziemlicher Reinfall. „Ich behaupte zwar gerne, das lag an meinem Gatten, aber das stimmt nur zur Hälfte", sagt sie.

Mit Mitte vierzig schenkte sie sich selbst Klavierstunden. „Ein Jahr lang habe ich meine Umgebung, meinen unfassbar geduldigen Lehrer, meinen Mann, der selbst mehrere Instrumente spielt, und auch mich selbst damit fürchterlich gequält. Dann habe ich aufgegeben", erzählt Dagmar. Sie schaffte es einfach nicht, im Takt zu spielen.

Dann endlich, mit Mitte fünfzig, entdeckte sie ein Hobby, das ihr irre viel Spaß macht: das Fotografieren! Und das wird sie garantiert nicht so schnell aufgeben, so viel ist sicher – denn dazu ist sie viel zu fasziniert davon.

„Seit über einem halben Jahr betreibe ich das jetzt sehr intensiv, übe in jeder freien Minute und habe mich auch für einen Online-Foto-Kurs angemeldet."

Die Basis-Ausrüstung war zum Glück vorhanden, denn ihr Mann hatte schon vor längerer Zeit eine recht gute digitale Spiegelreflexkamera angeschafft, sie bis dato allerdings fast nur im Automatik-Modus benutzt. „Jetzt ist es meine Kamera", erklärt Dagmar. „Ich habe auch schon in Zubehör investiert und mir ein Weitwinkelobjektiv, einen Polfilter und eine Kameratasche gekauft."

Als Nächstes steht wohl ein neuer PC auf der Einkaufsliste, denn mit ihrem alten Rechner ist Dagmar inzwischen an der Kapazitätsgrenze angelangt.

„Ich bin weit entfernt von perfekt. Oft ärgere ich mich darüber, dass ich ein Bild nicht so hinbekomme, wie ich es mir vorstelle, aber ich beiße mich mit Freude durch und werde langsam besser."

Ihre Lieblingsmotive: Landschaften – und ihr Kater.

„Ein Klavier, ein Klavier!" – und andere musikalische Entdeckungen

„Schon als Kind hab ich mir heiß und innig gewünscht, Klavier spielen zu lernen. Doch meine Mutter hielt das für eine spleenige Idee. Mit über fünfzig habe ich mir diesen Traum nun selbst erfüllt. Musik spielt inzwischen eine große Rolle in meinem Leben und das tut mir sehr gut!" *Angelika*

„Als ich mit Anfang vierzig angefangen habe, Klavier zu spielen, habe ich mir damit einen ganz alten, geheimen Traum erfüllt. Schon als Teenager hatte ich das Bedürfnis, in die Tasten zu hauen – der Schreibmaschinenkurs war da nur ein schwacher Trost ...

Als Erwachsene habe ich mir die Grundbegriffe auf dem Keyboard meines Sohnes selbst beigebracht und dann auch

Unterricht genommen. Irgendwann hat mich die fehlende Okta-
ve zu sehr gestört und ich habe ein Klavier gekauft. Das Spielen
hat mich sehr beglückt, auch wenn ich nie richtig gut wurde. Je
älter die Kinder wurden, desto mehr habe ich gearbeitet – und
bald fehlte mir die Zeit zum Üben. Spätestens als meine Tochter
mit fünf Jahren selbst Unterricht bekam und mich recht schnell
überholte, gab ich auf. Leider. Aber es ist zum Glück nie zu spät.
Demnächst will ich einen zweiten Versuch starten. Darauf habe
ich große Lust!" *Gabi*

„Kürzlich hab ich angefangen, Ukulele zu spielen. Ganz
einfach, um meinen Horizont zu erweitern und meine Emotionen etwas zu kanalisieren. Außerdem gibt es kaum ein Instrument, bei dem man als Anfänger schneller Erfolge sieht. Ich
bin begeistert: Das Ding ist klein, handlich und macht Spaß.
Übrigens bin ich mittlerweile der Meinung, dass Musik, Theater und Kultur sehr wohl systemrelevant sind und das Leben
bereichern!" *Patrick*

„Mein Berufsalltag als Ärztin ist sehr anstrengend. Zum Ausgleich treibe ich viel Sport. Aber ich suchte noch nach etwas
anderem – nicht um mich auszupowern, sondern um ganz für
mich zu sein und runterzukommen. Also habe ich mit Ende
fünfzig angefangen zu sticken und Gitarre zu spielen. Beides
sehr entspannend!" *Malaika*

„Ich bin mit Ende vierzig einem Chor beigetreten. Übrigens war
ich nicht der Einzige, der das Singen in dieser Lebensphase für
sich entdeckt hat. Es ist wohl ein typisches Späteinsteiger-Hobby.
Und es macht großen Spaß! Was wir gemeinsam für Klänge
erzeugen, beeindruckt mich jedes Mal. Ein Chor ist einfach

mehr als nur die Summe seiner Einzelstimmen – aus dem Zusammenspiel dieser Stimmen entsteht quasi ein neues Instrument. Das verschafft uns auch gemeinsame Erfolgserlebnisse und macht einfach Laune." *Yvo*

„Neulich hatte ich meine erste Geigenstunde, das wollte ich schon immer mal lernen. Ich bin gespannt, wie es wird, mit zweiundfünfzig. Ob es wirklich mein Ding ist? Mal sehen." *Britta*

„Zu meinem fünfundvierzigsten Geburtstag habe ich mir Saxophon-Schnupperstunden gewünscht und danach gut vier Jahre Unterricht genommen. Inzwischen spiele ich nur noch für mich und ich liebe es! Davon geträumt habe ich schon mit zwanzig, doch damals dachte ich: Das kannst du eh nicht. Was für ein Unsinn! Wenn man Lust hat, etwas auszuprobieren, dann sollte man das auch tun, sonst bereut man es eines Tages. Wer sagt denn, dass man es virtuos beherrschen muss? Es tut einfach gut. Ich höre übrigens jetzt Musik mit neuen Ohren, erkenne Rhythmen besser und habe einen ganz anderen Zugang dazu – das ist toll!" *Andreas*

Im Handumdrehen etwas erschaffen – fast wie Zauberei!

„Ich war schon gut über fünfzig, als ich mit Lettering und Kalligrafie angefangen habe. Und ich bin bis heute dabei! Seit knapp einem Jahr schneide ich auch selbst Stempel. Dazu gekommen bin ich auf Umwegen: In meinem arbeitswissenschaftlichen Weiterbildungsstudium habe ich Sketchnotes kennengelernt, also Bildvokabeln und visuelle Notizen, die ich seitdem beruflich nutze. Dabei entdeckte ich, dass es eine richtige

Sketchnote-Community gibt, die sich über Instagram vernetzt hat. Ja, und dort habe ich kurze Zeit später auch Letterings gesehen. Mich hat diese *modern calligraphy* sehr schnell gepackt. Jedenfalls gehören Pinselstifte, Federn, Tinten und Papiere sowie mittlerweile auch Stempelgummiplatten, Linolschnittwerkzeuge und Farbwalzen nun zu meinem Leben. Lettering und Kalligrafie sind wie Meditation mit Stift und Feder, dabei kann ich wunderbar abschalten; und auch Stempelschneiden braucht meine ganze Aufmerksamkeit, weil die Werkzeuge verflixt scharf sind. Zudem entstehen dabei kleine Kunstwerke, die ich gerne anschaue und ebenso gerne verschenke. Zwar werde ich immer wieder gefragt, ob ich damit nicht Geld verdienen möchte, aber ich habe mich ganz bewusst dagegen entschieden. Ich möchte etwas haben, das ich einfach ganz aus mir heraus, aus reiner Lust und Laune mache. Es soll ein Hobby bleiben." *Janne*

„Es begann vor ein paar Jahren im Urlaub. Ich spielte mit meinen Söhnen am Strand, sie bauten eine Burg. Aus einer Laune heraus formte ich aus Sand einen Drachen, der die Burg angriff. Meine Söhne waren begeistert – und ich ebenfalls. Inzwischen sind Sandskulpturen meine Leidenschaft. Sie erfordern Fantasie und Geduld und sind einfach wunderschön. Gerade wegen ihrer Vergänglichkeit sind sie etwas ganz Besonderes. Man wird diese Art der Kunst nie im Museum finden." *Jeff*

„Mein neues Hobby ist total unspektakulär: Ich habe mit fünfzig wieder angefangen zu häkeln. Am liebsten Pullover, Schals und Mützen für mich selbst. Meine Familie will so was nicht. Und das ist auch völlig okay für mich – ich brauch das nicht, dass meine Lieben mein Gehäkeltes tragen. So ist das Hobby auch zu hundert Prozent meins. Meistens häkele ich, wenn ich

Podcasts höre oder Dokus im Fernsehen anschaue. Es gefällt mir, dabei produktiv zu sein." *Gundula*

„Als ich auf dem Flohmarkt diesen vergammelten Nachttisch sah, wusste ich sofort: Daraus kann etwas Tolles entstehen. Man müsste nur ... Na ja, so einfach war es dann doch nicht. Ich musste mich erst mal schlaumachen und bin auf Facebook einer Upcycling-Gruppe beigetreten. Der Nachttisch wurde zum mehrmonatigen Projekt – aber es hat sich gelohnt. Er ist ein echtes Schmuckstück geworden. Das erste von vielen. Das Upcycling lässt mich einfach nicht mehr los." *Chris*

„Früher hielt ich es für undenkbar, mich einfach so hinzusetzen und nur für mein eigenes Vergnügen etwas zu tun. Ich habe den Krieg und die schwere Zeit danach erlebt, das hat geprägt. Erst mit über siebzig habe ich kreative Hobbys kennengelernt, und noch immer – mit vierundneunzig – probiere ich vieles aus, zum Beispiel Seidenmalerei, Makramee, neuerdings auch Fimo-Broschen. Ich glaube, der Spaß daran hält mich fit." *Anna Katharina*

„Ich habe schon als junge Frau gern neue Dinge ausprobiert. So habe ich beispielsweise marmoriert, Papier geschöpft, Seidenmalerei gemacht ... An einigem verlor ich nach einer Weile die Lust, anderes blieb oder kam dann wieder, wie die Fotografie. Zwischen Ende vierzig und Anfang fünfzig hatte ich viel mit Depressionen zu kämpfen und in der Zeit war ich kaum kreativ. Dann hatte ich das Glück, neben einer normalen Therapie in einer fantastischen Tagesklinik zu landen. Dort haben wir in der Ergotherapie alle möglichen kreativen Techniken gelernt, von Korbflechten bis Grußkarten gestalten. Da habe ich gespürt, wie gut mir solche künstlerischen Tätigkeiten tun –

weil ich dabei ganz im Moment bin. Beispielsweise beim Fotografieren, wenn ich zehn Minuten lang um ein Blümchen oder ein Insekt herumschleiche, um die beste Perspektive und den perfekten Bildausschnitt zu finden – in dem Moment denke ich an nichts anderes." *Petra*

„Mit vierzig plus habe ich mir einen Aquarell-Farbkasten zugelegt und mich in floralem Watercolouring versucht. Nachdem ich Tulpen und Lavendel mittelmäßig gut hinbekam, hatte ich keine Lust mehr, neue Blüten zu üben. Also male ich eben sehr oft Lavendel und Tulpen. Mit Aquarellkreide experimentiere ich ebenfalls gerne. Alles mit hemmungsloser Talentfreiheit. Ich finde es entspannend, dass es mir mit dem Älterwerden zunehmend gleichgültiger wird, ob ich in etwas gut oder schlecht bin. Hauptsache, es macht mir Spaß. Früher habe ich mich meistens dafür geschämt, wenn ich kein besonderes Talent gezeigt habe. Dass ich mich heute trotzdem traue, zu zeichnen und zu malen und das auch noch als Hobby zu bezeichnen, ist ein großer Schritt für mich.

Anfang dieser Woche habe ich mir übrigens ein Schnitzset zugelegt. Mein erster Holzlöffel ist fast fertig und ich habe ganz schön Muskelkater in der Hand. Aber es macht Spaß und ist wunderbar meditativ. Leider weiß ich noch nicht genau, was ich als Nächstes schnitzen könnte – die Anzahl unbenutzbarer, windschiefer Holzlöffel, die ich dringend brauche, ist vermutlich begrenzt. Ich bin noch auf der Suche nach Inspiration." *Julian*

Hast du Ideen für Julian? Oder wurdest durch diese Beispiele angeregt, selbst kreativ zu werden? Etwas Neues auszuprobieren, egal, wie gut es gelingt? Sehr gut! Ich wünsche dir viel Spaß!

BARBARA

„Afrika hat mir Gelassenheit geschenkt und mich selbstbewusster gemacht. Es hat mein Leben völlig verändert."

Kannst du bei Vollmond auch nicht schlafen? Dann geht es dir genau wie Barbara. Vor allem in dieser besonderen Nacht im Januar, kurz nach ihrem vierzigsten Geburtstag. Der Mond hielt sie ebenso wach wie die kreisenden Gedanken.

Mit ihrem Beruf als Lektorin und Übersetzerin war Barbara zwar zufrieden, aber sie erhoffte sich mehr. Viel lieber wollte sie selbst Bücher schreiben und es lagen auch ein paar Manuskripte in der Schublade, doch bisher hatte sie nur Absagen bekommen.

Und ihre Beziehung, deretwegen sie vor einigen Jahren in eine andere Stadt gezogen war, hatte nicht gehalten, womit sich vermutlich auch ihr Kinderwunsch erledigt hatte.

Ihr Leben verlief in geordneten Bahnen, aber die große Frage lautete: War das schon alles? Wenn die magische Vierzig die erste Halbzeit markiert – was würde die zweite Lebenshälfte wohl noch bringen?

All das ging ihr durch den Kopf, während sie durch die mond-erhellte Wohnung tigerte. Barbara schaltete den Fernseher an und stieß auf eine Dokumentation über ein Raubkatzenprojekt in Namibia. Als freiwillige Helfer aus Deutschland dabei gezeigt wurden, wie sie zahme Geparden streichelten, machte es Klick in Barbaras Kopf.

„Ich wusste gleich: Genau das ist der Grund, warum du heu-te Nacht nicht schlafen kannst."

Schon als Kind hatte sie den Wunsch gehabt, mit Tieren zu arbeiten. Serien wie *Daktari* und Dokus wie die von Bernhard Grzimek hatten sie bereits damals für Afrika begeistert. Wie hatte sie das über die Jahre nur vergessen können?

Besonders fasziniert war sie seit jeher von Geparden. „Das sind so elegante, pfeilschnelle Tiere, viel graziler als Löwen oder Leoparden. Allein schon ihre Gesichter mit diesen Tränenstrei-fen, die von den Augen über die Nase ins Maul führen ... Ein-fach wunderschön."

Die Vollmondnacht, die Schlaflosigkeit, das Grübeln, die Er-innerung an Kindheitsträume und die Geparden auf dem Bild-schirm – all das zusammengenommen weckte in Barbara eine große Sehnsucht. „Das war wie eine Durchsage an mich selbst: Mach das!", erinnert sie sich. „Eigentlich bin ich ja kein spontaner Mensch, aber in diesem Fall war alles anders."

Gleich am nächsten Morgen googelte Barbara und fand das Projekt in Namibia, um das es in dem Beitrag gegangen war. „Ich bin so dankbar dafür, dass ich damals diesen Mut aufbrachte, statt – wie sonst immer – ewig lang zu zögern und alle Risiken abzuwägen", sagt sie rückblickend. Denn sie informierte sich nicht nur über die Stiftung, sie buchte auch gleich ihren ersten Aufenthalt auf der Farm.

Auf nach Afrika!

Zwischen Barbaras mutiger Entscheidung und dem Flug nach Namibia lagen mehrere Monate. „Nach der anfänglichen Euphorie bekam ich doch Angst vor der eigenen Courage", gibt sie zu, „aber ich sagte mir: Gekniffen wird nicht, das ziehst du jetzt durch."

Die Reaktion ihrer Mutter machte es nicht besser. „Mein Gott, du traust dich ja was – denk doch nur an die ganzen Viecher!"

Und ganz ehrlich: Ich hätte exakt dasselbe gesagt – du etwa nicht? (Zum Thema „gefährliche Viecher" habe ich Barbara natürlich ausführlich befragt – mehr darüber liest du im Interview am Ende dieses Kapitels.)

Als Barbara am Vorabend des Fluges ihre Koffer packte, hatte sie ziemliche Bauchschmerzen und fragte sich, was sie sich da eigentlich antat. Sie hatte keine Ahnung, was sie in Afrika erwartete. Und sie kannte dort ja auch niemanden! Aber sie machte keinen Rückzieher. „Mein Leben war bis dahin immer im gleichen Trott verlaufen. Ich wollte da raus, etwas Neues erleben."

In ihrem Hinterkopf geisterten die üblichen Klischees herum. Natürlich hatte sie *Jenseits von Afrika* gesehen und erwartete, wenn sie an eine große Farm dachte, zwar nicht gerade einen kolonialen Gutshof, aber doch zumindest ein schönes Haus.

Als der Wagen, mit dem sie vom Flughafen abgeholt worden war, ins Camp einbog, zerplatzten diese Träume wie Seifenblasen. Die Unterkünfte für die Volunteers waren sehr schlicht. Einfach nur Blockhäuser in Tarnfarbe – nicht besonders hübsch, dafür funktionell. Mit Romantik hatte das wenig zu tun.

„Und überall dieser staubige rote Sand. Afrika ist halt unaufgeräumt – nicht zu vergleichen mit meiner sauberen Wohnung in Deutschland, wo alles immer picobello aussah. Da sagte ich mir: Okay, wenn ich hier vier Wochen lang überleben will, muss ich mich darauf einlassen."

Die Stiftung – eine Dreitausend-Hektar-Farm im Norden von Namibia – ist zwar so groß wie die ostfriesische Insel Borkum, gilt für dortige Verhältnisse aber dennoch als eher klein. „Die Dimensionen sind einfach bombastisch in Afrika", sagt Barbara.

Finanziert wird sie durch die Freiwilligen, die sich ihre Arbeit dort so viel kosten lassen wie einen schicken Urlaub, sowie durch Spendengelder, unter anderem von prominenten Tierschützern wie Angelina Jolie.

„Staatliche Förderungen gibt es dafür nicht – wir Volunteers bezahlen quasi dafür, dort hart arbeiten zu dürfen. Und das finde ich auch völlig okay", sagt Barbara. „Für mich war es Luxus und Privileg zugleich, dort hinfahren und lernen zu dürfen."

Und das, obwohl ihre Aufgaben wirklich kein Zuckerschlecken waren. Barbara hat mit der Spitzhacke im steinharten Boden Bewässerungsgräben ausgehoben, Autos gewaschen und Badewannen voller Blut ausgespült. „Das stammte von Futtertieren – die Raubkatzen brauchen ja frisches Fleisch. Und das mussten wir Volunteers zerhacken."

Barbara gewöhnte sich an die harte Arbeit in Hitze und Staub. Auch daran, dass sie permanent schmutzig war, ständig blutete oder auch mal von einem Pavian oder einem Erdmännchen gebissen wurde, das ihren Finger mit einer Karotte verwechselt hatte.

Doch all das lohnte sich für die Momente, wenn sie bei Auswilderungen von Geparden und Leoparden dabei sein durfte. „Der Augenblick, in dem man den Käfig öffnet und so ein majestätisches Tier wieder zurück in die Freiheit gehen darf, ist absolut bewegend. Ich musste jedes Mal heulen wie ein kleines Kind", sagt Barbara. „Da spürt man, dass sich all die Mühe lohnt."

Barbara, die Gepardenmama

Die meisten Geparde sind nur Gäste auf Zeit – wenn sie verletzt sind, weil sie beispielsweise in eine Falle geraten sind, werden sie auf der Farm gepflegt, aufgepäppelt und dann wieder ausgewildert.

„Leider funktioniert das nicht bei allen Tieren", erklärt Barbara. „Wenn sie bis zum Alter von achtzehn Monaten das Jagen nicht gelernt haben, dann ist es zu spät – in der Wildnis würden sie verhungern, weil sie sich nicht selbst ernähren können."

Eine besondere Bindung hatte Barbara zu einem Geparden-Kater. Das handzahme Tier war mit der Flasche aufgezogen worden. Ab und zu durften Volunteers mitkommen in sein Gehege – ein riesiges Areal von gut fünfhundert Quadratmetern, in dem er mit zwei Gepardinnen lebte, wo es jede Menge Rückzugsmöglichkeiten gab und sich die Tiere wirklich wohlfühlen konnten.

Natürlich werden den Neulingen unter den Volunteers vorher allerhand Verhaltensmaßregeln ans Herz gelegt, denn auch zahme Geparden sind immer noch Raubkatzen. So sollte man den Kopf nie tiefer als auf Augenhöhe des Tieres halten, damit es sich nicht überlegen fühlt. Auch schnelle Bewegungen sind zu vermeiden, um keinen Jagdinstinkt auszulösen. Und bewegliche Dinge wie Sonnenbrillen oder Fotoapparate müssen draußen bleiben.

„Als ich zum ersten Mal dabei war, habe ich ihn zuerst gar nicht gesehen, sondern nur gehört. Geparde schnurren wie Hauskatzen, nur mindestens zwanzigmal lauter. Wenn ich dieses Schnurren höre, werde ich immer ganz ruhig. Es hat eine unglaubliche Wirkung auf mich."

Und dann kam der Kater auf sie zu. Obwohl er wirklich sehr groß war, hatte Barbara keine Angst. „Als ich meine Hand auf

seinen Kopf legte, vibrierte sie regelrecht von seinem Schnurren, und ich wunderte mich darüber, dass sein Fell gar nicht so
weich war, wie es aussah, sondern sich struppig anfühlte. Dann
fing er an, meine Hand abzulecken."

Ein bewegendes Erlebnis! Vor allem, als der Kater sich hin-
legte und streicheln ließ. Was in der Wildnis absolut unnormal
wäre, kommt bei Tieren, die bei Menschen aufgewachsen sind,
häufig vor – sie mögen es, gestreichelt zu werden. „Doch wenn
ein Gepard aufsteht und geht, dann bedeutet das: Bleib mir vom
Leib und komm nicht nach! Das muss man respektieren. Die
Tiere haben das Sagen."

Zurück in der Zivilisation

„Afrika hat mich verändert", sagt Barbara, und das war auch
schon nach ihrem ersten Besuch in Namibia so. „Ich bin gelassener geworden. Zum Beispiel konnte ich Unordnung früher einfach nicht ertragen. Ich faltete abends, bevor ich ins Bett
ging, sogar meine Sofadecke fein säuberlich zusammen. Heute
brauche ich das nicht mehr."

Sie hat auch gelernt, flexibler zu sein. Nicht zu verzweifeln,
wenn Vorhaben scheitern, sondern dann einfach einen neuen
Plan zu machen.

„In Afrika muss man ständig umdisponieren. Beispielsweise weil sich das Wetter ändert oder man ein verletztes Tier
findet, das dringend versorgt werden muss. Dann bleibt einem
nichts anderes übrig, als den ursprünglichen Plan über den
Haufen zu werfen." Einmal war Barbara beispielsweise mit
einem Team unterwegs, um die Wildtierkameras mit neuen
Akkus zu bestücken, als ein Sandsturm aufzog und sie um-
kehren mussten. „Die Natur gibt den Rhythmus vor, man lebt
nach den Regeln des Landes, nicht nach dem eigenen Kopf.

Das ist auf gewisse Weise auch sehr heilsam und wohltuend. Und es befreit unglaublich."

Doch Barbara ist nicht nur gelassener geworden und kann besser improvisieren, sondern auch neugieriger und selbstbewusster. Von kritischen Bemerkungen fühlt sie sich beispielsweise weniger angegriffen als früher.

„Ich habe das Mäuschen in mir in die Wüste geschickt, im wahrsten Sinne des Wortes."

Gleichzeitig wurde Barbara – inspiriert durch ihre Afrikareisen – immer konsequenter in ihrer Lebensweise, ob im Tierschutz oder in Sachen Ernährung. So lebt sie beispielsweise seit ein paar Jahren vegan.

Übrigens hat Afrika auch ihr Berufsleben verändert – direkt wie indirekt. Alles fing damit an, dass sie während ihres Aufenthaltes in Namibia Tagebuch führte. Das war die Basis für das Buch, das anschließend daraus entstand und in einem großen Verlag erschien. „Danach war der Bann gebrochen. Ich schrieb und schrieb – und schreibe auch weiterhin mit viel Begeisterung", sagt sie. „In meinen kühnsten Träumen hätte ich nicht gedacht, dass mich die spontane Entscheidung, die ich vor nunmehr fast fünfzehn Jahren getroffen habe, so inspirieren und mir sogar in schriftstellerischer Hinsicht den Weg ebnen würde." Inzwischen hat sie mehrere Bücher veröffentlicht, Romane wie Lyrik. Sie übersetzt zwar noch weiterhin, doch das Lektorat hat sie inzwischen fast komplett aufgegeben. „Das alles hätte ich mir vorher niemals zugetraut."

Immer wieder Afrika

Inzwischen war Barbara achtmal in Afrika, eine weitere Reise plant sie gerade. Dabei hat sie in diversen Forschungsprojekten mitgearbeitet, die sich alle dem Schutz der vom Abschuss bedrohten großen

Beutegreifer – Geparden, Leoparden und Hyänen – widmen.

„Afrika lässt mich nicht mehr los", sagt sie. Wenn sie daran denkt, hat sie längst nicht mehr das klischeehafte Bild eines Gutshauses vor Augen, sondern sie denkt an weite Ebenen, knie- bis hüfthohes gelbes Buschgras, vereinzelt ein paar Akazien, am Horizont tiefrote Berge und überhaupt unglaublich intensive Farben. „Alles ist ein Naturereignis! Vor allem die Abenddämmerung ist wunderschön", schwärmt sie. Und der Vollmond sieht dort aus, als würde er gleich auf die Erde runterfallen. Auch der Sternenhimmel ist einfach fantastisch – es gibt kaum Lichtsmog, die Milchstraße erinnert an Diamanten. Man erahnt die Tiefe des Weltraums und spürt, wie winzig man selber ist. Ein Sandkorn – mehr nicht." Sie fühlt sich dann kein bisschen verloren, sondern im Gegenteil, ganz friedlich und geborgen.

Inzwischen hat sie schon viele Regionen des Landes kennengelernt. Einmal hat sie auf einer Schaffarm dabei geholfen, vierhundert Schafe zu impfen. Sie hat sich daran gewöhnt, dass man nicht ständig per Handy erreichbar sein muss (weil es einfach nicht überall Empfang gibt) und dass die Fahrt zum nächsten Supermarkt schon mal zwei Stunden dauern kann. „Da freut man sich dann wie ein Schneekönig über eine kalte Cola."

Was sie besonders beeindruckt hat, ist Etosha, der größte Nationalpark Namibias im Nordwesten des Landes. Dort hat man die Möglichkeit, jede Menge wilde Tiere zu beobachten, vor allem an den Wasserlöchern zur Trockenzeit. „Da kommen Löwen auf leisen Pfoten, aber auch Nashörner, Zebras – ein wirklich ergreifendes und erhabenes Erlebnis.

Und natürlich liebt sie es, ihre Geparden auf der Farm zu besuchen. „Immer wenn der Kater, der inzwischen leider nicht mehr lebt, sofort auf mich zukam, bildete ich mir gerne ein, dass er sich an mich erinnerte. Er war ein wirklich königliches Tier – mein Krafttier. Vielleicht war es Schicksal, dass ich damals in dieser Vollmondnacht nicht schlafen konnte. Ich sollte ihn einfach treffen."

Interview mit Barbara: „No risk, no fun! Es lohnt sich, über den eigenen Schatten zu springen."

Was du über die Freiwilligen-Arbeit auf der Farm erzählst, klingt ganz schön heftig. Sie kostet und ist anstrengend. Warum liebst du sie trotzdem?

Weil man so viel zurückbekommt! Natürlich sind auch mal nicht so schöne Arbeiten dabei, dafür sind andere umso toller. Zum Beispiel Spaziergänge mit Tieren oder das Zusammensein mit den Geparden. Grundsätzlich finde ich es großartig, dass ich als Nichtbiologin die Chance bekomme, so intensiv in die Forschungsarbeit reinzuschnuppern. Und zwar nicht nur bei Fachvorträgen durch unsere Forschungsleiter, sondern auch durch aktive Mitarbeit. Das ist ein totales Privileg. Ich durfte beispielsweise bei der Wildzählung mitwirken und die Bilder aus den Fotofallen sortieren. Die werden ja über Bewegungsmelder aktiviert, und wenn die Kameras nicht optimal positioniert sind, lösen sie bei jedem Grashalm im Wind aus ... Die Fotos dann zu sichten und einzuordnen, ist eine wichtige Arbeit. Ich finde es toll, so viel darüber lernen zu dürfen, obwohl ich weder Zoologie noch Tiermedizin studiert habe.

Vor deiner ersten Afrika-Reise hat dich deine Mutter vor den „gefährlichen Viechern" gewarnt. Ich selbst hätte wahnsinnige Angst vor Schlangen und anderen Tieren. Wie bist du damit umgegangen?

Man muss ein paar grundsätzliche Vorsichtsmaßnahmen beherzigen – zum Beispiel die Türen immer schließen, damit keine unerwünschten Besucher ins Haus kommen. In Namibia sind tatsächlich einige der giftigsten Schlangen Afrikas unterwegs, und in der Wüste ist das nächste Krankenhaus weit weg.

Einmal bin ich in der Wüste allein mit unserer Forscherin zu einem kleinen Spaziergang aufgebrochen. Wir haben uns immer brav auf der Pad, also dem Fahrweg, gehalten. Auf einmal eine Bewegung zu unseren Füßen – eine wunderschöne, vom Sand orange gefärbte Hornviper, die ihr Heil in der Flucht suchte. Die Forscherin ist mir fast auf den Arm gesprungen vor Schreck, obwohl sie schon viel haarigere Situationen erlebt hat. Ich habe gesehen, dass die Schlange genug Platz zum Rückzug hatte und keinen Grund, uns anzugreifen, daher habe ich mich nicht bedroht gefühlt. Das Gift der Hornvipern ist aber nicht ohne, das will man nicht ausprobieren, schon gar nicht in der Wildnis.

Ein anderes Mal haben wir auf einer Fahrt durch die Wüste eine Kapkobra gesehen, die sich mitten auf der Piste drohend aufgerichtet und schon ihren Nackenschild ausgebreitet hatte. Wir sind sofort links rangefahren und ausgestiegen, um sie zu fotografieren. So ein Prachtexemplar sieht man selbst in Namibia nicht alle Tage – aber natürlich haben wir genug Abstand gehalten. Man freut sich, wenn man mal so ein Tier zu Gesicht bekommt, versucht aber natürlich, die Situation zu kontrollieren. Grundsätzlich schaut man in Afrika nicht an den Horizont beim Laufen, sondern auf die Füße. Sicher ist sicher.

Übrigens habe ich selbst gar nicht so viel Angst vor Schlangen, dafür umso mehr vor Spinnen. In der Wüste hat man oft welche im Haus, man muss halt mit ihnen leben. Als ich gerade Kakteensetzlinge umtopfte, hatte ich mit einem Mal eine Schwarze Witwe auf der Hand – ich trug zwar Arbeitshandschuhe, aber trotzdem. Auf den Schrecken hab ich erst mal ein Glas Rotwein getrunken … Danach habe ich mir von einem der Zoologen erklären lassen, wie diese Tiere ticken, wie sie wann reagieren und in welchen Situationen sie beißen. Die Sache rational anzugehen, hat mir geholfen. Was ich besser verstehe, kann ich auch besser einordnen.

O je, Kobras, Schwarze Witwen, das klingt ja wirklich zum Fürchten! Hattest du noch mehr solcher Erlebnisse?
Schlangen und Spinnen sind gar nicht unbedingt das Gefährlichste in Afrika, auch die Löwen nicht. Schon die Sonne kann tödlich sein. Wenn man sich verirrt, nicht genug Wasser dabeihat und keinen Schatten findet, ist man verloren.
Und auch andere Tiere, von denen man es vielleicht gar nicht vermutet, können gefährlich werden. Wir wurden beispielsweise mal von einem wilden Giraffenbullen gejagt, das war echt nicht ohne. Wir wären bei Weitem nicht die Ersten gewesen, die durch Giraffen zu Tode kommen. Wenn sie halsen, also mit gesenktem und schwenkendem Kopf auf einen zukommen, sind sie auf Krawall gebürstet. Dann sollte man sich schleunigst aus dem Staub machen – Kopf, Hals, Huf und Knie, das sind alles gefährliche Waffen. Giraffen haben unglaublich starke Muskeln und können locker einen Jeep umwerfen.
[Anmerkung der Autorin: Das gilt natürlich nicht für Magda, die Ich-mach-das-jetzt-Giraffe auf dem Cover dieses Buches. Denn die ist einfach nur zauberhaft und würde dich nie, nie angreifen!]

Hast du eigentlich jemals mit dem Gedanken gespielt, für immer nach Afrika zu gehen?

Natürlich ist mir die Idee durch den Kopf geschossen, allerdings nur ganz kurz. Ich liebe Afrika, aber in Deutschland bin ich verwurzelt. Hier ist mein soziales Netz. Auf Dauer würde mir auch der Mentalitätsunterschied zu schaffen machen, und die vielen kulturellen Angebote, die es hier gibt, würden mir fehlen. Ich trage Afrika im Herzen – und mein Ersatzgepard im richtigen Leben ist mein Hund.

Gerade planst du deine nächste Reise nach Afrika. Sie soll im Sommer stattfinden. Ist es dann nicht furchtbar heiß?

Namibia liegt ja auf der Südhalbkugel, das heißt, im Juli ist dort Winter. Tagsüber werden zwar Temperaturen von bis zu fünfundzwanzig Grad erreicht, aber nachts auch gerne mal minus zwölf Grad. Da wir in Zelten und Baracken ohne Heizung schlafen, braucht man da einen wirklich dicken Schlafsack und mehrere Lagen Fleecekleidung übereinander. Aber das hält mich nicht ab, so was habe ich schon mehrmals erlebt. Ab und zu herrscht auch tagsüber ein eisiger Wind. Wenn man bei Sonnenaufgang hinten auf dem Pick-Up steht und mit dem Fernglas nach Wildtieren sucht, um sie zu zählen, kann es ganz schön ungemütlich werden. Einmal hat es Stunden gedauert, bis ich wieder Gefühl in die Finger bekam.

Trotz aller Strapazen hört man dir deine Begeisterung wirklich an. Und die ist ansteckend. Sollten wir also alle nach Afrika fliegen?

Man muss nicht in den Busch reisen – aber es kann das Leben schon sehr bereichern, wenn man es einfach wagt, etwas Neues anzufangen. Es kann auch etwas ganz Kleines sein. Ein Bild zu malen. Einen Kletterkurs zu machen. Oder zwei Wochen im Kloster zu verbringen.

Wenn man das Gefühl hat, etwas im Leben ändern zu wollen, dann sollte man diesem Impuls nachgeben. Es lohnt sich.

Früher dachte ich immer: Wenn man erwachsen ist, dann ist man fertig. Aber das ist man zum Glück nie. Man hört nie auf, sich zu entwickeln. Und das ist großartig!

JAN, LARA UND MEHR SACHENMACHER

„Meine Lebensumstände ändern sich, also dürfen sich auch meine Hobbys ändern."

Eine neue Sportart kommt für dich nicht infrage? Und kreative Hobbys sind auch nicht so dein Ding? Ich kann dich gut verstehen. Aber es gibt noch so viel mehr spannende Dinge, für die man sich begeistern kann. Manchmal stößt man per Zufall darauf – und manchmal liest man darüber. Wer weiß, vielleicht lernst du deine künftige Lieblingsbeschäftigung auf den nächsten Seiten kennen? Bitte, gern geschehen!

Jan taucht ab – und glücklich wieder auf

Jan war genau fünfzig, als er eine ganz neue Leidenschaft für sich entdeckte. Es ist – Achtung, nicht erschrecken, es wird kurz kalt! – das Allwetterbaden.

„Ich stieß zufällig auf eine Meldung in der Tageszeitung", erzählt er. „Darin wurde über ein paar Leute berichtet, die das regelmäßig praktizieren, um sich abzuhärten. Als Vorbereitung wurde kaltes Duschen empfohlen. Das kann ich auch, dachte ich – denn kaltes Duschen, das mache ich schon ewig!"

Auch sein Physiotherapeut ist einer der Verrückten, die sich regelmäßig für mehrere Minuten in den eiskalten See wagen. Also beschloss er, es ebenfalls auszuprobieren.

„Ich ging zügig rein, schwamm ein bisschen herum, und als ich wieder rauskam, war ich wahnsinnig stolz!"

In so einem See kann es übrigens auch im Sommer richtig kühl sein. „Ich rase mindestens einmal pro Woche mit dem Fahrrad dorthin, damit es mir richtig warm ist, wenn ich ankomme", erzählt Jan. „Dann ziehe ich mich aus und behalte nur ein paar alte Turnschuhe an. Damit laufe ich ins Wasser, und wenn es mir bis zum Bauch geht, hocke ich mich für ein paar Sekunden rein."

Danach strahlt er jedes Mal über beide Ohren und findet es einfach nur herrlich. In den wenigen Wochen des Jahres, in denen es wirklich zu eisig dafür ist, fehlt ihm dieses erfrischende Ritual.

Für alle, die das mal ausprobieren wollen, hat Jan drei Tipps in petto:

1. Fang lieber im Frühling an als im Winter, dann kannst du dich langsam an die kälter werdenden Temperaturen gewöhnen.
2. Suche dir einen Mitstreiter oder eine Mitstreiterin. Es ist einfach sicherer, nicht alleine im kalten Wasser abzutauchen.

3. Lass Schuhe an! Die Füße sind ja am längsten im kalten Wasser und werden sonst schnell gefühllos. Seit ich mit Schuhen reingehe, passiert das nicht mehr.

Solltest du es wirklich ausprobieren wollen, bin ich schwer beeindruckt!

Birgit rockt ab – aber so richtig!

Birgits Musikgeschmack ist sehr breit gefächert. Bei Uralt-Schlagern ist sie ebenso textsicher wie bei ABBA. Ihre größte Leidenschaft aber gilt der Rockmusik. Und damit meine ich nicht Kuschelrock! Sondern je lauter, desto besser! Was ich in dieser Richtung kenne und gut finde, ist ihr natürlich viel zu sanft ...

Deshalb hielt sie früher auch nicht sonderlich viel von Festivals. „Mir waren das zu viele Leute und zu viele Bands, die meinem speziellen Geschmack nicht entsprachen", sagt sie. „Aber eigentlich war das auch ganz schön snobby von mir. Denn Festivals sind großartig!"

Mit fast fünfzig war sie zum ersten Mal beim Sziget in Budapest und inzwischen ist sie – mit Mitte sechzig – eine regelrechte Expertin. Sie weiß, wo welche Bands spielen, wann der Ticketverkauf startet, welche Klamotten man am besten einpackt und wo die saubersten Toiletten versteckt sind.

Welches ihre Lieblingsfestivals sind, hat sie mir auch noch verraten. Das Wacken Open Air ist bei Birgits Top 7 zwar nicht dabei, aber das größte Metal-Festival der Welt zählt ja wohl kaum als Geheimtipp, oder?

Früher dachte Birgit übrigens, dort auf dem schleswig-holsteinischen Acker würde zu viel „normale" Metalmusik geboten, doch inzwischen ist Wacken eins ihrer Lieblingsfestivals. „Bei einem Line-up von über zweihundert Bands finde ich immer etwas, was mir gefällt – von Extreme Metal von den Färöer-Inseln bis zu Metalcore aus Island oder Australien. Außerdem ist die Stimmung einfach toll!" Na, klingt das gut für dich?

Festivals - Birgits Top 7

Summerbreeze in Dinkelsbühl
Ein kleines Metal-Festival – neben lauten Klängen gibt's hier Stadtmauer und den mittelalterlichen Stadtkern inklusive.
SonneMondSterne in Saalburg bei Leipzig
Eines der größten Elektronikfestivals in Europa. Für alle, die auf Martin Garrix, Calvin Harris, Steve Aoki & Co. stehen.
W-Festival in Oostende, Belgien
Du liebst die Musik der Achtziger und Neunziger? Von Alphaville und ABC bis Anne Clark und Level 42? Dann auf nach Belgien!
Sziget in Budapest, Ungarn
Rock, Indie, Pop, Elektronica, Theater-Performances, Circus und mehr – auf der Obuda-Insel ist mächtig was los!
O.Z.O.R.A. bei Ozora in Ungarn
Elektronische Klänge und Hippie-Feeling – diese Kombination gibt's beim „Psychedelic Tribal Gathering".
Rock im Park in Nürnberg
Dasselbe Line-up wie bei Rock am Ring, aber in einer viel schöneren Location (und meist bei besserem Wetter).
Vainstream in Münster
Ein-Tages-Festival der härteren Gangart, aber eher gemütlich mit nur drei Bühnen und diversen Biergartenzonen.

Was machen die denn da?

Es gibt vermutlich Trilliarden von Hobbys, von denen du noch nie etwas gehört hast – und ich auch nicht. Diese beiden lernte ich beispielsweise erst durch die Arbeit an diesem Buch kennen. Und sie stehen stellvertretend für all die anderen spannenden Möglichkeiten, die dir offenstehen ...

„Ich habe jahrelang Kampfsport betrieben, von Kickboxen bis Karate. Irgendwann verlor ich das Interesse an rein körperlichen Wettkämpfen und bin seit einiger Zeit leidenschaftlicher Schachboxer. Klingt, als würde es überhaupt nicht zusammenpassen, tut es aber doch. Auf jede Box-Runde folgt je ein Schachzug. Man kann das Duell mit einem K.-o.-Schlag gewinnen – oder den Gegner schachmatt setzen, alles ist möglich. Die Herausforderung ist, sich abwechselnd auf zwei ganz unterschiedliche Disziplinen zu konzentrieren. Übrigens ist dieser Sport der Beweis dafür, dass wir Boxer durchaus noch jede Menge Hirnzellen übrig haben ..." *Denis*

„Als ich Mitte vierzig war, habe ich Cosplay für mich entdeckt. Der Begriff setzt sich aus Costume und Play zusammen – beim Cosplay stellt man Charaktere, die zum Beispiel aus Mangas, Spielfilmen oder Videospielen stammen, möglichst authentisch dar. Die Kostüme sind sehr fantasievoll und farbenfroh. Doch man verkleidet sich nicht nur passend zur Rolle, sondern versucht gleichzeitig, sich entsprechend zu verhalten. Wir Cosplayer begegnen uns meistens auf speziellen Conventions und Fantreffen. Dort gibt es teilweise sogar Wettbewerbe. Ich persönlich stelle am liebsten wilde und starke Kämpferinnen dar. Oder ich verkleide mich als Männerfigur – etwa als Pirat. Breitbeinig über die Convention laufen, sich schlecht benehmen und alle anpflaumen, ohne dass jemand böse wird, weil es ja zum Charakter der Figur gehört – das macht enorm viel Spaß." *Nadja*

Und was reden die überhaupt?

Für alle, die in der Schule schon den Englisch- und Französischunterricht gehasst haben, ist dieser Abschnitt vielleicht nicht der richtige. Oder vielleicht doch? Denn Sprachen nur aus Spaß an der Freude zu lernen, ohne Leistungs- und Notendruck, ist etwas völlig anderes! Ich selbst konzentriere mich auf Schwedisch und Niederländisch – für deutsche Muttersprachler die einfachsten aller Fremdsprachen. Aber als Schülerin hab ich freiwillig einen Russischkurs besucht! Ich beherrsche sogar noch drei Sätze. Da staunste, was?

„Ich bin in der Syrienhilfe aktiv, und nach einer Familienzusammenführung habe ich vor ein paar Jahren begonnen, Arabisch zu lernen. Es macht einen Riesenspaß, auch wenn es sauschwierig ist und manchmal auch was von einem Dechiffrier-Workshop hat. Ein Gespräch könnte ich in der Sprache zwar nicht führen, aber wenn sich Araber unterhalten, verstehe ich immerhin Bruchstücke und weiß, worum es geht – allein das finde ich schon toll." *Biggi*

„Wir waren mit der Familie mehrfach in Flandern in Urlaub, da habe ich mich ständig mit der Sprache beschäftigt und würde gern wenigstens die Grundzüge lernen. Flämisch gibt's natürlich nicht als Kurs, aber Niederländisch, und das ist ja sehr ähnlich. Während der Coronazeit fielen leider alle Angebote ins Wasser – aber im nächsten VHS-Jahr steige ich ein." *Christine*

„Ich habe letztes Jahr angefangen, Hebräisch zu lernen. Ich liebe Sprachen und hatte das schon lange vor. Hebräisch klingt so hübsch, die Schrift ist toll und das Land sowieso. Es macht riesig Spaß!" *Annette*

Kann man das wirklich essen?

Was Experimente in der Küche betrifft, bin ich nun wirklich nicht die richtige Ansprechpartnerin. (Klugerweise habe ich einen Koch geheiratet, sodass meine diesbezüglichen Defizite nicht so auffallen.) Aber wenn ich das so lese, kriege ich echt Appetit!

„Vor einigen Jahren sind wir in ein altes Bauernhaus gezogen. Auf dem Grundstück stehen Unmengen Obstbäume und auch Beerensträucher. So viele Kirschen, Aprikosen, Brombeeren und Pflaumen konnten wir gar nicht essen, wie da reif wurden. Also habe ich mir kurzerhand die Marmeladenrezepte von meiner Mutter besorgt – eigentlich stammen sie von meiner Uroma und werden schon seit Generationen in unserer Familie weitergegeben. Marmelade zu kochen ist nun wirklich kein Hexenwerk. Aber mir macht es Spaß, und vor allem schmeckt das Ergebnis viel besser als gekaufte Gelees. Neulich habe ich sogar mit Möhren experimentiert – auch sehr lecker." *Timo*

„Im Frühjahr hüpfe ich gerne als Wild-Koch-Hexe durch den Wald und sammle Maispitzen – das sind junge Fichtenspitzen –, um sie dann einzulegen. Auch Bärlauchknospen können als Kapern eingelegt werden. Sie landen dann bei mir auf dem Salat oder in der Suppe, ebenso wie die Blüten. Übrigens schmeckt beides auch hervorragend in Teig ausgebacken. Und für alle, denen der Schutz der Natur so wichtig ist wie mir: Natürlich sammle ich nur in zarter Menge." *Lara*

„Zum Fünfzigsten schenkten mir meine Kollegen einen Gutschein für einen Bierbrau-Workshop. Das hat so großen Spaß gemacht, dass ich dabei geblieben bin. Ich habe mir eine Heimbrauanlage gegönnt und braue inzwischen regelmäßig für den eigenen Bedarf. Da schmeckt das Bier gleich doppelt so gut!"
Lothar

Schreiben – aber im Blog, nicht mit Block und Stift ...

Ich habe das Bloggen inzwischen wieder aufgegeben. Wenn man ohnehin den ganzen Tag schreibenderweise Geschichten erzählt, wäre das als Hobby doch etwas arg ... einseitig. Wobei – wenn ich ehrlich bin, ist es eher der Technikkram, der mich abschreckt. Anders als diese zwei Heldinnen:

„Als ich im Alter von fünfundvierzig mit dem Bloggen anfing, wusste ich nicht mal, wie ich eine eigene Domain bekomme, geschweige denn, was WordPress, ein Theme oder Plugins sind – obwohl ich ansonsten technisch nicht unversiert bin. Mit dem Bloggen eröffnete sich mir eine ganz neue Welt der Technik. Ich habe einen Onlinekurs für die Grundlagen belegt, weil ich sonst den scheinbar riesigen Berg an Herausforderungen nicht angegangen wäre. Ich fand es toll, mir mal wieder etwas ganz Neues anzueignen und mich da so richtig reinzufuchsen. Das Schöne ist: Man lernt dabei nie aus. Es gibt immer wieder neue technische Herausforderungen, die man als Bloggerin bewältigen muss. Besonders toll ist der Austausch mit anderen Bloggern – mit Leuten, die ich ansonsten wohl niemals kennengelernt hätte." *Sabine*

„Mit meinen Ü60 bin ich definitiv kein Digital Native. Ich habe mit dreißig überhaupt erst begonnen, am Computer zu arbeiten.

Zum Bloggen bin ich eher zufällig gestoßen – genauer gesagt entdeckte ich vor etwa zwanzig Jahren einen Aufruf, Content zu liefern. Ich habe dem Blogbetreiber einige meiner Texte geschickt, wir kamen ins Gespräch und verstanden uns gut. Dann habe ich das gemacht, was ich gut kann: genetzwerkt und anderen Amateur-Autor:innen im Internet ihre Texte für unsere Seite abgebettelt. Der Gründer und Besitzer der Seite – ein IT-Fachmann – werkelte fröhlich im Hintergrund, freute sich, dass die Sache lief, ohne dass er an die Öffentlichkeit musste. Ich lernte immer mehr dazu. Irgendwann fing ich an, die Seite mit Stockfotos zu bebildern. Und dann kamen wir auf die glorreiche Idee, auf der Seite auch Bücher vorzustellen. Autor:innen und Verlage wurden auf unser Treiben aufmerksam. Es entwickelte sich eine ganz eigene Dynamik. Inzwischen hat mir der Gründer das Blog übergeben. Schon verrückt, wie viele Leute ich über das Bloggen kennengelernt habe. Und natürlich habe ich durch die eingereichten Texte und die besprochenen Bücher eine Menge abseitiges Zeug gelernt. Genau das finde ich so spannend daran." *Edith*

Mach doch!

Als ich mich für dieses Buch nach spannenden Hobbys in meinem Umkreis umhörte, sagte eine Bekannte: „Ich merke, dass ich seit vielen Jahren so was wie eine Hobby-Erstarrung erlebe. Ich kenne ja meine Hobbys, aber aus den verschiedensten Gründen dämmern sie im Halb- oder Komplettschlaf vor sich hin. Und irgendwie dachte ich immer, ich darf nichts Neues anfangen, solange diese Alt-Hobbys noch auf Wiederbelebung warten."

Hast du dich auch schon mal bei diesem Gedanken ertappt? Dann kommt hier eine echt gute Nachricht für dich: Du darfst tun und lassen, was du willst! Niemand kann dir vorschreiben, wie du deine Freizeit verbringst. Es gibt keinen Lehrplan und kein Hobby-Soll, das zu erfüllen ist.

Keine Lust mehr auf die Blockflöte? Weg damit! Das Volleyballspielen macht dir keinen Spaß mehr? Dann hör doch einfach auf. Stattdessen wird jetzt Klöppeln gelernt. Oder Japanisch. Oder Aktmalerei. Oder Bauchtanz. Oder ...

Ach, mach doch einfach, was du willst! Hauptsache, du hast Spaß!☺

NACHWORT

Vom großen Glück, kein Wunderkind gewesen zu sein

Mit acht träumte ich davon, als jüngste Autorin der Welt in die Geschichte einzugehen. Ich malte mir die Interviews aus, die Treffen mit anderen berühmten Schriftsteller:innen, nicht zu vergessen die sorglose Zukunft. Die Frage „Was willst du mal werden" würde ich mit einem lässigen Stirnrunzeln beantworten können.

Und so begann ich voller Feuereifer mit der Arbeit an meinem ersten Roman. Womöglich könnte man mich als die Erfinderin der Fan-Fiction bezeichnen, denn meine Geschichte spielte in einem Internat (ich habe bis heute keines von innen gesehen) und handelte selbstverständlich von sehr lustigen Zwillingsschwestern (mich gibt's nicht doppelt). Ich dachte mir klangvolle Namen für die Heldinnen aus, beschrieb ihre überraschenden Charaktereigenschaften (übermütig, verwegen, unbeschwert, keck), schenkte ihnen seltene Begabungen (Artistik, Hockey) und erfand eine Reihe wunderbarer Freundinnen. Dann kam das dritte Kapitel und damit das Problem: die Handlung. Ich hatte völlig vergessen, mir eine Geschichte auszudenken!

Mit leisem Zweifel, ob eine Internatsgeschichte wirklich meine Stärke war, legte ich das Heft beiseite und wurde älter. Ich hatte immer noch genug Zeit, die jüngste Autorin der Welt zu werden, davon war ich überzeugt.

Mit elf oder zwölf entdeckte ich den kindgerechten Kriminalroman. Fünf oder mehr Freunde pflegten in solchen Büchern gefährliche Bösewichte zu überlisten. Das fand ich fein. So was wollte ich auch schreiben. Zweifellos würde ich eine Bestsellerautorin werden, und zwar bald. Das glaubte ich felsenfest – bis zum dritten Kapitel. Dann kam wieder die Sache mit der Handlung. Ich vertagte das Projekt, wurde erwachsen und erst einmal Werbetexterin. Der ideale Beruf für Menschen, die schreiben können, aber der Welt keine eigene Botschaft zu sagen haben: Alle großartigen Gedanken sind bereits gedacht, alle wichtigen Bücher bereits geschrieben.

Oder?

Und ich wurde vierzig. Höchste Zeit, ganz groß herauszukommen. Wo blieb nur die bombastische Idee, die in mir schlummerte? Beziehungsweise im Koma lag? Unterdessen erfanden andere Frauen Zauberlehrlinge und wurden damit steinreich.

Meine Güte, Zauberer! Darauf hätte man doch kommen können, oder?

Die Erkenntnis traf mich ganz plötzlich. Mit Mitte vierzig, als ich es längst akzeptiert hatte, nicht als jüngste Autorin der Welt berühmt geworden zu sein. Auf einmal wusste ich, was meine Botschaft ist: Ich will unterhalten! Einfach nur unterhalten. Ist Unterhaltung nicht etwas Wunderbares?

Plötzlich war der Knoten geplatzt. Ich schrieb ein Buch nach dem anderen – Romane, unterhaltende Sachbücher, Geschichten für Kinder und Jugendliche ...

Vor gut zehn Jahren fing alles an. Inzwischen bin ich Mitte fünfzig (um nicht zu sagen: fast knapp Ende fünfzig) und ich schreibe und schreibe und schreibe ...

Und was diese Wunderkind-Sache betrifft: Ich bin wirklich froh, dass das nicht geklappt hat. Oder fällt dir ein Beispiel für einen jungen Überflieger ein, der später rundum glücklich wurde? Ich kann dir spontan eigentlich nur tragische Kinderstars nennen: Nadia Comăneci, Michael Jackson, Britney Spears, Mozart, Shirley Temple, Boris Becker, Amy Winehouse, Macaulay Caulkin, Jennifer Capriati ...

Die Wahrheit ist: Das Beste, was einem jungen Menschen passieren kann, ist, *kein* Wunderkind zu sein! Und stattdessen eine normale Kindheit zu erleben.

Leute, wir haben doch Zeit!

Klar, als Teenie hält man alle über zwanzig für uncool. Und mit Mitte zwanzig alle über dreißig für steinalt. Aber spätestens mit Ende dreißig wird einem bewusst, dass das Leben mit vierzig nicht aufhört. Auch nicht mit fünfzig!

Im Gegenteil, in dieser Lebensphase starten viele von uns so richtig durch. Oder probieren neue Dinge aus und sagen: „Scheißegal, ich mach das jetzt!"

Ich hoffe, dich mit den Geschichten in diesem Buch zu dem ein oder anderen verwegenen Plan inspiriert zu haben. Und falls das so ist, lass es mich wissen! Ich freue mich auf deine Nachrichten über meine Website oder Social Media ...

Website: www.abidibooks.de
Instagram: @heikeabidi
Facebook: @AbidiBooks

DANKE!

Dieses Buch wäre nicht mehr als ein dünnes Heftchen geworden, wenn ich nur über mein eigenes Leben hätte schreiben können. Denn ganz ehrlich: Ich bin zwar rundum zufrieden, aber auch ziemlich langweilig.

Auf meine Interviewpartner:innen trifft das zum Glück ganz und gar nicht zu. Ich bewundere sie für ihren Mut und freue mich mit ihnen, dass sie so aufregende Dinge erleben. Und natürlich danke ich ihnen allen von Herzen dafür, dass sie bereit waren, mir ihre Geschichten zu erzählen.

Ich werde euch hier namentlich nicht aufzählen, zumal einige von euch ein Pseudonym gewählt haben, aber ihr wisst ja, wen ich meine – fühlt euch umarmt!

Darüber hinaus möchte ich allen danken, die an der Entstehung dieses Buches beteiligt waren:

Annely Tiedemann vom EMF-Verlag, die mich auf die Idee zu diesem Thema gebracht und mir bewusst gemacht hat, dass ich – zumindest was meinen Beruf als Autorin betrifft – ebenfalls eine „Spätberufene" bin. Ich war sofort Feuer und Flamme und mit jedem Interview, das ich führte, wurde mir klar, wie spannend die Geschichten sind, die mitten im Leben passieren. Danke für den Impuls, liebe Annely, ohne den dieses Buch nie entstanden wäre.

Anja Koeseling, meiner Agentin und Freundin, die mich immer unterstützt und für meine Projekte brennt. Danke für dein Engagement und deine Freundschaft. Ich bin gespannt, wohin uns unsere gemeinsame Reise noch führt.

Steffi Emrich, meiner Freundin und Testleserin. Dein Feedback ist die beste Motivation überhaupt! Was täte ich nur ohne dich, deine Anfeuerungsmails und dein Adlerauge. Nicht zu fassen, was du mal wieder für Tippfehler gefunden hast ... (Ich sag nur: „Es entspannte sich ein Mailwechsel").

Marijke Leege-Topp, der Lektorin, für ihre klugen Vorschläge und die wichtigen Hinweise darauf, wo ich übers Ziel hinausgeschossen bin. Welche Autorin löscht schon gern? Aber manchmal muss es einfach sein ...

Nicht zu vergessen all diejenigen, die sich um Schriftsatz, Korrektorat, Covergestaltung (ich liebe die Giraffe! Ist sie nicht einfach der Hammer?!), Druck, Vertrieb, Pressearbeit, Social Media und Marketing gekümmert haben – dafür, dass sie aus meinem Manuskript dieses Buch gemacht haben.

Und natürlich danke ich allen, die *Scheißegal, ich mach das jetzt!* kaufen, verschenken, rezensieren, empfehlen und vor allem lesen.

Also dir!
Der Wahnsinn, du liest sogar die Danksagung bis zum letzten Wort. Davon kann man als Autorin bloß träumen!

Ich hoffe, du hast die Lektüre genossen und wurdest davon vielleicht sogar inspiriert. Wenn du demnächst nach Neuseeland auswanderst oder nach Buxtehude ziehst, ein veganes Café oder eine Kaffeemaschinenreparaturwerkstatt eröffnest, einen Japanischkurs belegst oder anfängst, Dudelsack zu spielen, dann nehme ich die Schuld dafür gerne auf mich. Und wünsche dir ganz viel Spaß und Erfolg dabei!

Es ist nie zu spät, dein Leben interessanter, spannender und abwechslungsreicher zu machen. Und sei es nur, indem du weiterhin tolle Bücher liest. Manchmal reicht das ja schon. 😊

Heike Abidi
im März 2022

LITERATUR

Du möchtest gern mehr über die angesprochenen Themen lesen? Oder von meinen beziehungsweise über meine Interviewpartner:innen? Super! Hier ein paar Tipps ...

Bücher:

Axel Berger und Thorsten Thews, *Der brennende Hamster: Arbeiten Sie noch oder qualmen Sie schon? Das Buch zur Burnout-Prävention*, Frankfurt am Main 2018

Isabel Bogdan, *Sachen machen: Was ich schon immer tun wollte*, Hamburg 2012

Jonas Deichmann, *Das Limit bin nur ich: Wie ich als erster Mensch die Welt im Triathlon umrundete*, München 2021

Kerstin Friedrich, *Kein Sport ist auch keine Lösung: Das ultimative Motivationsprogramm für Bewegungsmuffel*, Ostfildern 2021

Andrea Gerk, *Fünfzig Dinge, die erst ab fünfzig richtig Spaß machen*, Zürich 2019

Kerstin Gernig, *Werde, was du kannst! Wie man ein ungewöhnlicher Unternehmer wird*, Hamburg 2014

Michael Griga und Raymund Krauleidis, *Buchhaltung kompakt für Dummies*, Weinheim 2021

Jessica Huber, *Auswandern mit Plan: Alles, was Sie vor der Auswanderung wissen sollten und wie Sie diese richtig planen*, 2022

Christine Hutterer, *Problem: Alkohol – Wege aus der Hilflosigkeit. Ein Ratgeber für Angehörige und Freunde*, Berlin 2019

Barbara Imgrund, *Wild Woman: Afrika in mir*, Heidelberg 2022

Dagmar da Silveira Macêdo, *How To Survive als Frau ab 40: So werden Sie glücklich mit Falten, Pfunden und anderen Zumutungen des Älterwerdens*, Berlin 2018

Karin Kaiser, *Fettnäpfchenführer Indien: Be happy oder das No-problem-Problem (ein unterhaltsamer Reiseknigge)*, Neuss 2019

Roland Kaiser und Sabine Eichhorst, *Sonnenseite: Die Autobiografie*, München 2021

Eva Krebbers, *Happy Handmade: Einfach kreativ durchs Jahr. DIY-Ideen für kreative Auszeiten vom Alltag*, München 2021

Delia Kübeck, *Alltag in Schweden: Auswandern, Leben und Arbeiten*, Neuss 2010

Bibo Loebnau, *Resilienz für dich: Krisen sind Chancen!*, München 2021

Polly Morland, *Risk wise: Von der Kunst, mit Risiken zu leben*, Frankfurt am Main 2015

Charles Pépin, *Die Schönheit des Scheiterns: Kleine Philosophie der Niederlage*, München 2017

Mirriam Prieß, *Finde zu dir selbst zurück! Wirksame Wege aus dem Burnout*, München 2014

Klaus Richter, Raphael Richter, Wolfgang W. Schüler (Hg.), *Lebensschule Laufen: Grundlegende Texte Alexander Webers zur Lauftherapie*, Hamburg 2017

Natascha Safarik, *Kalligrafie – Alphabete für jeden Anlass. Buchstabenkunst mit Spitz-, Glas-, Redisfeder und mehr*, München 2020

Gail Sheehy, *In der Mitte des Lebens. Die Bewältigung vorhersehbarer Krisen*, Frankfurt am Main 1979

Barbara Sher, *Ich könnte alles tun, wenn ich nur wüsste, was ich will*, München 2011

Meike Winnemuth, *Das große Los: Wie ich bei Günther Jauch eine halbe Million gewann und einfach losfuhr*, München 2013

Hans-Georg Willmann, *Durchstarten mit 50 plus: Wie Sie Ihre Chancen auf dem Arbeitsmarkt nutzen*, Frankfurt am Main 2018

Online-Artikel:

Marlies Seifert im Interview mit der Sportwissenschaftlerin Julia Schmid, *Wie finde ich endlich die richtige Sportart?*, in: www.schweizer-illustrierte.ch, 2019

Susanne Schmidt, *Midlife-Crisis – Geschichte eines missverstandenen Konzepts*, in: www.deutschlandfunk.de, 2018

Birgit Stratmann, *Wie ein würdevoller Umgang aussehen könnte*, in: ethik-heute.org, 2018